5-7, rue de l'Ecole-polytechnique, 75 005 Paris

http://www.harmattan.fr

ISBN : 978-2-343-12434-6
EAN : 9782343124346

INITIATION À LA BANQUE

Magna Nazaire BICABA

INITIATION À LA BANQUE

L'Harmattan
Burkina Faso

Du même auteur

Histoire de OUAKARA et de la famille BOURANOUMA (chronique) en 2012 ;

La Vengeance de Bosouma (roman) en 2016.

Remerciements

Je tiens à remercier tous ceux qui m'ont encouragé pour la réalisation de cet ouvrage, en particulier mes enfants et Monsieur Panka Nazaire KINI, Directeur de l'Institut Supérieur d'Informatique et de Gestion « ISIG International », devenu « Université Aube Nouvelle », à Bobo-Dioulasso.

Ces remerciements vont aussi à Monsieur Charles L. KI-ZERBO, actuel Directeur National de la BCEAO à Ouagadougou, qui fut un collègue très apprécié à la Commission Bancaire dont il devint le Secrétaire Général. Il m'a prêté main-forte, à tout point de vue, pour la réalisation de cette œuvre.

Enfin, je n'oublie pas Monsieur Emmanuel NANA, ancien Secrétaire Général de la Commission Bancaire, qui y apporta une touche importante. Qu'ils reçoivent ici, toute ma gratitude.

INTRODUCTION GENERALE

Lorsque vous interrogez des personnes, afin de savoir ce que fait une banque, beaucoup vous répondront que c'est une entreprise ou une institution où on va retirer, ou bien déposer son argent. Beaucoup vous répondront aussi que la banque prête de l'argent aux gens. Cela n'est pas faux, mais ces réponses sont incomplètes et de ce fait insuffisantes.

Pour répondre le plus simplement à cette interrogation, on peut dire que la banque est une entreprise, créée sous forme de société, appelée « institution financière ». Celle-ci joue un rôle d'intermédiaire, entre celui qui a de l'argent et qui ne s'en sert pas pour le moment d'une part, et celui qui n'a pas d'argent, mais qui en a besoin dans l'immédiat d'autre part. Cet argent est destiné, soit pour satisfaire un besoin de consommation qui est l'action d'acheter et d'utiliser immédiatement un bien visant la satisfaction du besoin de nourriture, de s'habiller, de se déplacer, de communiquer, etc., soit pour financer l'investissement nécessaire pour la réalisation d'un projet.

Ainsi, le présent ouvrage a été inspiré par le souci de rendre quelque peu compréhensible à un plus grand nombre de personnes, généralement non-initiées, les rudiments du langage et des pratiques bancaires, qui leur semblent réservés à des spécialistes. Or tout n'est pas une question de spécialistes, mais de logique et d'un effort de réflexion et de compréhension.

C'est pour répondre à ce souci de compréhension minimum, que ce document a été rédigé, en se référant, essentiellement à l'expérience de la pratique bancaire dans l'espace monétaire de la zone UMOA (Union Monétaire Ouest-Africaine), acquise pendant une trentaine d'années de vie professionnelle et aux documents ci-après :

- Le Rapport annuel de la Commission Bancaire de l'Union Monétaire Ouest-Africaine ;
- Le Guide du banquier, conçu par le Secrétariat Général de la Commission Bancaire de l'Union Monétaire Ouest-Africaine ;
- Le Guide Méthodologique du Contrôle sur place, élaboré par le Secrétariat Général de la Commission Bancaire de l'Union Monétaire Ouest-Africaine ;
- Le Livre de Luc BERNET-ROLLANDE sur « Les Principes de Technique Bancaire », paru chez DUNOD, édition 1995.

L'objectif visé par l'auteur, en rédigeant ce document, est donc d'apporter sa modeste contribution à la formation de toutes les personnes qui s'intéressent au domaine bancaire. Il s'agit particulièrement des jeunes étudiants, en mettant à leur disposition les connaissances acquises au cours de sa carrière professionnelle.

Le document répond, en fait, à deux objectifs pédagogiques, à savoir :

- démystifier (dans le sens positif du mot) une profession et ses techniques de base aux yeux du profane ;
- apporter à l'étudiant et au professionnel (employé de banque), des éléments qui se veulent, avant tout, être des outils de formation et de perfectionnement.

Présenter et expliquer de façon détaillée et exhaustive l'activité bancaire, sa gestion, l'ensemble des techniques utilisées et son contrôle, en quelques pages, n'est pas du tout sa prétention, tant est vaste et complexe la matière.

Ce document n'entend donc pas épuiser le sujet, ce d'autant plus que celui-ci fait l'objet d'évolutions très rapides, qui en accroissent considérablement sa complexité.

Conçu et utilisé comme document pouvant donner des informations nécessaires pour une meilleure compréhension de l'activité bancaire, il peut ainsi être utile à ceux qui travaillent déjà dans un établissement de crédit (banque ou établissement financier) et aux étudiants qui veulent avoir des connaissances de base sur la profession de banquier. Il fournit des éléments qui leur sont nécessaires pour réussir un examen ou se donner la formation indispensable aux perfectionnements ultérieurs.

Les textes de base, auxquels il est fait référence, peuvent évoluer, dans le sens de leur amélioration par leur mise à jour régulière. Cependant, cette amélioration ne changera pas fondamentalement leur contenu, dans la mesure où l'activité bancaire restera intrinsèquement la même.

Le document se propose de traiter, dans une première partie, des éléments essentiels relatifs à l'activité bancaire. Dans une deuxième partie, il sera indiqué les techniques qu'utilise couramment la banque pour effectuer l'essentiel des opérations dans le cadre de son activité. La troisième partie s'intéressera à la gestion de cette activité. Enfin, une quatrième partie sera relative au contrôle de ladite activité.

PREMIÈRE PARTIE :

L'ACTIVITÉ BANCAIRE

L'activité de la banque consiste, pour l'essentiel, à collecter l'argent chez ceux qui en ont de disponible et à le mettre à la disposition, c'est-à-dire à le prêter, à ceux qui en ont besoin. L'argent collecté chez les uns par la banque constitue une ressource pour elle, et l'argent prêté aux autres par la banque constitue un emploi pour elle.

Mais on peut se demander pourquoi cette institution qu'on appelle « banque » fait ce travail d'intermédiation? La réponse toute simple et logique, qui nous vient à l'esprit est que, la banque étant une entreprise non philanthropique, elle doit forcément avoir un intérêt évident à mener cette activité. Cet intérêt est, bien sûr, le bénéfice qu'elle compte réaliser au terme de l'activité. Si le résultat de cette activité est une perte, à la longue, l'entreprise sera en faillite et obligée de fermer ses portes.

Le but recherché par la banque, en exerçant cette activité d'intermédiation, est donc la rentabilité. Pour exercer son activité, la banque supporte des coûts ou des charges (par exemple les intérêts payés à la clientèle des déposants, les salaires payés aux employés, le coût des prestations de services divers, comme l'eau, l'électricité, le téléphone, etc.) qu'elle doit couvrir au moyen des produits générés par les opérations qu'elle effectue (essentiellement les intérêts payés par les clients bénéficiaires de crédits, les divers frais et commissions perçus pour services rendus, etc.).

Le résultat final est soit un bénéfice, soit une perte. Comme dit plus haut, si la banque se trouve en situation de perte importante et permanente, elle court le risque de faillite et de fermeture.

Pour réaliser un bénéfice, il conviendra de faire en sorte que les produits générés par l'activité soient plus importants que les charges occasionnées par cette activité. D'où l'importance de la mise en place de structures de gestion efficaces. En effet, une gestion efficace, bien qu'elle n'entraîne pas directement la génération des produits, concourt à leur augmentation d'une part et à minimiser les charges d'autre part. Elle participe ainsi à l'augmentation du bénéfice réalisé.

Pour mieux comprendre l'activité d'une banque ou d'une institution financière en général, il importe de définir, au préalable, certaines notions essentielles, dont la connaissance apparaît indispensable.

CHAPITRE I :

NOTIONS ESSENTIELLES

I. LA NOTION DE BIEN ECONOMIQUE

On peut définir un bien économique comme étant un produit « au sens d'un objet matériel ou d'une chose immatérielle » qui résulte de la combinaison de deux facteurs essentiels, à savoir le travail humain ou force de travail et les moyens techniques utilisés. Le bien, obtenu à partir d'un processus de combinaison des deux facteurs, doit avoir une valeur marchande pour être considéré comme bien économique. Il est soit matériel, soit immatériel. Il est produit par l'homme pour la satisfaction de ses besoins qui sont variés : besoins de nourriture, de vêtement, de déplacement, de logement, de loisir, etc.

Le bien peut être matériel (céréale, coton, vélo, moto, voiture, bâtiment, etc.). Il peut aussi être immatériel (le savoir dispensé aux élèves et étudiants, les communications, les brevets, les marques de fabrication, les licences, les logiciels, les logos, etc.). Mais le bien n'est dit économique que quand il a une valeur marchande, c'est-à-dire qu'il est vendable, qu'il a une valeur mesurable en argent, qu'il est échangeable contre de l'argent ou contre un autre bien.

Pour produire un bien, économique ou pas, il faut donc disposer au minimum du facteur travail et des moyens techniques. Par exemple, pour produire du riz, le cultivateur apportera sa force physique qu'il combinera avec l'utilisation d'un moyen technique qui peut être une simple daba, une charrue, un tracteur dont la fabrication est beaucoup plus compliquée, etc. Pour produire un logiciel d'exploitation, l'informaticien utilisera son intelligence et un outil technique sophistiqué pour y parvenir.

La force de travail, physique ou intellectuelle, et les moyens techniques s'acquièrent sur le marché, en les achetant avec des moyens financiers, c'est-à-dire avec de l'argent. La force de travail est l'effort physique fourni par l'homme ou la femme. Elle est aussi l'effort intellectuel que ce dernier ou cette dernière apporte dans le processus de production d'un bien. Les deux sont complémentaires.

Ainsi, le processus de production des biens économiques et celui de leur échange nécessitent des moyens financiers importants.

Ceux-ci ne peuvent être obtenus que grâce essentiellement à la banque, dont l'activité est de servir d'intermédiaire entre ceux qui ont de l'épargne, c'est-à-dire de l'argent qu'ils n'utilisent pas et ceux qui n'en ont pas ou pas suffisamment pour leur permettre de réaliser leurs projets de consommation et/ou d'investissement.

Si le processus de production ou de fabrication des biens et celui de leur échange sont financés essentiellement par la banque, on peut dire alors que s'il n'y a pas de biens, il n'y aura pas de banque. En d'autres termes, l'économie monétaire ou financière est le véhicule de l'économie réelle qui est l'organisation de la production et de la circulation des biens, matériels et immatériels.

Or l'économie monétaire ou financière est essentiellement animée par le système bancaire et le système financier. D'où l'importance qu'il convient d'accorder au système bancaire et financier dans le fonctionnement de l'économie d'un pays et au plan mondial.

Il ne s'agit pas ici de procéder à une analyse détaillée de l'économie financière qui, du fait de sa complexité, est l'affaire de spécialistes. La tentative ici, est de montrer que dans le processus de production ou de fabrication des biens et des services, et celui de leur échange, la banque a un rôle important à jouer.

II. LA NOTION D'EPARGNE

On peut définir l'épargne comme étant la différence positive entre le revenu et la consommation. Autrement dit, épargner c'est prendre le revenu, duquel on déduit l'ensemble des dépenses, pour obtenir un reste positif. L'épargne est ainsi la différence positive entre le revenu et les dépenses.

Elle peut se traduire par la formule mathématique toute simple qui est : A (revenu)- B (dépenses)= C (épargne). Cela signifie que A est plus grand que B ou que B est plus petit que A, ce qui fait que A-B=C, avec C toujours supérieur à 0. Si A-B=C, avec C inférieur à 0 ou négatif, cela veut dire qu'au lieu d'épargner, on désépargne, c'est-à-dire qu'on consomme plus qu'on ne gagne ou encore que le montant de son revenu est plus faible que le montant de ses dépenses et par conséquent, il n'y a pas de reste. Pour cela, il faut donc emprunter ou accumuler une dette.

Epargner c'est, comme on le dit couramment, mettre de l'argent de côté pour une dépense future. Le revenu de quelqu'un est ce que cette personne gagne périodiquement, évalué en argent. Le revenu est généralement constitué du salaire pour un salarié. Pour d'autres personnes, ce peut être la pension pour un retraité, des récoltes évaluées en argent pour un paysan, le chiffre d'affaires pour une entreprise, les dividendes pour un actionnaire, les intérêts reçus pour un épargnant, des loyers encaissés pour un propriétaire d'immeubles mis en location, etc.

Dépenser c'est tout simplement utiliser son revenu pour acquérir des biens pour satisfaire ses besoins de consommation ou d'investissement. En d'autres termes, les dépenses sont constituées des utilisations du revenu qui, naturellement, disparaît de ce fait.

La propension à épargner dépend ainsi de la propension à consommer. Cela veut dire que, plus on consomme ou dépense, moins on aura la capacité d'épargner. A contrario, moins on consomme ou dépense, plus grande sera la capacité à épargner. La notion d'épargne monétaire ou financière, de capacité ou de propension à épargner, est très importante aussi bien pour les individus que pour l'économie d'un pays et par voix de conséquence pour le déroulement de l'activité bancaire, comme on le verra par la suite.

Pour comprendre les motivations des épargnants, il convient de se rappeler que l'épargne est un acte essentiellement volontaire, dont l'objectif visé est le transfert des ressources dans l'avenir. Si l'épargne est un acte volontaire, elle n'est donc pas un résidu du revenu. On décide d'épargner une quantité du revenu et cela amène à ajuster ses dépenses en conséquence.

Ainsi, la politique de l'épargne prend généralement en compte l'une ou plusieurs des motivations suivantes :

- la peur de l'avenir. On ne sait pas de quoi l'avenir sera fait et donc on essaye de prendre des précautions face à cette incertitude. C'est une règle minimale de prudence. En effet, il apparaît imprudent de dépenser tout son argent, même si cela n'est pas nécessaire ou indispensable, et se retrouver complètement démuni au moment où on en a le plus besoin. C'est ce qu'on appelle, en terme technique, l'épargne de précaution ;
- la volonté de transmettre un patrimoine à ses héritiers. Tout homme a le désir d'assurer, autant que possible, un avenir meilleur à sa femme et à ses enfants, au moment où il ne sera pas là, et épargne ainsi de l'argent à cet effet ;

- la volonté de compléter sa retraite qui est une ressource attendue dans le futur, la retraite étant un effort d'épargne particulier, afin d'avoir un niveau de vie décent au moment où on ne sera plus en mesure de travailler ;
- la motivation en vue de créer une entreprise ou de réaliser un projet. Sans épargne préalable, il est difficile d'envisager la réalisation d'un projet d'envergure, notamment si l'ambition porte sur la création d'une entreprise de dimension relativement grande. Plus grand sera l'effort d'épargne pour constituer notre apport personnel, plus grande sera notre chance d'avoir des appuis extérieurs.

III. LA NOTION DE MONNAIE

3.1 L'origine de la monnaie

L'histoire de la banque est indissociable de celle de la monnaie. Elle remonte à la Grèce antique qui a constitué le berceau de l'activité bancaire. Jusqu'au Vème siècle avant Jésus Christ, chaque ville commerçante frappait sa propre monnaie.

L'activité bancaire va d'abord se limiter à celle des changeurs et se développer avec les trapézistes, qui s'installent sur les foires et les marchés. Comme de véritables banquiers aujourd'hui, ils géraient des comptes à partir de dépôts de fonds.

Les trapézistes sont assis à une petite table qu'on appelle « trapeza », pour compter l'argent qu'ils reçoivent. C'est de cette « petite table » que vient le mot trapéziste, qui désigne ainsi celui qui est assis à cette petite table. Le mot trapeza est encore utilisé aujourd'hui en Grèce pour désigner la banque.

Quant au mot « banque », il trouve son origine dans la Rome antique et qui se dit « banca » qui désigne le banc en bois sur lequel les changeurs exerçaient leur activité. Sur les foires et marchés, les changeurs de monnaies installèrent, plus tard, leurs tables (bancas) ou banques dans des comptoirs donnés en location par l'État.

Avec le développement des échanges, pour les paiements au comptant, le changeur, qui s'appelle désormais banquier, doit établir le cours entre les monnaies de divers pays. Pour les paiements à terme, un nouveau moyen de paiement va voir le jour. Il s'agit de la lettre de change. C'est une reconnaissance de dette, par laquelle, un commerçant A s'engage à verser à une date convenue, le montant dû à un commerçant B ou à son banquier. Par la création de la lettre de change, il est fait un crédit de paiement.

Ainsi, l'activité fondamentale de la banque qui est le crédit, trouve ici son origine. Grâce au crédit accordé par l'intermédiaire de la lettre de change, la banque a contribué à la création de la monnaie.

Chacun de nous utilise la monnaie, mais, si son utilisation est aisée, la connaissance que nous avons des mécanismes monétaires est souvent très rudimentaire et délicate, sinon complètement inexistante quelquefois, surtout dans les pays sous-développés.

Quelles sont les fonctions de la monnaie, les formes qu'elle prend, sur quoi repose-t-elle et quels sont les problèmes posés par la monnaie tant au plan national que sur le plan international ? Autant de questions auxquelles nous allons tenter de répondre.

Toute l'activité de la banque est exprimée en monnaie, qui est couramment appelée « argent ». La monnaie peut, de façon très simplifiée, être définie comme étant un instrument ou un moyen permettant de réaliser trois fonctions essentielles.

3.2 Les fonctions de la monnaie

3.2.1 La fonction de moyen d'échange

La monnaie sert comme moyen d'échange, c'est-à-dire comme outil de transaction. C'est la fonction la plus connue. En effet, le troc, jadis pratiqué pour effectuer les échanges de biens entre les personnes, est abandonné depuis fort longtemps. Le troc est un système d'échange des biens qui revient à échanger directement un bien contre un autre (par exemple du mil contre un habit). En d'autres termes, si on a besoin d'un habit et qu'on n'a que du mil, il faut rechercher quelqu'un qui a un habit qu'il voudrait échanger contre du mil qu'il n'a pas. On voit bien, tout de suite, que les échanges étaient très limités. Le système du troc a ainsi été remplacé progressivement par l'utilisation de la monnaie.

Sans remonter aux origines de la création de la monnaie, on peut dire qu'elle nous sert aujourd'hui à échanger des biens, c'est-à-dire qu'avec la monnaie, les hommes peuvent faire, entre eux, presque toutes les transactions voulues sans aucune difficulté. Faire des transactions veut dire échanger toutes sortes de biens (voitures, motos, téléphones portables, riz, mil, sel, piment, ciment, tôles, ordinateurs, machines de toutes sortes, etc.) ou services (loisir, communication, hébergement, déplacement, spectacle, voyage, etc.), le plus souvent par l'intermédiaire de la monnaie ou de l'argent si l'on veut.

Ainsi, comme moyen d'échange, la monnaie nous permet d'acquérir tous les biens que nous voulons. On remet de la monnaie à quelqu'un et cette personne remet le bien qu'on désire. Celui qui remet de la monnaie et reçoit en contrepartie un bien est appelé acheteur, et celui qui reçoit de la monnaie contre la remise d'un bien est appelé vendeur. C'est la monnaie, ayant un pouvoir libératoire accepté de tous, qui permet ainsi ces transactions d'achat et de vente de biens.

3.2.2 La fonction d'étalon de mesure

La seconde fonction essentielle de la monnaie est celle de servir comme étalon de mesure ou, en d'autres termes, comme unité de compte. Ainsi, la monnaie ou l'argent sert à mesurer quantitativement la valeur du bien matériel ou immatériel qu'on achète ou que l'on vend. Autrement dit, la monnaie permet de fixer le prix de tout bien acheté ou vendu. Acheteurs et vendeurs se rencontrent et selon que la quantité du bien offert sur le marché (lieu physique ou virtuel) est grande ou petite, il faudra une quantité de monnaie petite ou grande pour l'acquérir. En principe, plus la quantité du bien offert est grande, plus le prix a tendance à la baisse. Au contraire, plus la quantité du bien est réduite, plus son prix a tendance à la hausse.

C'est ainsi, de façon simple, qu'il est expliqué ce qu'on appelle la loi de l'offre et de la demande. C'est par rapport à une certaine quantité de monnaie ou d'argent que le prix de tout bien est fixé ou déterminé. La monnaie sert ainsi, effectivement, comme étalon de mesure ou unité de compte, exactement comme le gramme permet de mesurer le poids, le mètre la longueur, le litre le volume, etc.

3.2.3 La fonction de réserve de valeur

La troisième fonction essentielle de la monnaie, qu'il paraît nécessaire d'évoquer, est celle de servir comme réserve de valeur, c'est-à-dire que la monnaie peut être détenue comme un actif sans risque. Cette fonction est essentielle, en ce sens que l'on n'est pas obligé d'acheter un bien tout de suite.

En effet, on peut avoir de l'argent disponible par-devers soi ou dans un compte en banque et ne pas, pour autant, se mettre à acheter des biens dont on n'a pas besoin pour le moment. En temps opportun, soit dans trois mois ou dans un an, on pourra toujours, avec le même argent qu'on a en réserve chez soi ou à la banque, acheter le bien parce que le besoin se fait sentir.

La monnaie est ainsi un actif sans risque, parce qu'elle ne perd pas complètement sa valeur avec le temps.

Certes, il peut arriver, dans des situations d'inflation galopante (augmentation importante et généralisée des prix) ou de dévaluation (baisse de la valeur de la monnaie nationale par rapport aux autres monnaies, décidée par les Autorités compétentes) que la monnaie perde, de façon significative sa valeur. Mais de telles situations sont les signes de déséquilibres dits macro-économiques (entre production et consommation, épargne et investissement), dont la perte de valeur de la monnaie n'est que le révélateur. La hausse des prix devient difficilement contrôlable dans de telles situations.

En nous limitant uniquement au jeu de la loi de l'offre et de la demande, la fluctuation de la valeur de la monnaie apparaît normale. Ainsi, un produit qu'on aurait acheté 500 F CFA aujourd'hui, peut coûter 550 F CFA lorsqu'on va vouloir l'acheter dans six (6) mois, tout simplement parce qu'à cette époque, le produit en question est devenu rare. Il va falloir ajouter 50 F CFA, mais la monnaie détenue, d'une valeur de 500 F CFA, n'a pas perdu intrinsèquement sa valeur.

La monnaie joue bien, à cet égard, un rôle de réserve de valeur qui peut fluctuer au gré de la hausse ou de la baisse des prix, appelée inflation en cas de hausse et déflation en situation de baisse. La monnaie jouant un rôle de réserve de valeur, cela explique pourquoi les gens épargnent de l'argent, sur une période plus ou moins longue.

3.3 Le fondement de la valeur de la monnaie

Si la monnaie est un instrument pratique d'échange, d'étalon de mesure et de valeur de réserve, on peut se poser la question de savoir sur quoi repose sa valeur ? Au départ, la valeur de la monnaie reposait d'une part sur la marchandise, objet d'échange, telle que le thé, le café, le sel, etc., et d'autre part sur le métal tel que l'or et l'argent. C'était la monnaie-marchandise ou la monnaie-métal. Cette valeur de la monnaie, sous forme de billets que nous connaissons aujourd'hui, a donc beaucoup évolué.

Les billets ont tout d'abord assis leur valeur sur la confiance que l'on pouvait les transformer aisément en métal (or notamment) en demandant leur échange. C'est ce qu'on a appelé la convertibilité de la monnaie. La monnaie papier fut appelée la monnaie « fiduciaire », du mot latin « fiducia » qui signifie la confiance.

Avec l'évolution des échanges, le billet fut imposé et il acquit, de ce fait, le cours légal. Puis l'Etat imposa le cours forcé, la convertibilité en métal devenant ainsi désormais impossible. A ce stade, le billet ne représente plus la contrepartie de l'or (étalon or), mais devient une monnaie à part entière.

Par la suite, le billet ne suffisant plus à assurer convenablement les échanges, il est apparu la monnaie scripturale, résultant de jeux d'écritures qui interviennent lorsqu'on débite un compte pour en créditer un autre.

La valeur de la monnaie ne repose donc plus, de nos jours, sur sa valeur marchande, mais sur la confiance que ses utilisateurs accordent à la puissance publique qui est l'Etat. En fait, la valeur de la monnaie est imposée à tous.

3.4 Les formes de la monnaie

La monnaie, moyen d'échange, étalon de mesure et instrument de réserve de valeur, est exprimée ainsi qu'il a été souligné ci-dessus, sous deux formes : la monnaie fiduciaire d'une part et la monnaie scripturale d'autre part.

La monnaie fiduciaire : elle est constituée des billets de banque ainsi que des pièces métalliques, appelées encore monnaie divisionnaire, que nous utilisons chaque jour pour acheter des biens ou encore payer nos dettes. Ces billets et pièces de monnaie sont émis, c'est-à-dire mis en circulation, exclusivement par la Banque Centrale, qui est dans la zone UMOA (Union Monétaire Ouest-Africaine), la Banque Centrale des Etats de l'Afrique de l'Ouest (BCEAO). C'est ce qu'on appelle aussi la monnaie « papier ». Le mot fiduciaire, comme indiqué plus haut, vient du mot confiance.

La forme fiduciaire de la monnaie résulte d'un long processus. Au fil du temps, la monnaie (les billets de banque) a pris des formats et des couleurs variées, selon la volonté exprimée par chaque Etat ou groupement d'Etats (cas de l'UMOA). Pour ce qui est du fondement, et c'est le plus important, la monnaie est l'expression de la souveraineté de chaque nation qui confie l'exclusivité de sa gestion à une institution qui est la Banque Centrale. Tout le monde est obligé d'accepter la monnaie qui a cours légal dans un pays ou groupement de pays, selon la volonté de l'Etat ou de ces Etats regroupés.

La monnaie scripturale : Elle est, quant à elle, de façon simplifiée, celle qui résulte d'un jeu d'écritures qui se passe dans les banques à travers les chèques et les virements de compte à compte. Ainsi, par exemple, si on a un compte dans une banque et qu'on veut s'acquitter d'une dette envers quelqu'un qui a aussi un compte dans la même banque ou dans une autre banque, on peut réaliser cette opération en demandant à la banque d'effectuer un virement ou alors en remettant directement au créancier un chèque.

Lorsqu'il s'agit d'un virement, la banque l'effectue en débitant, c'est-à-dire en prélevant la somme nécessaire du compte du débiteur, pour la porter au crédit du compte du créancier. Lorsqu'il s'agit d'une remise de chèque, la banque procédera à la même opération en prélevant la somme du compte du débiteur pour la porter au crédit du compte du créancier. La seule condition pour effectuer ce jeu d'écritures par le banquier est que le débiteur dispose, au moment de l'opération, d'une provision (la somme nécessaire) suffisante dans son compte.

Si le créancier est lui-même débiteur de quelqu'un d'autre, il pourra, lui aussi, procéder par un virement bancaire ou une remise de chèque pour régler sa dette et ainsi de suite. Tout se réglera ainsi par des écritures dans des comptes, sans qu'on ait besoin d'utiliser de l'argent liquide, c'est-à-dire des billets et pièces de monnaie.

Ainsi, la monnaie peut aussi s'exprimer sous forme de jeux d'écritures à travers les comptes bancaires et de compensation des flux nets entre les banques, qui disposent elles-mêmes de comptes à la Banque Centrale.

La monnaie est l'instrument de travail par excellence, utilisé par la banque. Elle juxtapose l'économie monétaire à l'économie réelle.

3.5 Les contreparties de la monnaie

Les contreparties de la masse monétaire sont d'origine externe (les créances sur l'extérieur) et d'origine interne (le crédit interne appelé encore crédit intérieur). La masse monétaire est, elle-même, constituée, pour l'essentiel, des éléments suivants :

- les billets, les pièces de monnaie ou monnaie divisionnaire, les dépôts à vue non rémunérés. C'est cet ensemble qu'on appelle la monnaie « au sens strict », désigné par M1 ;

- l'agrégat M2 comprend M1+les placements à vue rémunérés gérés par les établissements de crédit et le Trésor, communément appelés comptes d'épargne ;
- M3 = M2 + les dépôts en devises, les placements à échéance non négociables émis ou gérés par les établissements de crédit et le Trésor, et les placements à court terme négociables émis par les établissements de crédit. Il s'agit des opérations effectuées par les seuls agents non financiers résidents.
- M4 contient en plus de M3, les actifs à court terme négociables émis par les agents non financiers résidents, qui sont notamment les billets de trésorerie émis par les entreprises.

À l'heure actuelle, les contreparties de la masse monétaire sont représentées à plus de quatre-vingts pour cent (80 %) par les crédits à l'économie (crédit intérieur). C'est dire le rôle important que les banques jouent dans la création monétaire.

En effet, lorsqu'une banque accorde un crédit, elle le fait grâce aux dépôts qu'elle reçoit de la clientèle. Le bénéficiaire du crédit peut momentanément déposer la somme dont il bénéficie, avant de l'utiliser et donc effectue à son tour un dépôt, et ainsi de suite. Tout se réglera ainsi par des écritures dans des comptes, sans qu'on ait besoin d'utiliser de l'argent liquide, c'est-à-dire des billets et pièces de monnaie comme dit tantôt. On dit que « les crédits font les dépôts et aussi que les dépôts font les crédits ». La masse monétaire augmente ainsi considérablement du fait du crédit.

3.6 Le système monétaire et financier de l'UMOA

Le système monétaire est un mécanisme de gestion de la monnaie mis en place par les Etats qui créent cette monnaie de par leur souveraineté, pour assurer le financement de la production et celui de l'échange des biens. Ce mécanisme permet, à travers une institution mise en place, qui est la Banque Centrale ou Institut d'Emission, de gérer la monnaie ainsi créée.

Avant d'échanger des biens et des services, à l'intérieur comme à l'extérieur d'un pays, il faut assurer au préalable leur production. Ceci n'est rendu possible, en grande partie, que grâce aux financements qu'apportent les banques et autres institutions financières aux opérateurs économiques, au moyen de cette monnaie.

L'activité de la Banque Centrale constitue le système monétaire, tandis que celle des banques et autres institutions financières constitue le volet appelé système financier. Le système monétaire permet la gestion de l'instrument monnaie créé, et le système financier permet de véhiculer cet instrument monnaie qui représente les biens et services. Les deux systèmes sont indissociables et se complètent. Ainsi la monnaie est, en quelque sorte, le véhicule de l'économie réelle (biens et services matériels et immatériels produits et échangés).

Le système monétaire d'un pays est donc l'ensemble du dispositif mis en place pour créer et gérer une monnaie à travers un institut d'émission appelé Banque Centrale, tandis que le système financier assure l'utilisation ou la circulation de cette monnaie entre l'ensemble des agents économiques, aussi bien à l'intérieur qu'à l'extérieur du pays, grâce aux institutions de financement que sont les banques et les établissements financiers.

Avec le développement des échanges, c'est-à-dire du commerce, le troc a été abandonné parce qu'il est évident que ce mode d'échange était très limité, comme cela a déjà été souligné. L'apparition de la monnaie, appelée couramment l'argent, et son utilisation sous diverses formes, a contribué à une augmentation considérable de ces échanges qui, aujourd'hui, ont atteint un niveau mondial inimaginable. C'est le phénomène de la mondialisation et de la globalisation de l'économie planétaire.

Des pays peuvent se regrouper pour créer et gérer une monnaie commune. C'est le cas de certains pays d'Afrique de l'Ouest, qui ont ainsi créé la zone monétaire dénommée Union Monétaire Ouest-Africaine « UMOA » et une Banque Centrale commune qui est la Banque Centrale des Etats de l'Afrique de l'Ouest « BCEAO ». La monnaie créée par cette zone monétaire est le franc CFA (Franc de la Communauté Financière Africaine).

L'Union Monétaire Ouest-Africaine « UMOA » comprend actuellement huit (8) pays qui sont :

- Le Bénin
- Le Burkina Faso
- La Côte d'Ivoire
- La Guinée-Bissau
- Le Mali
- Le Niger

- Le Sénégal
- Le Togo.

Le logo de la Banque Centrale est représenté par une figurine mi-masque, mi-poisson-scie. C'est un objet ancien d'une communauté qui servait à peser l'or. Ce logo est reproduit sur les billets et les pièces de monnaie émis par elle, c'est-à-dire par la BCEAO, ainsi que sur toutes les publications de celle-ci.

L'article 1 des statuts de la Banque Centrale des Etats de l'Afrique de l'Ouest stipule que celle-ci, ci-après désignée « la Banque Centrale », est un établissement public international constitué entre les Etats membres de l'Union Monétaire Ouest-Africaine. Ces Etats sont ceux ci-dessus désignés.

L'histoire de l'Union Monétaire Ouest-Africaine (UMOA) et de la Banque Centrale des Etats de l'Afrique de l'Ouest (BCEAO) est marquée par celle de la colonisation d'une partie de l'Afrique par la France. Certaines dates, liées à cette histoire et qui nous paraissent significatives, sont les suivantes :

- le 4 avril 1959 : Transformation de l'Institut d'Emission de l'Afrique Occidentale Française et du Togo en Banque Centrale des Etats de l'Afrique de l'Ouest ;
- le 12 mai 1962 : Signature du Traité de l'Union Monétaire Ouest-Africaine (UMOA) ;
- le 2 novembre 1962 : Entrée en vigueur du Traité de l'UMOA et création de la Banque Centrale des Etats de l'Afrique de l'Ouest (BCEAO) et adoption de ses statuts ;
- le 28 novembre 1962 : Nomination de monsieur Robert JULIENNE de nationalité française aux fonctions de Directeur Général de la BCEAO ;
- le 27 novembre 1963 : Adhésion du Togo à l'UMOA ;
- le 14 novembre 1973 : Signature d'un nouveau Traité de l'UMOA et création de la Banque Ouest-Africaine de Développement (BOAD) ;
- le 4 décembre 1973 : Signature du nouvel Accord de Coopération et de la nouvelle Convention de Compte d'opérations entre la République française et l'UMOA et signature des statuts de la BOAD ;
- 1973 : Retrait de la Mauritanie de l'UMOA :

- le 15 décembre 1974 : Nomination de monsieur Abdoulaye FADIGA de nationalité ivoirienne aux fonctions de Gouverneur de la BCEAO ;
- le 10 février 1975 : Prestation de serment et installation officielle du Gouverneur FADIGA ;
- en juin 1978 : Transfert du Siège de la BCEAO de Paris à Dakar ;
- en juin 1984 : Adhésion du Mali à l'UMOA ;
- le 11 octobre 1988 : Décès du Gouverneur FADIGA ;
- le 28 octobre 1988 : Nomination de monsieur Alassane Dramane OUATTARA de nationalité ivoirienne aux fonctions de Gouverneur de la BCEAO ;
- le 4 décembre 1990 : Nomination de monsieur Charles Konan BANNY de nationalité ivoirienne aux fonctions de Gouverneur par intérim de la BCEAO ;
- le 10 janvier 1994 : Signature du Traité de l'Union Economique et Monétaire Ouest-Africaine (UEMOA) ;
- le 12 janvier 1994 : Modification de la parité entre le franc CFA et le franc Français ;
- le 1er août 1994 : Entrée en vigueur du Traité de l'UEMOA.

Les opérations de la Banque Centrale

L'article 5 des statuts de la Banque Centrale indique que les opérations de celle-ci doivent se rattacher à l'organisation et à la gestion du système monétaire et financier des Etats de l'Union Monétaire Ouest-Africaine. Ainsi, le rôle de la BCEAO est d'organiser et de gérer la monnaie qui a cours légal dans l'espace UMOA, qui est le franc CFA.

Parmi les dates ci-dessus, celle du 4 décembre 1973 revêt une importance capitale. En effet, c'est à cette date que le nouvel Accord de coopération et la nouvelle Convention de Compte d'opérations furent signés entre les Etats de l'UMOA et la République française. Par cet accord et cette convention, la République française s'engage à garantir la convertibilité du franc CFA en franc français et par la suite en euro. En contrepartie de cette garantie de la convertibilité du franc CFA par la France, les Etats de l'UMOA se sont engagés à ouvrir un compte d'opérations auprès du Trésor français. Ce compte reçoit les avoirs extérieurs qui sont les devises ou monnaies étrangères appartenant à ces Etats de l'UMOA. Grâce à ces avoirs, ces derniers peuvent assurer, en grande partie, le financement de leurs importations.

Les avoirs extérieurs des pays de l'UMOA, ou devises, ou encore monnaies étrangères détenues, proviennent essentiellement de la vente à l'exportation des matières premières, notamment celles agricoles que sont le café, le cacao, le coton, l'arachide, les noix de karité, de cajou et de palme, la sève d'hévéa, etc. C'est la raison principale du rattachement du franc CFA au franc français, puis à l'euro, lorsque la France est entrée dans la zone monétaire européenne.

Pour jouer pleinement son rôle, les principales missions de la BCEAO, qui lui ont été assignées par ses statuts, sont les suivantes :

- l'émission des signes monétaires ;
- la conduite de la politique du crédit ;
- l'organisation et la surveillance des banques et établissements financiers de l'UMOA ;
- les concours apportés par la Banque Centrale aux gouvernements des pays de l'UMOA.

Nous nous intéresserons plus particulièrement aux deux (2) premières, à savoir l'émission des signes monétaires et la conduite de la politique du crédit, qui nous paraissent essentielles pour une bonne compréhension du sujet.

L'émission des signes monétaires

La première mission de la Banque Centrale est donc d'assurer l'émission des signes monétaires qui sont les billets et les pièces de monnaie, qu'on appelle aussi monnaie divisionnaire, qui circulent dans l'UMOA. L'émission monétaire est du privilège exclusif de la BCEAO, c'est-à-dire que seule la BCEAO bénéficie de ce privilège, ou encore que seule la BCEAO est habilitée à émettre la monnaie sur le territoire de l'ensemble des pays membres de l'Union Monétaire Ouest-Africaine.

Ainsi les billets et pièces émis par la BCEAO ont cours légal et pouvoir libératoire dans l'ensemble des pays de l'UMOA. La création, l'émission et l'annulation des signes monétaires sont décidées par le Conseil des Ministres de l'UMOA.

Nonobstant le développement des moyens de paiement scripturaux, l'utilisation des billets et pièces de monnaie continue d'occuper une place relativement importante dans les transactions des agents économiques de l'UMOA. Les mouvements de billets entre les Etats sont facilités par l'unicité des signes monétaires.

Concrètement, l'émission de la monnaie fiduciaire (billets et pièces) consiste tout simplement à mettre les billets et pièces en circulation par l'intermédiaire principalement des banques et établissements financiers.

Enfin, en matière d'impression des billets et de fabrication des pièces, la Banque Centrale mène des recherches permanentes relatives à l'authentification des signes monétaires, en vue de renforcer la sécurité de ces signes (billets et pièces) qu'elle émet. C'est dans ce cadre qu'il convient d'inscrire les décisions prises respectivement en 1977, 1991 en 2013, visant à renouveler et à compléter la gamme des billets et des pièces de monnaie en circulation.

Les opérations sur la base desquelles l'émission de la monnaie est réalisée, c'est-à-dire celles génératrices de l'émission, sont nombreuses et sont citées de façon exhaustive dans les articles 9 à 22 des statuts de la Banque Centrale. Elles tournent, pour l'essentiel, autour des interventions directes de celle-ci en faveur des Etats et de celles en faveur du système bancaire, c'est-à-dire des banques et des établissements financiers.

C'est ainsi que chaque année, la Banque Centrale détermine, sur la base des données relatives à l'ensemble des activités économiques menées dans les pays de l'UMOA et de leur évolution prévisible, les concours qu'elle peut accorder à chacun d'eux au titre d'une année.

La conduite de la politique du crédit

Les réflexions menées au sein de l'UMOA, ont mis en relief trois exigences majeures sur la base desquelles les instances compétentes de l'Union, dont notamment le Conseil d'Administration de la BCEAO et le Conseil des Ministres de l'UMOA, ont adopté les directives de politique générale de la monnaie et du crédit, ainsi que les règles d'intervention de la Banque Centrale. Les trois exigences majeures sont les suivantes :

- l'indispensable réduction du rôle de la monnaie centrale au profit d'une mobilisation accrue de l'épargne intérieure sous forme de dépôts bancaires ;

- la mise en harmonie des règles de gestion monétaire avec l'organisation de l'activité économique et le cadre de l'environnement international ;
- la recherche de mécanismes flexibles de régulation monétaire associant le relâchement des contraintes administratives et un renforcement de la surveillance bancaire, dans le cadre d'une libéralisation graduelle du marché du crédit, tenant compte des contraintes spécifiques aux pays de l'UMOA dont les structures économiques et financières sont encore fragiles.

Ainsi la politique monétaire s'appuie sur des règles et des instruments permettant :

- d'assurer un meilleur contrôle de la liquidité globale de l'économie ;
- de promouvoir la mobilisation de l'épargne ;
- De veiller à la qualité des crédits distribués en favorisant le financement des secteurs porteurs de croissance ;
- la mise en place d'une réglementation bancaire en vue de renforcer l'organisation et la surveillance de l'activité bancaire afin d'assurer un financement sain et durable de la croissance et du développement.

La sauvegarde de la valeur de la monnaie commune est essentielle pour assurer les conditions d'un financement sain de l'économie. Aussi importe-t-il de veiller à la position des réserves de change et à l'équilibre des comptes extérieurs des pays de l'UMOA. Pour cela, la BCEAO se doit de fixer des objectifs d'avoirs extérieurs minimums nécessaires à une couverture satisfaisante de la monnaie. Ceci demeure une exigence fondamentale dans la conduite de la politique monétaire et en particulier dans le contrôle de la liquidité globale de l'économie.

À cet égard, les concours de l'Institut d'émission au système bancaire seront soumis, quelle que soit la nature des risques portés par ce dernier, à un plafonnement normatif, tout comme les concours à l'Etat. Le niveau des interventions de la Banque Centrale doit être ainsi constamment compatible avec les objectifs d'avoirs extérieurs fixés. C'est ce qu'on appelle l'encadrement du crédit par la Banque Centrale dans sa conduite de la politique du crédit. Cela veut dire que la Banque Centrale exerce un contrôle rigoureux du crédit intérieur et de ses composantes en utilisant le système des autorisations préalables tout en limitant ses concours aux Etats et aux banques et établissements financiers.

Ultérieurement, la Banque Centrale a adopté, d'une part le système des accords de classement en ce qui concerne la régulation des emplois et d'autre part celui des réserves obligatoires concernant la régulation des ressources, mécanismes de portée structurelle et moyen d'action indirect de régulation monétaire.

Toujours au titre de la politique du crédit, il convient de s'assurer que la qualité de la distribution du crédit par les banques et établissements financiers fait l'objet d'une attention particulière. À cet effet, les banques ont à exercer pleinement leurs responsabilités en ce qui concerne la surveillance de la qualité de leurs emplois.

Afin de favoriser dans chaque Etat le financement de secteurs jugés prioritaires, des mesures incitatives ont été recherchées par la mise en place de dispositions fiscales et de structures telles que des fonds de garantie, des fonds de bonification d'intérêt, etc.

L'un des instruments importants qu'utilise la Banque Centrale dans sa conduite de la politique du crédit est le taux d'intérêt. En effet, il joue un rôle capital dans le renforcement de la stabilité monétaire et l'amélioration de la structure de l'épargne. Ainsi, outre l'impérieuse nécessité de mobiliser l'épargne, essentielle pour assurer le financement sain de l'économie, la politique des taux d'intérêt contribue au processus d'ajustement et de restructuration de celle-ci. A cet effet, le dispositif des taux d'intérêt repose sur une politique dynamique et flexible.

C'est ainsi que les taux d'intérêt de la Banque Centrale s'articulent comme suit :

- le taux du marché monétaire ;
- le taux d'escompte, supérieur à celui du marché monétaire.

Le taux d'escompte préférentiel a été supprimé en 1989. Celui-ci, qui avait été institué en 1975, avait pour objet de favoriser le financement des campagnes de commercialisation des produits agricoles locaux dans les pays de l'UMOA, parce que cette commercialisation est la source principale d'où ces pays se procurent des devises ou encore tirent leurs avoirs extérieurs.

Pour ce qui est des conditions de banque, aussi bien les conditions débitrices que les conditions créditrices, elles reposent sur deux éléments imposés aux banques et établissements financiers fixés par la Banque Centrale et qui sont :

- le taux de l'usure, au-delà duquel les taux débiteurs pratiqués par les banques et les établissements financiers sont considérés comme usuraires et donc interdits ou prohibés ;
- le taux de rémunération du compte d'épargne qui est un taux fixe. Il est fixé par la Banque Centrale dans le but de favoriser la mobilisation de la petite épargne.

Le système financier est composé de l'ensemble des banques et des établissements financiers qui assurent le financement de l'ensemble des activités économiques à travers les crédits qu'ils accordent à leur clientèle. Les institutions bancaires et financières, en jouant leur rôle d'intermédiation entre les clients épargnants et déposants et ceux bénéficiaires de crédits, contribuent grandement à l'allocation des ressources à l'économie d'un pays. Il convient de ce fait, que l'activité du système bancaire et financier fasse l'objet d'une surveillance rigoureuse par des autorités compétentes dont essentiellement la Commission Bancaire.

IV. LA NOTION D'EMPRUNT OU DE PRET

Emprunter c'est demander à disposer d'un bien appartenant à quelqu'un qui ne s'en sert pas pour le moment. Celui-ci accepte de prêter, momentanément, ce bien. L'emprunteur promet de rendre le bien dans un délai donné et moyennant le paiement d'un prix.

Dans la notion d'emprunt ou de prêt (cela dépend du côté où l'on se place) il y a forcément deux personnes. Il y a d'un côté le prêteur et de l'autre côté l'emprunteur. Le prêteur est celui qui dispose du bien, mais qui n'en a pas besoin pour le moment. L'emprunteur est celui qui ne dispose pas de ce bien, mais qui en a besoin.

La notion d'emprunt ou de prêt implique aussi que l'emprunteur ou le demandeur promette de rendre le bien emprunté au prêteur ou propriétaire, dans un délai bien précis. En d'autres termes, il faut promettre de rendre le bien emprunté.

Enfin, l'emprunt est conditionné par le paiement d'un surplus du bien, objet de l'opération, au prêteur par l'emprunteur ou demandeur. L'objet de l'opération d'emprunt ou de prêt est ici une somme d'argent donnée et le surplus payé est ce qu'on appelle l'intérêt (surplus d'argent payé par l'emprunteur).

La banque peut ainsi être, soit emprunteuse ou demanderesse d'argent auprès d'individus ou d'institutions, soit prêteuse d'argent à des individus particuliers, à des entreprises, à des institutions (d'autres banques ou d'institutions financières par exemple). La banque peut emprunter l'argent chez ses clients (particuliers, entreprises, institutions, Etat et ses démembrements) épargnants, sous forme de dépôts qu'elle collecte auprès d'eux. Elle peut aussi prêter de l'argent à cette même clientèle, sous forme de crédits.

V. LA NOTION DE RISQUE BANCAIRE

Toute activité comporte un risque, plus ou moins grand, quant à son accomplissement de manière tout à fait parfaite et satisfaisante. En d'autres termes, il n'y a pas d'activité sans risque, c'est-à-dire qu'il n'existe pas de risque zéro (0) pour toute activité entreprise.

Le risque peut être défini comme étant l'incertitude qui plane sur la réussite parfaite d'une opération. On entreprend une opération sans toutefois avoir la certitude à cent pour cent (100 %) que celle-ci sera une réussite totale. Ainsi le cultivateur sera confronté, dans ses activités champêtres, aux aléas climatiques, c'est-à-dire au risque de manque ou d'insuffisance de pluie ou au contraire au risque d'inondation due à une abondance excessive de pluie. Lorsqu'un tel risque se produit, le plus souvent on n'a pas de parade efficace pour y faire face.

Au niveau des entreprises, objet principal de notre propos, dans chaque secteur d'activité il y a des risques spécifiques auxquels elles sont confrontées. L'entreprise industrielle sera par exemple confrontée à un risque d'approvisionnement en matières premières, qui est le manque imprévu de ces matières premières. L'entreprise commerciale peut perdre brusquement son marché principal, pour une raison ou une autre, ce qui constitue évidemment un risque important pour elle. Une entreprise de service peut lancer un produit, mais celui-ci peut ne pas avoir d'engouement auprès du public, alors que les prévisions laissaient croire le contraire, etc.

C'est ainsi que toute l'activité bancaire est confrontée, à des degrés divers, à toutes sortes de risques. Un risque important et mal maîtrisé peut conduire à la faillite de la banque. Les principaux risques auxquels la banque est confrontée, détaillés plus loin dans le document, sont :

- le risque de contrepartie ou risque de crédit ;
- les risques opérationnels ;
- le risque informatique ;
- le risque juridique.

La maîtrise du risque encouru par la banque, dans le cadre de l'exécution de ses opérations et de leur dénouement, doit être la préoccupation première des responsables d'une banque. Ceux-ci doivent veiller à la sécurité maximale de l'argent du public, c'est-à-dire des clients. Une banque qui ne prend pas toutes les mesures efficaces, nécessaires pour minimiser autant que possible les risques de tout genre, auxquels elle est confrontée, ira inévitablement vers la faillite.

Une bonne connaissance des notions ci-dessus rappelées permet d'appréhender clairement, de façon relativement simple, l'activité de l'entreprise appelée « banque ». On l'appelle par ailleurs « établissement de crédit » qui est différent de ce qu'on appelle « établissement financier ». Cette différenciation des types d'organismes de financement est donnée avec détail dans la loi portant réglementation bancaire, évoquée plus loin.

CHAPITRE II :

LES RESSOURCES BANCAIRES

L'activité d'une banque consiste, comme souligné ci-dessus, dans un premier temps, à prendre l'argent chez les personnes qui en disposent et, dans un second temps, à mettre cet argent à la disposition des personnes qui n'en disposent pas. Les premières personnes chez lesquelles la banque prend l'argent sont appelées les déposants, qui sont ainsi des créanciers de la banque.

Ce sont des personnes qui ont épargné de l'argent et qui vont le déposer à la banque, bien entendu pour plusieurs raisons ou motivations. Cela montre, de façon évidente, l'importance qu'il convient d'accorder à la notion d'épargne, comme nous l'avons déjà indiqué.

Les secondes personnes qui vont emprunter cet argent déposé auprès de la banque sont appelées les débiteurs de la banque. Ce sont celles auxquelles la banque a accordé des crédits, grâce essentiellement à l'argent des déposants.

Pour jouer son rôle principal, qui est donc celui d'être intermédiaire entre les deux catégories de personnes, il faut d'abord que la banque dispose de l'argent épargné par ses clients déposants. En fait, quand on dit que la banque prend l'argent chez les déposants, cela veut dire qu'elle emprunte cet argent. Les déposants sont ainsi les clients créanciers de la banque, ce qui veut dire que cette dernière devient leur débiteur, c'est-à-dire que la banque leur doit de l'argent. C'est essentiellement avec cet argent emprunté qu'elle travaille, en accordant des crédits.

Mais si les dépôts des clients, en position d'épargnants déposants, constituent la majeure partie des ressources de la banque, celle-ci peut aussi emprunter auprès d'autres banques ou d'une structure appelée marché financier. A bien y réfléchir, on se rend compte que tout cet argent, même emprunté, provient en définitive de l'effort d'épargne des agents économiques.

La banque peut ainsi avoir aussi des ressources en empruntant. La différence entre un dépôt bancaire et un emprunt bancaire est que, celui qui dépose son argent à la banque va lui-même proposer de faire le dépôt à la banque, alors que quand la banque emprunte, c'est elle-même qui va auprès du prêteur. Sinon, un dépôt est, en fait, un emprunt bancaire aussi, mais qu'on appelle dépôt et non emprunt parce que le client va solliciter les services de la banque. Il est vrai que de nos jours, la banque, dans sa démarche de collecte des ressources en général, et dans celle des dépôts en particulier, va vers le client en ce sens qu'elle l'attire vers elle par la publicité.

Enfin, la banque a des ressources qui lui sont propres, appelées encore fonds propres. Lesdits fonds propres sont tout simplement les fonds apportés par les actionnaires, en vue de la création de la banque. Ils sont essentiellement constitués du capital de cette banque. Il y a aussi les réserves résultant du bénéfice réalisé par cette banque et mises de côté pour renforcer ces fonds propres. Cette notion de fonds propres fera l'objet de développements ultérieurs.

C'est l'ensemble des dépôts recueillis auprès des clients qui sollicitent spontanément la banque à cet effet, des emprunts contractés auprès d'autres institutions approchées dans ce but par la banque et de ses fonds propres, qui constitue l'essentiel des ressources lui permettant de travailler, c'est-à-dire de mener son activité, qui est essentiellement l'octroi de crédits.

I. LES DEPOTS AUPRES DE LA BANQUE

Pour que l'activité d'une banque soit possible, il faut donc qu'elle dispose au préalable des ressources nécessaires. Celles-ci sont constituées en premier lieu des dépôts recueillis auprès de la clientèle épargnante et déposante d'argent dans la banque.

Un client de la banque peut ainsi être créditeur de la banque (déposant à qui la banque doit de l'argent) ou être débiteur de la banque (bénéficiaire de crédit accordé par la banque et qui doit de l'argent à la banque) ou les deux à la fois (déposant d'argent à la banque et, en même temps, bénéficiaire de crédit bancaire).

Les clients de la banque qui sont ainsi, tantôt créditeurs, tantôt débiteurs, tantôt créditeurs et débiteurs à la fois, sont composés des catégories de personnes suivantes :

- les particuliers, qui sont des personnes physiques (exemple des fonctionnaires salariés, des travailleurs du privé, etc.) ;
- les entreprises individuelles ou collectives, c'est-à-dire les entreprises avec un individu propriétaire (couturier, garagiste, boulanger, etc.) ou les entreprises constituées en sociétés appartenant à plusieurs personnes physiques ou morales

appelées sociétaires, associés ou actionnaires (SOSUCO, SOFITEX, MARINA MARKET, SONABEL, TELECEL, etc). Ces entreprises opèrent dans divers secteurs d'activité tels l'agriculture, l'industrie, le bâtiment, le commerce, les services, etc. ;

- les confessions religieuses, les associations et professions libérales (associations diverses, cabinets d'experts-comptables, d'avocats, de notaires, de médecins, etc.) ;
- l'Etat et les collectivités locales, ces dernières étant appelées aussi démembrements de l'Etat et qui sont les régions, les provinces, les communes, etc.

Ce sont ces différentes catégories de clients qui, si elles ont de l'argent disponible, peuvent déposer cet argent à la banque. Cet argent constitue ainsi une partie importante des ressources de l'établissement bancaire.

Les clients effectuent des dépôts à la banque pour plusieurs raisons.

Le besoin de sécurité

On confie généralement son argent à la banque parce qu'on pense qu'il y sera plus en sécurité. En effet, si on épargne de l'argent, il est risqué de le garder chez soi, car on peut le perdre ou se le faire voler. La banque apparaît, de ce point de vue, comme l'endroit le plus approprié ou indiqué pour assurer la sécurité de notre argent épargné.

En effet, la banque est mieux outillée en matière de sécurité, ou du moins, elle est censée l'être par rapport à un individu. La sécurité est un élément important du service offert par la banque, qui s'organise en conséquence.

La disponibilité de l'argent déposé

Si on dépose de l'argent à la banque, on a le souci de savoir si on peut en disposer à tout moment. Ce souci est justement levé par la banque. Il sera ainsi proposé au client déposant, toute une catégorie de dépôts dont le degré de disponibilité est variable, mais également des moyens de paiement adaptés adossés à ces dépôts (chèques, cartes, etc.). Le degré de disponibilité va de l'immédiat, c'est-à-dire que le dépôt est disponible à tout moment, à des délais de un (1) à plusieurs mois ou années. Le client fera alors son choix en toute connaissance de cause et en toute liberté.

La rentabilité de l'argent déposé

On peut épargner de l'argent et le déposer à la banque parce qu'on a le souci de le faire fructifier, c'est-à-dire d'avoir un gain qui serait la récompense de l'effort d'épargner qui est une privation momentanée de son argent. On peut donc être motivé par la rentabilité en faisant un dépôt à la banque, qui sera le prix de la privation, certes volontaire. Cette motivation de la rentabilité est très forte chez les personnes disposant d'assez d'argent et qui voudrait l'investir.

Les clients qui effectuent des dépôts auprès de la banque sont généralement motivés par ces trois raisons qui s'imbriquent les unes aux autres, avec cependant l'une qui prend le dessus sur les autres. En général, le souci de sécurité est le premier élément motivant pour tout déposant et qui, du reste, est fortement imbriqué au souci de disponibilité de l'argent. Le souci de rentabilité se trouve, en général, être le plus fort au niveau des clients disposant de sommes d'argent importantes, qu'ils voudraient voir leur rapporter un profit.

Ainsi, un particulier salarié qui gagne 75 000 francs CFA par mois, déposera cet argent en banque et fera des prélèvements au fur et à mesure, en attendant la prochaine échéance de rentrée d'argent, qui est le paiement de son salaire. Son dépôt en banque sera vraisemblablement motivé par la sécurité et la disponibilité. Il ne lui viendra certainement pas l'idée que les 75 000 francs CFA lui rapportent quelque chose, car même s'il le voulait, la faiblesse de la somme ne le lui permettrait pas, compte tenu du coût de la vie. Par contre, un individu qui gagnerait 1 500 000 francs CFA sera fortement motivé par la rentabilité de la somme, déduite de son salaire de 1 500 000 francs CFA, soit par exemple 500 000 francs CFA, qu'il déposera en banque en renonçant à sa disponibilité immédiate.

Par rapport à ces motivations, les personnes qui ont constitué de l'épargne la déposeront auprès de la banque, selon le degré de sécurité, de disponibilité ou de rentabilité recherché. Au regard donc des motivations exprimées par les épargnants voulant faire des dépôts, la banque leur offrira la possibilité d'effectuer soit un dépôt à vue, soit un dépôt à terme, soit les deux à la fois, car l'un n'exclut pas l'autre.

1.1 Les dépôts à vue

Les dépôts à vue sont les dépôts effectués auprès de la banque avec, outre le souci d'avoir son argent en sécurité, celui de disposer à tout moment de l'argent déposé, c'est-à-dire immédiatement. Ainsi, la banque est dans l'obligation de remettre sans délai au client ayant effectué un dépôt à vue, toute somme disponible dans son compte que ce dernier réclamera à n'importe quel moment où la banque ouvrira ses portes à la clientèle, ou au moyen d'une carte bancaire de retrait.

Pour recueillir les dépôts à vue de sa clientèle, la banque utilise, en général, les quatre (4) techniques suivantes :

- le compte chèque ;
- le compte courant ;
- le compte d'épargne ;
- le compte spécial.

On peut définir un compte comme étant un état comptable sur lequel est inscrit par la banque, l'ensemble des opérations effectuées entre elle et son client. Par exemple, un client dépose une somme d'argent d'un montant de 100 000 francs CFA. La banque inscrira au crédit de son compte le montant de 100 000 francs CFA. Une semaine après, si le client vient réclamer à la banque 50 000 francs CFA sur son dépôt de 100 000 francs CFA, la banque va amputer les 50 000 francs CFA du dépôt de 100 000 francs CFA, en débitant son compte de 50 000 francs CFA et les lui remettra. Le dépôt restant est alors égal à 50 000 francs CFA, qui seront le solde obligatoirement créditeur du compte du client.

Le compte est ainsi le moyen par lequel la banque entre en contact ou en relation avec son client, toutes catégories confondues.

Pour faire un dépôt à vue, on peut demander à la banque d'ouvrir l'un ou plusieurs des quatre (4) comptes ci-dessus, selon qu'on est classé dans telle ou telle catégorie de la clientèle.

On peut ainsi ouvrir un compte chèque et/ou un compte d'épargne, si on est un particulier. On peut ouvrir les trois catégories de comptes (chèque, courant et épargne) si on est une entreprise. On peut ouvrir un compte chèque et/ou un compte d'épargne pour les associations et professions libérales. Enfin, on peut ouvrir un compte chèque et/ou un compte spécial pour l'Etat et ses démembrements. Ce qui est important ici, c'est que le dépôt soit à vue. Les appellations des comptes peuvent être différentes d'un établissement bancaire à un autre.

1.1.1 Les dépôts à vue sur compte chèque

Le compte chèque est ouvert à toute catégorie de client, que ce soit un particulier, une entreprise, une association, une profession libérale, l'Etat et ses démembrements. Le client doit être, naturellement, capable juridiquement, notamment les particuliers personnes physiques. Le compte chèque est le moyen par lequel la banque reçoit les dépôts à vue de la clientèle, toutes catégories confondues.

Les dépôts sont reçus par la banque sous forme de versements d'argent à ses guichets ou de virements sur le compte du client. Le chèque n'est qu'un moyen par lequel les titulaires de comptes peuvent disposer de leur argent. C'est pourquoi le compte est appelé « compte chèque ». Les clients peuvent disposer à n'importe quel moment des sommes disponibles au crédit de leurs comptes.

Ainsi, à chaque moment, les soldes créditeurs cumulés des comptes chèque constituent une ressource pour la banque, mais qui est à vue, c'est-à-dire qui peut disparaître à tout moment.

On imagine déjà que cette ressource est très volatile, c'est-à-dire instable et difficile à utiliser par la banque, du fait de la disponibilité totale de ces dépôts. En effet, on peut imaginer qu'un client déposant vienne faire un dépôt à vue de 100 000 francs CFA auprès de la banque. Il peut disposer à tout moment de cette somme de 100 000 francs CFA. Supposons que la banque n'ait pas d'autres ressources que ces 100 000 francs CFA et malgré l'instabilité de ce dépôt, elle prend le risque de l'utiliser pour faire crédit à un autre client, remboursable en une semaine. Or, trois (3) jours après, le client déposant vient réclamer, comme il en a le droit, ses 100 000 francs CFA. La banque ayant prêté cet argent à échéance d'une semaine va se retrouver dans une situation extrêmement difficile, si elle n'a pas d'alternative pour obtenir d'autres ressources.

Cet exemple simple montre combien la banque doit être très prudente dans l'utilisation des dépôts à vue de la clientèle, à cause de leur très grande volatilité. C'est aussi pourquoi la banque est réticente à rémunérer les dépôts à vue.

En effet, il n'est pas intéressant pour une banque de payer des intérêts sur un dépôt qu'il est trop risqué d'utiliser, parce qu'instable dans sa disponibilité. C'est ainsi qu'une banque n'est pas incitée à rémunérer, c'est-à-dire, payer des intérêts aux clients ayant effectué des dépôts à vue à travers un compte chèque. C'est pour cela que, dans la plupart des cas, on ne constate pas de rémunération sur les comptes chèque dans une banque. Par ailleurs, le solde du compte chèque est, en principe, toujours créditeur et jamais débiteur, sauf autorisation expresse de la banque dans des conditions bien précises, qui vaut accord de crédit.

Les soldes, forcément créditeurs, des comptes chèque, constituent donc des dépôts à vue et des ressources pour la banque, mais d'utilisation très risquée pour cette dernière, en raison de leur très grande volatilité ou instabilité.

1.1.2 Les dépôts à vue sur compte courant

Le compte courant est, par nature, ouvert par la banque au profit des entreprises et institutions. Il enregistre un grand nombre d'opérations enchevêtrées, régies par une convention spécifique. Un client particulier ne peut pas se faire ouvrir un compte courant auprès d'une banque. Il n'est donc pas exact d'affirmer le contraire.

L'argent rentre dans le compte courant à tout moment et ressort aussi à tout instant, selon le rythme des activités de l'entreprise. Les sommes qui rentrent dans le compte courant, qui est ainsi crédité au moyen de versements effectués par l'entreprise, de virements et de chèques reçus en faveur de celle-ci, ressortent par le débit de ce même compte au moyen des retraits d'argent, des virements et chèques émis par cette entreprise. Il s'agit des opérations les plus simples et courantes, car il y a de nombreuses autres qui affectent le débit ou le crédit du compte. Le compte courant est ainsi mouvementé de la même manière que le compte chèque, par des inscriptions au débit et au crédit.

L'ensemble des soldes créditeurs cumulés, à un moment donné, constitue aussi des ressources pour la banque.

Les dépôts ainsi constitués au niveau du compte courant sont des dépôts à vue, en ce sens que l'entreprise peut les utiliser à tout moment, c'est-à-dire sans délai, dans le cadre de ses activités industrielles, commerciales, de services, etc.

Contrairement au compte chèque, le compte courant qui enregistre toutes opérations de débit et de crédit, liées à l'activité de l'entreprise, peut avoir un solde, soit créditeur, soit débiteur. Le solde créditeur est rémunéré par la banque au profit de l'entreprise, tandis que le solde débiteur fait l'objet d'une rémunération par l'entreprise au profit de la banque.

1.1.3 Les dépôts à vue sur compte d'épargne

On peut choisir de déposer à vue son argent à la banque en ayant non seulement le souci de sécurité, mais aussi celui de la disponibilité immédiate de cet argent, tout en ayant aussi celui de le rentabiliser, c'est-à-dire qu'on voudrait que cet argent déposé rapporte quelque chose en plus.

Cette option conduit la banque à proposer au déposant l'ouverture d'un compte d'épargne. La banque ouvre ainsi un compte dont la particularité est aussi d'avoir un solde toujours créditeur, disponible à tout moment et qui donne lieu à rémunération.

Le compte d'épargne est ainsi un compte à vue. Son solde est, en principe, toujours créditeur et ne peut, en aucun cas, être débiteur. Ce solde est disponible pour l'épargnant à tout moment, car la banque est dans l'obligation de satisfaire toute demande de retrait d'argent exprimée par le déposant, à la seule condition que le solde du compte le permette. Le compte d'épargne est également rémunéré.

On peut alors se poser la question de savoir pourquoi la banque rémunère le compte d'épargne et pas le compte chèque ? L'idée est que, pour le déposant qui ouvre un compte chèque, le souci dominant est d'avoir son argent dans un lieu sûr et de pouvoir en disposer au moment où il le désire, sans trop se préoccuper de sa rémunération. Par contre, pour le déposant qui ouvre un compte d'épargne, celui-ci se soucie de la sécurité de son argent et de sa disponibilité, bien entendu, mais aussi de ce que cet argent peut lui rapporter.

Dans ce dernier cas, le déposant va faire son dépôt en ayant l'intention de le laisser le plus longtemps possible à la banque pour gagner plus. En effet, on n'épargne pas en banque, si c'est pour retirer tout son dépôt le lendemain. Si on épargne de l'argent en banque, c'est qu'on a l'intention de protéger la valeur de son épargne, voire d'accumuler de l'argent pendant un certain temps, afin de s'acheter plus tard, un bien d'une valeur relativement importante ou d'investir.

Si le déposant a une telle intention, la banque pourra disposer, en conséquence, plus longtemps de son argent et pourra, de ce fait, l'utiliser sans trop grand risque. Le client a l'intention de laisser plus longtemps son argent en banque, mais toutefois il n'est pas fixé de délai, car ce n'est qu'une intention. En contrepartie de cette intention, la banque est disposée à rémunérer ce dépôt, bien qu'il soit à vue.

C'est pourquoi le compte d'épargne fait l'objet de rémunération par la banque, c'est-à-dire que la banque paye au déposant un intérêt.

Les banques remettent parfois aux titulaires de comptes d'épargne des carnets ou livrets sur lesquels elles mentionnent toutes les opérations effectuées sur le compte. Ces documents sont remis aux clients qui peuvent ainsi opérer un suivi de ces opérations. Ainsi le compte d'épargne est aussi souvent appelé « compte d'épargne sur livret ». De nos jours, beaucoup de banques ne délivrent plus de carnets ou livrets à leurs clients titulaires de comptes d'épargne, certainement pour des raisons de rationalisation dans la gestion.

Les soldes créditeurs cumulés des comptes d'épargne constituent des ressources relativement stables pour la banque. Les comptes d'épargne sont, en général, prisés par la clientèle des particuliers à faibles revenus et donc à capacité d'épargne réduite. Du reste, pour protéger et encourager l'effort de ces déposants, la rémunération de ces comptes est réglementée, c'est-à-dire que le taux d'intérêt qui leur est appliqué ne peut être inférieur à un minimum (actuellement de 3,5 %), fixé par les Autorités monétaires de l'UMOA.

1.2 Les dépôts à terme

Les dépôts à terme sont des dépôts effectués par les clients, dans un souci de sécurité, mais aussi et surtout de rentabilité. Le dépôt à terme se différencie du dépôt à vue, essentiellement par la disponibilité des fonds pour le client, qui est totale pour le second et extrêmement réduite pour le premier.

En effet, si on effectue un dépôt à vue, on peut le réclamer à tout moment, ce qui n'est pas le cas si le dépôt est à terme. On ne pourra disposer de son avoir auprès de la banque qu'au terme du délai contractuel fixé d'accord parties, c'est-à-dire entre le déposant et la banque.

Le dépôt à terme est effectué par le client qui peut être un particulier, une entreprise, une association, une profession libérale, l'Etat et ses démembrements, pour rechercher la rentabilité. Pour cela, le client est amené à renoncer à la disponibilité immédiate de l'argent qu'il dépose à la banque. Le déposant est, dans ce cas, véritablement mû par le gain d'argent attendu en contrepartie de cette renonciation à la disponibilité immédiate. C'est un véritable investissement que fait le déposant.

Le client, en accord avec la banque, peut ainsi faire un dépôt qu'il ne pourra retirer qu'après un délai donné qui peut être par exemple de un (1) mois, de deux (2) mois, de trois (3) mois, de six (6) mois, etc. Tout dépend de ce que la banque lui propose et, bien entendu, qu'il accepte. Ici, le terme désigne la durée pendant laquelle le propriétaire ne peut pas toucher à son dépôt. Cette durée peut être à court, à moyen ou à long terme. Dans la réalité, elle est généralement courte et ne dépasse pas plus de six (6) mois. Elle peut être renouvelable ou pas.

L'argent déposé à terme par le client, à la banque, peut être utilisé par cette dernière qui ne court pas le risque de voir cet argent réclamé avant le délai prévu, sans une compensation qu'elle percevra du déposant.

Pour effectuer un dépôt à terme, la banque offre à sa clientèle plusieurs formules. Elles sont toujours appuyées par l'ouverture d'un compte, car, comme il est rappelé plus haut, les relations de la banque et de son client se déroulent toujours à travers un compte. Les formules offertes par la banque à travers le compte, dans le cas de dépôts à terme effectués par le client, sont les suivantes :

- le dépôt à terme effectué sur un compte classique, appelé « compte de dépôt à terme » communément désigné parle terme abrégé « DAT », qui signifie « Dépôt A Terme » ;
- les dépôts à terme effectués sur des comptes spécifiques, qui retracent les opérations d'achat par la clientèle auprès de la banque de formules tels que les bons de caisse, les bons d'épargne, les bons du Trésor (achat de titres se traduisant par une sortie d'argent au profit de l'émetteur qui est la banque ou le Trésor), etc.

Il faut bien comprendre que les bons du Trésor sont donc des titres émis par le Trésor et placés auprès de la banque pour vente à sa clientèle. Le produit de cette vente bénéficie donc au Trésor. Par contre les bons de caisse et les bons d'épargne sont émis par la banque elle-même. Celle-ci bénéficie du produit de leur vente auprès de sa clientèle.

1.2.1 Le compte classique ou DAT

Le compte de dépôt à terme est un compte que la banque ouvre à un client désireux de placer son argent en banque, dans l'intention évidente de faire fructifier cet argent, du fait que la banque accepte de le rémunérer en payant un intérêt. Il fonctionne de manière classique, en enregistrant des opérations de débit et de crédit, sans que son solde ne puisse, en aucun cas, devenir débiteur. En général, le compte enregistre une seule opération de crédit, qui consiste au versement d'une somme importante par le client qui voudrait ainsi investir son épargne, en attendant une autre opportunité beaucoup plus intéressante.

Des opérations de débit peuvent être effectuées sur ce compte, c'est-à-dire des retraits d'argent, même si le délai de retrait du dépôt n'est pas arrivé, mais sur autorisation expresse de la banque et, souvent, moyennant une pénalité.

L'argent qui est dans le compte porte intérêt pour le client, du fait de son renoncement à la disponibilité de son argent pendant un temps convenu avec la banque, sur la base d'un taux offert par celle-ci et accepté par le client. La banque, en retour, peut utiliser avec plus de quiétude cet argent pour faire des opérations de crédit ou autres emplois.

Les dépôts à terme effectués sur comptes classiques, appelés DAT, constituent ainsi des ressources appréciables et relativement stables pour la banque.

1.2.2 Les dépôts à terme spécifiques

Les épargnants ont d'autres possibilités de faire des dépôts à terme ou placements d'argent auprès de la banque, en dehors de l'ouverture d'un compte classique de DAT.

En effet, la banque leur offre des formules variées qui peuvent être, soit émises par elle-même, telles que les « bons de caisse », soit émises par certaines institutions, telles que les « bons du Trésor », etc. Il convient de rappeler, comme indiqué ci-dessus, que dans le cas des bons du Trésor, la banque n'est qu'un intermédiaire qui place des titres émis par le Trésor auprès de sa clientèle pour le compte de l'État.

Mais quelle que soit la formule choisie par le déposant, toutes les opérations effectuées entre la banque et le client déposant se déroulent à travers un compte spécifique, ouvert à cet effet par la banque au nom du client.

Il s'agit de formules à échéance préétablie, que la banque vend au client ou, en d'autres termes, que le client achète à la banque, moyennant un intérêt payable par l'émetteur de la formule qui est la banque pour ce qui concerne les « bons de caisse » et le Trésor pour ce qui est des « bons du Trésor ».

Une formule est un document sur lequel doit figurer les principales indications suivantes :

- la reconnaissance de dette par la banque et son engagement à rembourser cette dette ;
- le montant de la dette ;
- la durée ;
- le taux d'intérêt.

Les dépôts à terme ainsi constitués, sous forme de formules spécifiques achetées à la banque, sont également des ressources importantes et relativement stables, que celle-ci peut utiliser sans trop de risque, pour financer ses activités de crédit notamment.

Il convient de bien préciser que les bons du Trésor placés dans les banques constituent une possibilité de placement de leur argent offerte aux clients de la banque, sans que cet argent ne constitue une ressource pour elle. Ici, la banque rend un service à l'Etat en vendant les titres émis par le Trésor à sa clientèle pour le compte de ce dernier, en contrepartie d'une commission qu'elle perçoit.

II. LES EMPRUNTS BANCAIRES

Un autre moyen pour la banque de disposer de ressources conséquentes, lui permettant d'exercer son activité qui est essentiellement celle d'accorder des crédits à la clientèle qui en éprouve le besoin, c'est la possibilité qui lui est offerte d'emprunter de l'argent auprès d'autres banques, de la Banque Centrale et sur le marché financier.

2.1 Les emprunts interbancaires

Les emprunts interbancaires ou encore les emprunts faits sur le marché interbancaire, sont des emprunts qu'une banque en déficit de ressources peut effectuer auprès d'autres banques de la place, c'est-à-dire du pays, ou d'un autre pays, qui disposeraient de ressources excédentaires par rapport à leurs besoins d'emplois.

Une banque qui détient des ressources excédentaires et oisives, en permanence, serait dans une situation tout à fait anormale, surtout si ces ressources excédentaires sont composées de dépôts à terme qu'elle rémunère. Elle va donc chercher à placer ces excédents de ressources auprès de banques ou d'autres institutions financières qui en sont déficitaires.

Ainsi, à un moment donné, une banque peut se retrouver en situation de manque de ressources par rapport à ses besoins de financement. Pendant ce temps, une autre banque de la place ou d'ailleurs, peut se retrouver dans la situation inverse. Cette dernière dispose de ressources excédant ses besoins de financement. Elle disposerait ainsi de ressources oisives qu'elle ne peut utiliser, ce qui est, par ailleurs, un souci majeur pour elle.

Celle en situation d'excédent va donc prêter à celle qui se trouve déficitaire, ou autrement, la banque déficitaire va emprunter à la banque excédentaire.

L'ensemble des banques déficitaires qui sont ainsi des demandeurs de ressources ou de capitaux d'une part, et celles excédentaires qui sont des offreurs de ressources ou de capitaux d'autre part, se retrouveront sur ce qu'on appelle le marché interbancaire. Les unes sont des demandeurs et les autres sont des offreurs. Les intervenants sur ce marché sont ainsi des banques, qui se rencontrent directement sans intermédiaire, dans le cadre des opérations de prêts ou d'emprunts qu'elles font entre elles.

Une banque qui n'aurait pas pu, ou qui n'aurait pas voulu collecter d'importants dépôts, surtout à terme à cause de leur rémunération, peut tout de même avoir des ressources moins onéreuses et nécessaires pour ses emplois, sur le marché interbancaire. Mais la banque court le risque de ne pas toujours trouver des ressources suffisantes et stables en quantité sur ledit marché. C'est un marché sur lequel les choses évoluent constamment et rien n'est sûr, compte tenu du nombre limité d'acteurs et du caractère fluctuant de leurs motivations.

Bien entendu, les emprunts contractés sur le marché interbancaire portent des intérêts, payables par la banque emprunteuse à la banque prêteuse.

2.2 Les emprunts à la Banque Centrale

Une banque en déficit de ressources peut vouloir emprunter sur le marché interbancaire, mais ne trouve pas une autre banque qui veuille lui prêter de l'argent, pour une raison quelconque. Cette raison peut être qu'il n'y a pas de liquidité, c'est-à-dire, pas d'argent immédiatement disponible sur ce marché interbancaire, ou alors que la banque qui voudrait emprunter a des difficultés quelconques qui suscitent des inquiétudes de la part des autres banques.

La banque qui voudrait emprunter peut alors se tourner vers la Banque Centrale. Mais cela ne veut pas dire que cette possibilité de recours à la Banque Centrale exclut le recours au marché interbancaire, s'il n'y a pas de raison.

La banque qui veut faire recours à la Banque Centrale, appelée encore Institut d'Emission, a deux possibilités qui lui sont offertes. Il s'agit du refinancement direct d'une part, et du marché monétaire d'autre part. Mais pour accéder aux ressources de la Banque Centrale, que cela soit par le mode d'intervention directe ou que cela soit par le mode d'intervention par le marché monétaire, la banque candidate à un emprunt auprès de l'Institut d'Emission, devra remplir certaines conditions.

Il faut tout de suite dire que le rôle de la Banque Centrale est tout à fait différent de celui d'une banque ordinaire, appelée encore banque primaire. Si son rôle est différent de celui des banques qui sont en contact direct avec la clientèle, il n'est cependant pas contradictoire avec celui-ci. En effet, le rôle des banques ordinaires, dites encore banques primaires, est de prolonger celui de l'Institut d'Emission et par conséquent, il est normal que la Banque Centrale aide ces banques primaires dans le processus du financement de l'économie. Par conséquent, elle contribue au développement de leurs activités.

C'est le lieu, ici, de préciser que la Banque Centrale ou Institut d'Emission, n'a aucun contact opérationnel avec la clientèle des banques primaires, notamment les particuliers et les entreprises, tout simplement parce que cela n'est pas nécessaire. En revanche, elle s'appuie sur son rôle de « banque des banques » pour impulser la politique monétaire, par les quantités et les prix de la monnaie qu'elle crée et met en circulation ou retire de la circulation.

Le rôle de la Banque Centrale est très important et très large, comme cela a été évoqué ci-dessus dans le cadre du fonctionnement du système monétaire et financier de l'UMOA. Ceci n'est pas le sujet principal de cet ouvrage d'initiation à l'activité bancaire. Il pourrait faire l'objet de développements ultérieurs, par des spécialistes en la matière.

Pour aider les banques primaires dans le financement de leurs activités, la Banque Centrale, dans la zone UMOA, peut donc intervenir en leur faveur au moyen du refinancement direct et au moyen du marché monétaire qu'elle gère.

2.2.1 Le refinancement direct à la Banque Centrale

Pour accéder aux ressources de la Banque Centrale, il faut que la banque candidate au refinancement ait déjà financé un client, c'est-à-dire qu'elle a déjà accordé un crédit à ce client. Pour être refinancé, il faut donc avoir financé au préalable. Si on n'a pas financé quelque chose, on ne peut pas dire qu'on va se refinancer. Sur la base de quoi le fera-t-on ?

On peut prendre un exemple simple. La banque X a accordé le 1er janvier 2011 un crédit de 5 000 000 francs CFA à l'entreprise Y qui a fait une commande de marchandises qu'elle recevra le 15 février 2011. Cette entreprise a convenu avec la banque de rembourser le crédit à la date du 31 mars 2011. Il s'agit d'un crédit à court terme fait par la banque, remboursable en une fois, c'est-à-dire en une échéance, le 31 mars 2011. La banque ayant accordé le crédit le 1er janvier 2011, il lui faudra attendre trois (3) mois pour être remboursée. Or, le 25 février 2011, cette banque éprouve des besoins de trésorerie pour, par exemple, assurer les paiements à ses guichets. Elle peut prendre les documents prouvant qu'elle a effectivement financé l'entreprise Y en lui accordant un crédit de 5 000 000 francs CFA qui ne sont pas encore arrivés à échéance de remboursement et se présenter à la Banque Centrale pour demander à cette dernière de refinancer ce crédit de 5 000 000 francs CFA.

Après les contrôles d'usage, la Banque Centrale peut accepter ou refuser de refinancer le crédit que la banque X a accordé à l'entreprise Y. Lorsque la Banque Centrale accepte de refinancer ce crédit, cela veut dire qu'elle accepte de prêter une certaine proportion des 5 000 000 francs CFA à la banque X selon une durée prédéfinie, qui ne peut cependant excéder l'échéance du crédit octroyé à l'entreprise Y, objet du refinancement.

Voici, de façon très simplifiée, comment une banque se refinance auprès de la Banque Centrale, c'est-à-dire emprunte de l'argent auprès de l'Institut d'Emission. Mais, le fait que la banque candidate au refinancement de la Banque Centrale finance d'abord le client, c'est-à-dire lui fait un crédit, est une condition nécessaire, mais pas suffisante. Il faut également que ce crédit accordé à l'entreprise Y par la banque X reçoive au préalable l'accord de la Banque Centrale. Cela veut dire que la banque X, avant d'accorder le crédit à l'entreprise Y, doit obtenir de la Banque Centrale, que ce crédit bénéficie d'un accord de classement, dans des conditions bien définies.

L'avis favorable de l'Institut d'Émission est donné, selon qu'un certain nombre de critères d'équilibre financier prédéfinis par lui soient respectés par l'entreprise Y. Si cette deuxième condition, qui est de recueillir l'accord de classement de la Banque Centrale, n'est pas remplie, aucun crédit ne pourra être refinancé par celle-ci. C'est ce qu'on appelle, dans le jargon technique, le système des « accords de classement ».

La banque primaire n'est pas, en théorie, obligée de respecter ce système des accords de classement. Mais dans ce cas, elle ne pourra pas accéder aux ressources de l'Institut d'Emission, en cas de besoin. En effet, elle ne pourra pas disposer d'effets représentatifs de crédits refinançables qui lui seront réclamés pour garantir son emprunt.

Pour être complet, il faut souligner qu'outre les effets privés admis au refinancement par le biais des accords de classement, la Banque Centrale admet également des titres publics détenus par les banques, principalement les bons et obligations du Trésor répondant à certaines caractéristiques définies en application des statuts de l'Institut d'Emission.

Concrètement, si la Banque Centrale accepte de refinancer une banque primaire, elle crédite tout simplement le compte de la banque ouvert dans les livres de l'Institut d'Emission du montant de la somme qu'elle accepte de lui prêter.

Dans le cadre du refinancement direct, la Banque Centrale opère selon deux modes ou deux techniques qui sont, d'une part le réescompte et d'autre part la prise en pension.

Par le biais du refinancement, la banque peut donc emprunter de l'argent auprès de la Banque Centrale. Ces ressources sont à court terme et assorties de taux d'intérêt relativement bas.

2.2.2 Le marché monétaire

La banque peut aussi emprunter de l'argent auprès de la Banque Centrale par l'intermédiaire du marché monétaire. Le marché monétaire est un marché entre banques et institutions financières. Il est géré par la Banque Centrale. Celle-ci joue un rôle d'intermédiaire entre les banques et institutions financières qui ont des ressources, c'est-à-dire qui ont de l'argent à offrir d'une part, et les banques et institutions financières qui manquent de ressources, c'est-à-dire qui sont emprunteuses d'argent, d'autre part.

Le marché monétaire est différent du marché interbancaire, du fait que le premier cité est administré ou géré par la Banque Centrale, alors que le second est libre et fonctionne sans intermédiation.

Le mécanisme du marché monétaire fonctionne de la manière suivante : les banques et institutions financières qui ont des excédents de ressources ou d'argent à offrir, peuvent placer ces excédents d'argent sur le marché, auprès de la Banque Centrale. Les banques et institutions financières qui veulent emprunter de l'argent sur ce marché, formulent des demandes d'emprunt qu'elles adressent à la Banque Centrale. La Banque Centrale arbitre ainsi les offres et demandes en fonction des règles et procédures qu'elle a fixées dans le cadre de l'animation de ce marché. Cette animation qui obéit à la politique « d'open market » de l'Institut d'Emission, consiste typiquement à définir les montants, taux et durées des liquidités qu'elle est prête à injecter ou à absorber, conformément aux objectifs de la politique monétaire.

Elle se porte garante du remboursement des sommes empruntées sur le marché monétaire auprès des banques et institutions financières qui ont placé leur argent sur ce marché. Pour cela, la Banque Centrale demande aux banques et institutions financières emprunteuses la constitution de dépôts, auprès d'elle, d'effets représentatifs de crédits refinançables, en guise de garantie.

Par le biais du marché monétaire, une banque peut ainsi disposer de ressources mises aux enchères par la Banque Centrale. Ces ressources sont généralement à très court terme. Les taux sont également relativement bas et, en principe, inférieurs à ceux du marché interbancaire.

2.2.3 L'open market

Dans le cadre de sa mission de régulation de l'activité bancaire, sur la base d'une analyse quotidienne des facteurs autonomes de la liquidité, la Banque Centrale décide, à sa discrétion, de procéder périodiquement à des injections ou des reprises de liquidités, par appel d'offres. Les injections sont dites restreintes, lorsqu'elles sont réservées aux seules banques déficitaires, et ouvertes lorsqu'elles concernent toutes les banques. Par contre, les reprises s'adressent aux seules banques excédentaires, car les banques déficitaires n'ont pas de ressources à offrir.

La Banque Centrale en détermine la durée. Les autres conditions de son intervention sont variées : elle peut soit en fixer le montant et laisser libre les taux d'intérêt, soit en fixer le taux et laisser libres les montants. Comme pour le marché monétaire, pour bénéficier des injections, toute banque doit fournir des garanties quant à sa capacité de remboursement en temps opportun des concours obtenus.

Par l'open market, la Banque Centrale offre ainsi alternativement aux banques un instrument d'absorption de leurs éventuels excédents de trésorerie et une source de financement de leurs éventuels déficits de trésorerie.

2.3 Les emprunts sur le marché financier

Le marché financier est un marché de titres, vendus et/ou achetés par les clients, les uns comme émetteurs ou vendeurs de titres, les autres comme acheteurs de titres. Un titre est un document (physique ou, de plus en plus, électronique) qui matérialise la créance ou la dette d'une personne envers une autre personne.

En terme plus technique, le marché financier est un marché de capitaux à long terme. Il représente l'ensemble des offres qui sont des placements d'argent et des demandes d'argent pour les entreprises. Les différentes fonctions du marché financier sont les suivantes :

Un circuit de financement de l'économie nationale

Cette fonction est de drainer une partie importante de l'épargne, en vue de contribuer au financement des entreprises et des administrations publiques. Les capitaux sont collectés par le marché auprès des agents économiques qui disposent de capacités longues de financement. Le marché financier contribue de plus en plus, surtout dans les pays développés, au financement des investissements des entreprises, par rapport au système bancaire. Il met directement en contact l'épargnant qui désire placer ses capitaux et l'investisseur qui a besoin de ces capitaux. Ainsi, le marché financier est un circuit court entre l'épargne et l'investissement.

Se prémunir contre le risque d'immobilisation d'une épargne qui hésiterait à s'engager si elle n'était pas assurée de sa faculté de redevenir liquide

En effet, le détenteur d'un titre coté en bourse a la possibilité de le revendre à un autre investisseur. La liquidité du marché est assurée par la quantité importante des titres en circulation, la disponibilité du public (acheteurs et vendeurs) et le volume quotidien aussi important des transactions.

Un instrument de mesure de la valeur des entreprises ayant atteint une certaine dimension

En effet, la cotation boursière constitue, à côté des autres techniques d'évaluation des entreprises (analyse des bilans, expertise de l'outil de production, du fonds de commerce, des perspectives de marché, etc.) une approche d'un accès facile et reconnu par la communauté bancaire, le monde de l'industrie et l'administration fiscale.

Le marché anticipe ainsi la valeur des entreprises en formulant des hypothèses sur leur devenir. En fixant à tout moment le prix d'une société, le marché financier apparaît comme l'une des pierres angulaires d'un capitalisme fondé sur la notion même de marché.

Un outil concourant à la mutation des structures industrielles et commerciales

En effet, le marché financier facilite les regroupements d'entreprises en donnant la possibilité de régler au moyen de leurs titres, l'acquisition d'autres affaires. Il offre, par l'intermédiaire de la bourse, la possibilité aux sociétés cotées de « battre leur propre monnaie ». Ainsi, pour l'achat de filiales, au lieu d'utiliser de l'argent liquide, cela se fait par la remise d'actions de la société acheteuse ou absorbante.

Un lieu de négociation du risque

L'innovation financière, rendue possible par la déréglementation des produits et la création des marchés dits « dérivés », a mis en évidence le rôle que joue le marché des capitaux dans la gestion par les agents économiques de leurs risques. Couvrir une exposition au risque, spéculer, procéder à des arbitrages, occupent aujourd'hui nombre d'opérateurs dans les salles de marchés, car l'interconnexion de leurs différents compartiments et les variations erratiques des cours des monnaies, accentuent l'importance de cette fonction.

Sans entrer dans les détails, les titres généralement rencontrés dans l'espace UMOA sont les actions et les obligations. Une action est un titre de propriété et l'obligation est un titre de créance.

L'action est un titre de propriété non remboursable et c'est pour cela qu'on dit qu'elle procure des fonds propres à l'entreprise. L'avantage de l'action est que son détenteur devient propriétaire de l'entreprise et participe désormais à la vie de celle-ci et notamment au résultat, c'est-à-dire au bénéfice ou à la perte, réalisé par celle-ci. Les banques peuvent ainsi émettre des actions dans le cas où elles voudraient augmenter leur capital pour avoir des fonds propres beaucoup plus importants.

L'obligation est un titre d'emprunt qui est remboursable à dates fixes et porte un intérêt payable sur le capital non amorti. Contrairement à l'action, l'obligation ne donne aucun droit sur la société et aucun devoir envers celle-ci, notamment par rapport au résultat. En d'autres termes, l'obligation est un titre représentatif d'un emprunt.

Il existe sur le marché financier de nombreux titres qui sont dérivés de l'action ou de l'obligation, qu'on appelle plus techniquement « les produits dérivés ». Il convient de souligner, à cet égard, que ces produits sont très complexes, tout comme le mécanisme et le fonctionnement du marché financier.

En émettant donc des actions et/ou des obligations sur le marché financier, une banque peut se procurer ainsi des ressources qui sont relativement longues et stables. Elle peut également recourir à des emprunts sur titres à moins de deux (2) ans, en émettant des certificats de dépôt, équivalents des bons des établissements financiers ou des institutions financières telles que la Banque Ouest-Africaine de Développement (BOAD), ou des billets de trésorerie émis par les entreprises.

Ainsi, dans la zone UMOA comme dans beaucoup de pays, pour exercer son activité, qui est, de manière générale, l'octroi de crédits à la clientèle, la banque a besoin de disposer de ressources. Pour cela, elle a trois (3) possibilités en sus de ses fonds propres qui garantissent sa solvabilité intrinsèque. Celles-ci sont : la collecte des dépôts auprès de la clientèle, l'emprunt d'argent auprès des autres banques et de la Banque Centrale et enfin, l'emprunt d'argent sur le marché financier.

CHAPITRE III :

LES EMPLOIS BANCAIRES

La banque collecte des dépôts et emprunte des ressources à court, à moyen et à long termes, qui lui servent à financer les activités de ses clients, sous forme notamment de crédits qu'elle leur consent. Naturellement, elle paye des intérêts au titre des ressources collectées ou empruntées et reçoit des intérêts en rémunération des crédits consentis, ainsi que des autres emplois.

La banque accorde du crédit en prêtant l'argent qu'elle a, elle-même, emprunté à d'autres. Les clients utilisent généralement l'argent prêté par la banque, pour financer soit la consommation de biens et services (les particuliers en général), soit la production ou la distribution de biens et de services (cas des entreprises, notamment celles de production agricole, de production industrielle et celles commerciales). Cet argent, prêté par la banque, est remboursable dans un délai donné, avec les intérêts évidemment.

La banque consent ainsi des crédits de toutes natures et à toutes les catégories de la clientèle composée, en dehors des autres établissements de crédit (banques, établissements financiers, institutions financières internationales), des particuliers (personnes physiques), des entreprises (personnes physiques et surtout morales), des associations et des professions libérales (personnes morales, individuelles ou en association) et enfin, de l'Etat et ses démembrements (État central et collectivités locales).

Naturellement, pour bénéficier de crédits bancaires, il faut que les clients remplissent un certain nombre de conditions, dont la plus évidente est le fait de donner une garantie pouvant assurer le remboursement de la somme qui leur a été prêtée.

C'est la condition essentielle pour bénéficier d'un crédit bancaire et cela semble aisément compréhensible, au regard de ce qui a été dit plus haut concernant l'obligation pour la banque de restituer les ressources qu'elle reçoit sous forme de dépôts ou d'emprunts. En tout état de cause, il ne paraît pas possible de prendre l'argent de quelqu'un, en promettant de le restituer à un moment convenu et de prêter cet argent sans prendre la moindre garantie pour s'assurer qu'on sera remboursé.

Des critiques sont souvent faites aux banques, à tort à notre avis, quant aux dispositions prises par celles-ci pour conforter la possibilité à faire face à leur obligation de restituer les sommes qu'elles doivent aux déposants et aux institutions qui leur prêtent de l'argent.

En effet, la prise de garantie par les banques paraît tout à fait normale, car sans cela, le système bancaire ne pourrait pas fonctionner. Une garantie donnée, et qui a une valeur réelle, n'est pas un bien perdu pour le débiteur, car ce bien lui appartiendra, s'il fait face au remboursement normal de sa dette. Si donc on n'a pas de garantie à donner à la banque pour assurer le remboursement du crédit en cas de difficulté, cela paraît tout à fait aussi normal que cette banque puisse refuser de prêter de l'argent qu'elle-même emprunte et est obligée de rembourser.

C'est la logique des choses, et c'est aussi simple que cela. Comme toute entreprise, la banque n'est pas là pour faire du sentiment ou de la charité, mais des affaires en toute légalité, car c'est ainsi que fonctionne tout acte économique et non pas autrement.

I. LES CREDITS BANCAIRES

Les besoins des clients, financés au moyen des crédits accordés par la banque, sont nombreux et variés. Ainsi, on peut demander un crédit à la banque pour satisfaire un besoin de nourriture (acheter du riz, etc.), de se vêtir (acheter des habits, etc.), de se déplacer (acheter une moto, etc.), de se loger (acheter une maison), de produire des biens (fabriquer du savon, de l'huile, de la bière, des motos, des voitures, etc.), de distribution de biens produits (commerce de toutes sortes de marchandises), etc.

En fonction du cycle d'activité et du montant demandé, le remboursement du crédit peut être à court, à moyen ou à long terme.

1.1 Les crédits à court terme

Dans une banque, un crédit à court terme est défini comme étant un concours ayant une durée de remboursement n'excédant pas deux (2) ans ou 24 mois. Le crédit à court terme est généralement sollicité pour financer la consommation, notamment des particuliers, d'une part, et les activités de cycle court des entreprises, c'est-à-dire celles liées à leur exploitation (approvisionnement en matière première, paiement des charges de salaires, etc.) d'autre part.

Les crédits à court terme peuvent prendre deux formes, à savoir celle directe et celle par signature.

Le crédit direct ou crédit par caisse est un crédit qui nécessite le décaissement de liquidités, c'est-à-dire que la banque permet au client de retirer la somme correspondante, à ses guichets, après avoir autorisé le compte du client à être débiteur du montant accordé. L'argent liquide ainsi mis à la disposition du client sort physiquement des caisses de la banque en cas de retrait demandé par ce dernier.

Le crédit par signature est, par contre, un crédit qui ne nécessite pas un décaissement d'argent de la part de la banque, si cette opération de crédit par signature se dénoue normalement, c'est-à-dire sans aucun incident de la part du client. Ce n'est que dans le cas où celui-ci devient défaillant que la banque sera appelée à décaisser de l'argent au profit d'un tiers.

À titre d'exemple, un client qui demande à sa banque de lui faire un crédit remboursable en dix (10) mois, pour s'acheter une moto, bénéficiera d'un crédit direct ou par caisse. La banque verra alors ses disponibilités amputées de la somme demandée, au profit directement de son client ou au profit du fournisseur de ce dernier.

Par contre, un client entrepreneur en bâtiment peut demander à une banque de lui faire un crédit à court terme sous forme de caution, dans le cadre de la soumission à un marché de construction. La banque peut accepter de lui donner sa caution, qui est, en fait, un crédit sous forme de signature assurant la bonne fin du marché.

Grâce à cette signature de la banque, l'entrepreneur peut avoir le marché auquel il a soumissionné, sans que la banque ait eu besoin de décaisser immédiatement de l'argent liquide. Les crédits documentaires ouverts au profit des commerçants importateurs sont également des crédits par signature. C'est quand l'opération se dénoue mal que la banque est amenée à décaisser effectivement de l'argent.

Par exemple, l'entrepreneur en bâtiment qui s'adjuge un marché grâce à la caution de la banque, donnée par celle-ci en guise de garantie et qui ne réalise pas le marché, tout en ayant empoché une avance sur ledit marché, sera poursuivi par le maître de l'ouvrage et la banque qui se verra obligée d'intervenir en décaissant de l'argent, du fait qu'elle a engagé sa signature.

De même, le commerçant importateur de riz, grâce à la signature de la banque, reçoit sa cargaison de riz de l'étranger. Il vend ce riz, mais en retour, ne remet pas les fonds pour le règlement de son fournisseur étranger. Dans ce cas, ce dernier obtiendra automatiquement de la banque ayant fait le crédit documentaire le paiement de sa cargaison de riz. Elle va débourser ou encore décaisser de l'argent, pour honorer son engagement vis-à-vis du fournisseur étranger et se retournera vers son client pour se faire payer.

C'est pourquoi, a banque avant d'accorder le crédit, qu'il soit direct ou par signature, s'entoure de toutes les précautions ou garanties souhaitables, afin d'éviter de perdre les ressources qu'elle a prêtées à ses clients débiteurs, alors qu'elle-même a emprunté lesdites ressources à ses clients créditeurs qu'elle est tenue obligatoirement de rembourser le moment venu.

Les crédits à court terme directs, sont des crédits par caisse ou par escompte.

1.1.1 Les crédits par caisse

Le crédit par caisse se définit comme une autorisation de la banque, donnée au client pour que ce dernier puisse rendre son compte débiteur. En effet, le compte doit, en principe, avoir toujours un solde créditeur.

Par exemple, un client a son compte ordinaire ou compte chèque auprès de la banque, dont le solde est créditeur de seulement 1 500 francs CFA. Il ne peut donc pas acheter grand-chose avec ses 1 500 francs CFA. Or il voudrait acheter une moto qui coûte 450 000 francs CFA. Il peut aller voir sa banque et lui demander un crédit à court terme, qui consistera à l'autoriser à rendre son compte débiteur pendant la durée de remboursement convenue, qui est ici inférieur à deux ans. C'est l'autorisation de la banque, donnée pour rendre débiteur le compte du client, qui constitue le crédit.

Concrètement, la banque va ouvrir à son niveau, pour le suivi du crédit, un compte correspondant à celui connu par le client, qui est appelé dans le jargon bancaire un compte « miroir », qui sera débité par le crédit du compte connu du client.

Une fois le compte du client crédité, celui-ci peut alors disposer de la somme enregistrée au crédit de son compte, par un ou plusieurs retraits d'argent. Les crédits par caisse peuvent être faits selon plusieurs modalités qui sont :

- la facilité de caisse ;
- le découvert ;

- le crédit de campagne ;
- le crédit spot ;
- et l'accréditif.

La facilité de caisse

La facilité de caisse est un crédit accordé, en principe, à la clientèle des entreprises, lorsque celles-ci ont besoin de faire face à une gêne momentanée ou un manque de trésorerie. Elle est limitée généralement dans un laps de temps très court (échéance de fin de mois).

Elle répond aux besoins de financement dus au décalage des entrées et sorties de fonds. Son remboursement est assuré chaque mois par les rentrées d'argent décalées. La facilité de caisse est le financement par excellence de la partie fluctuante des besoins en fonds de roulement des entreprises. Son montant dépasse rarement un mois de chiffre d'affaires.

Le découvert

Le découvert est un crédit accordé aussi bien à la clientèle des particuliers qu'à celle des entreprises. Sa durée est généralement plus longue que celle de la facilité de caisse (de quelques semaines à quelques mois).

Pour un particulier salarié ou une entreprise, le découvert est autorisé dans le cas où le client est en attente d'une rentrée de fonds ou d'argent et qu'il souhaite disposer à l'avance de ces fonds (virement du salaire, règlement d'un décompte, encaissement d'une facture, etc.).

Toutefois, le découvert est aussi souvent accordé pour assurer à l'entreprise un fonds de trésorerie, lorsque les associés ne jugent pas nécessaire d'apporter sous forme de fonds de roulement, un supplément d'argent à l'entreprise. Dans ce cas, la banque n'apportera, la plupart du temps, son concours que si elle est assurée de la caution des associés, ces derniers pouvant ainsi être appelés à rembourser la banque, en cas de défaillance de l'entreprise.

Le découvert résulte d'une convention entre la banque et son client (particulier ou entreprise), qui ne fait pas toujours l'objet d'un écrit. Il est souvent accordé sans précision de durée. N'étant pas obligatoirement fondé sur un écrit, le découvert peut être dangereux pour une entreprise, surtout s'il devient trop important ou si l'entreprise commence à avoir de sérieuses difficultés. C'est, en général, dans le cas où le besoin devient de plus en plus crucial pour l'entreprise, que la banque aura tendance à réduire son découvert ou à exiger des associés plus d'effort ou de garanties.

Une entreprise a toutefois toujours la possibilité de solliciter un découvert confirmé, moyennant l'application d'une commission de confirmation. La confirmation est, généralement, faite par une simple lettre de la banque qui précise le montant, la durée et les conditions particulières.

Le crédit de campagne

Pour différentes raisons, une entreprise peut subir un important décalage entre les dépenses qu'elle est amenée à régler et les rentrées d'argent qu'elle attend de son activité. Cette activité est, en général, de type saisonnier. Par exemple, une entreprise peut fabriquer ou produire durant six (6) mois de l'année et ne commence à vendre que sur la période suivante, généralement courte, soit de trois (3) mois par exemple.

Le crédit de campagne, fait par les banques dans les pays de l'UMOA, est celui consenti pour assurer la commercialisation des produits agricoles locaux, destinés à l'exportation, constitue un bon exemple.

Ainsi, au Burkina Faso, des crédits de campagne sont accordés aux entreprises chargées de la commercialisation, au plan intérieur comme au plan extérieur, du coton produit dans ce pays. L'entreprise la plus connue, opérant au niveau de la filière cotonnière, est la Société des Fibres Textiles (SOFITEX).

Le crédit accordé par la banque à l'entreprise, dans le cadre du financement de la campagne cotonnière, le sera sur la base du besoin le plus élevé en montant et le remboursement se fera au fur et à mesure des ventes, sur une période d'environ sept (7) à huit (8) mois. Compte tenu de la durée de l'opération, par exemple 6 (six) mois pour la production de coton fibre et deux (2) mois pour sa vente, le plus souvent le crédit de campagne est accordé pour des montants qui varient de mois en mois, en fonction des besoins dont la pointe atteint le maximum demandé et autorisé.

Dans le cas de la SOFITEX, cette entreprise bénéficie donc, chaque année, d'un crédit de campagne pour financer la commercialisation du coton produit au Burkina Faso. L'importance du montant du financement fait qu'il est difficile pour une seule banque de l'assurer. C'est donc à travers un « pool » bancaire, c'est-à-dire un ensemble de banques (trois, quatre, cinq, etc.) regroupées autour d'une d'entre elles, appelée chef de file, que ce financement est assuré.

Le financement de la campagne de commercialisation du coton se déroule en trois (3) phases.

Dans un premier temps, il y a la phase de collecte du coton auprès des producteurs qui sont les paysans. Grâce au crédit de campagne, la SOFITEX disposera des ressources nécessaires pour se rendre dans les centres d'achat et achètera le coton graine récolté. Dans cette phase de collecte du produit, les dépenses à régler par la SOFITEX portent non seulement sur le coût d'achat du coton graine, qui est, sans doute, la partie la plus importante de ces dépenses, mais aussi sur le coût du transport du coton vers les usines d'égrenage et sur le coût de l'égrenage pour transformer le coton graine en coton fibre, destiné à l'exportation. C'est l'ensemble de ces activités de collecte du produit, de son transport et de son usinage qui constitue la « phase de collecte ».

Dans un second temps, la SOFITEX, au fur et à mesure que le coton graine est transformé en coton fibre, va assurer le financement de son stockage avant son enlèvement pour expédition à destination des clients, dans les pays étrangers. Il faut donc assurer le financement de cette phase de stockage du coton fibre dans des magasins appropriés qu'il faut payer si nécessaire, régler les assureurs et tous les frais relatifs à la bonne conservation du produit. C'est la phase dite de « stockage ».

Enfin, dans un troisième temps, intervient l'exportation ou la vente proprement dite du produit fini, qui est le coton fibre. Il faut payer les frais nécessaires à la formalisation des contrats de vente, payer les frais de transport du produit à destination des ports d'embarquement, régler l'affrètement des navires ainsi que les assurances maritimes, etc. C'est la phase dite « d'exportation ».

Toutes ces activités menées par la SOFITEX durant ces trois (3) phases, qui s'étendent, en général, de mi-octobre à fin juin, sont rendues possibles grâce au crédit bancaire de campagne, qui permet leur financement.

Une fois que le produit est exporté et qu'il arrive à destination, les clients étrangers de la SOFITEX procèdent au règlement des contrats de vente de cette dernière. Les règlements se font de façon échelonnée dans le temps et la SOFITEX rembourse au fur et à mesure les banques ayant participé au crédit de campagne.

Le crédit de campagne servant au financement des activités liées à l'exportation du coton, dans son ensemble, porte sur des sommes importantes qui peuvent atteindre plusieurs dizaines de milliards de francs CFA.

Le crédit spot

Un crédit spot est tout simplement une appellation donnée à un découvert, sous forme d'avance d'une durée de quelques heures à quelques jours. Il a une durée très courte et porte généralement sur des montants relativement importants. Le principal avantage de ce type de crédit ou de ce financement réside dans le fait qu'il est accordé avec rapidité sans grandes formalités, et dans la suppression des commissions applicables au découvert, le taux proposé étant le seul coût pour l'entreprise.

L'accréditif

L'accréditif est la possibilité pour une entreprise de disposer de fonds dans une autre agence de sa banque ou chez un de ses correspondants. Il peut être simple, c'est-à-dire occasionnel, ou permanent, c'est-à-dire que le client y recourt périodiquement à intervalle régulier.

1.1.2 L'escompte

L'escompte est la deuxième forme de crédit direct à court terme, en ce sens qu'il nécessite pour la banque un décaissement d'argent mis à la disposition du client particulier (commerçant) ou entreprise. La mise à disposition, tout comme dans le cas du crédit par caisse, réside dans le fait que la banque décaisse des disponibilités en les prélevant de sa caisse pour les remettre au client, soit directement, soit dans le compte de son client qu'elle crédite.

L'escompte peut être défini comme un mécanisme par lequel une banque donne de l'argent à un client commerçant ou à une entreprise, en contrepartie de la remise d'effets de commerce à la banque par le client. La banque escompte ces effets de commerce (la lettre de change et le billet à ordre). Ils sont représentatifs de créances que le commerçant ou l'entreprise détient sur ses clients.

De façon plus précise, l'escompte est une opération qui consiste pour la banque, à racheter à une entreprise des effets de commerce dont celle-ci est porteuse, en général du fait que ce particulier commerçant ou cette entreprise a vendu des marchandises à crédit à ses clients. Le commerçant ou l'entreprise est donc le bénéficiaire final des effets.

Mais avant leur échéance, ceux-ci, s'ils ont un besoin d'argent, ils peuvent les remettre en escompte à la banque, moyennant le paiement d'agios qui constituent la rémunération du service rendu par la banque. Le commerçant ou l'entreprise, appelé le cédant, c'est-à-dire celui qui cède les effets à la banque, est garant du paiement du principal et des agios.

L'escompte fait ainsi intervenir trois parties qui sont l'entreprise bénéficiaire de l'escompte, appelée le cédant, le débiteur de l'effet appelé le cédé et la banque qui est appelée le cessionnaire.

Ceci nous amène à définir ce qu'est un effet de commerce, c'est-à-dire ce que sont une lettre de change d'une part et un billet à ordre d'autre part, qui sont les supports de l'opération d'escompte.

Pour assurer le règlement de leurs opérations commerciales, les entreprises peuvent effectuer des paiements (achat ou vente) au comptant. Cependant, pour faire face à la concurrence de plus en plus vive, ou pour se conformer aux usages commerciaux (on parle aussi d'usances), les entreprises sont obligées d'accepter un règlement différé jusqu'à une certaine échéance. Celle-ci ne dépasse généralement pas six (6) mois.

Pour garantir le paiement à l'échéance, le vendeur peut exiger la remise d'un document appelé effet de commerce, qui présente les trois caractéristiques suivantes :

- il représente une échéance d'argent d'un montant déterminé et exigible à court terme ;
- il ne peut être payé qu'à celui qui détient matériellement le document ;
- il est négociable, c'est-à-dire qu'il peut se transmettre par endossement. Cette dernière qualité constitue sa principale utilité, en rendant sa circulation rapide et facile.

Les effets de commerce dont l'utilisation est la plus courante dans les pays de la zone UMOA sont :

- la lettre de change ;
- et le billet à ordre.

1.1.2.1 La lettre de change

La lettre de change est utilisée par les banquiers pour permettre à leurs clients commerçants de se procurer des fonds auprès des banques.

La lettre de change est un écrit, par lequel une personne appelée tireur (le créancier, c'est-à-dire le fournisseur) invite une autre personne appelée tiré (le débiteur, c'est-à-dire le client ou l'acheteur) à payer une certaine somme (montant facturé), à une date déterminée (date d'échéance), à une troisième personne appelée bénéficiaire. Cette dernière personne peut être le fournisseur lui-même, appelé tireur ou alors son banquier lorsqu'elle va demander à la banque d'escompter l'effet ou alors un créancier à qui il doit de l'argent. La lettre de change ainsi définie met en présence trois personnes :

- Le tireur ;
- Le tiré ;
- Le bénéficiaire.

Le tireur est celui qui prend l'initiative d'émettre la lettre de change et invite, de ce fait, le tiré (son débiteur ou son client) à payer.

Le tiré est celui qui doit payer, à l'échéance, la somme indiquée. Il doit avoir une dette à l'égard du tireur. Cette dette est appelée provision, à ne pas confondre avec la provision du chèque.

Le bénéficiaire est celui à qui le tiré doit payer. Le bénéficiaire peut être le tireur lui-même et c'est souvent le cas. Il peut aussi être une tierce personne désignée par lui (tireur) et à qui il doit de l'argent.

La lettre de change est toujours un acte de commerce, quelle que soit la qualité de ses signataires ou quel que soit le motif de sa création. Seules les personnes majeures peuvent s'engager par lettre de change.

Forme

Pour être valable, la lettre de change doit comporter, dans sa forme, un certain nombre de mentions, dont certaines sont obligatoires. Elles sont citées ci-dessous :

1-les mots « lettre de change », insérés dans le texte même du titre et exprimés dans le langage employé pour la rédaction de ce titre ;

2-l'ordre de payer une certaine somme (en chiffres et en lettres) ;
3-le nom de celui qui doit payer (le tiré) ;
4-l'échéance ;
5-le lieu de paiement ;
6-le nom du bénéficiaire ;
7-la date et le lieu de création ;
8-le nom et la signature du tireur (celui qui émet la lettre de change).

Devant la multiplication des effets émis par les entreprises, les banques ont cherché de nouveaux moyens de leur traitement, afin d'éviter les nombreuses manipulations de papier, génératrices de coûts de gestion de plus en plus lourds. C'est ainsi qu'a été créée la lettre de change relevé (LCR).

La lettre de change relevé repose sur le principe simple que la preuve du paiement peut être faite sans remise de l'effet au débiteur après paiement. En conséquence, la circulation de la LCR n'est plus nécessaire pour le recouvrement des créances.

Les LCR sont émises dans des conditions assez proches des lettres de change classiques, avec toutefois des caractéristiques propres :

- elles comportent, en plus de la domiciliation, les références bancaires codifiées du tiré (mentions portées sur le relevé d'identité bancaire) ;
- elles peuvent être créées sur support papier ou non, mais dans tous les cas, elles sont transférées sur support magnétique.

1.1.2.2 Le billet à ordre

Le billet à ordre est un écrit, par lequel une personne appelée souscripteur (le débiteur, c'est-à-dire le client ou l'acheteur) reconnaît sa dette et s'engage à payer à une autre personne appelée bénéficiaire (le créancier, c'est-à-dire le fournisseur ou un tiers désigné par lui) une certaine somme à une époque déterminée.

Le débiteur prend l'initiative et établit lui-même le document par lequel il s'engage à s'acquitter de sa dette à une date précise.

Forme

Pour être valable, le billet à ordre doit comporter les mentions suivantes :

1- la clause à ordre ou la formule « billet à ordre » insérée dans le texte même du billet ;
2- la promesse pure et simple de payer une somme déterminée qui est indiquée en chiffres et en lettres ;
3- l'échéance ;
4- le lieu de paiement ;
5- le nom du bénéficiaire ;
6- la date et le lieu de souscription ;
7- la signature du souscripteur, c'est-à-dire de celui qui émet le billet.

La création du billet à ordre relevé (BOR) a été réalisée, dans le même but que celui de la lettre de change relevé (LCR).

1.1.3 Les crédits par signature

Les banques consentent à leurs clients des crédits en leur remettant de l'argent, soit sous forme de billets de banque, soit en mettant cet argent à leur disposition dans leurs comptes. Il s'agit des crédits par caisse que nous venons de voir. La mise en place de ce genre de crédits nécessite que la banque se dessaisisse de cet argent et, de ce fait, diminue ses avoirs d'autant. Il y a nécessairement une diminution de ses avoirs en caisse.

Les banques consentent aussi des crédits à court terme, sans pour autant décaisser de l'argent en remettant des billets de banque aux clients ou en le mettant à leur disposition dans leurs comptes. Dans ce cas de figure, ou pour ce genre de crédit, la banque ne fait que prêter sa signature ou fait « crédit de sa signature ». C'est en fait une garantie que le banquier donne à son client et aussi au fournisseur de ce dernier. Ce n'est qu'en cas de difficulté éprouvée par le client pour honorer ses engagements vis-à-vis de son débiteur principal, que la banque intervient. Dans la mesure où elle a donné sa signature en garantie à son client, la défaillance de celui-ci l'amènera à payer à sa place, c'est-à-dire qu'elle devra débourser ou décaisser de l'argent dans ce cas, comme précédemment expliqué.

Ce mode de financement bancaire est utilisé surtout par les commerçants importateurs ainsi que les entreprises immobilières, sous forme respectivement de crédits documentaires et de cautions bancaires.

Si le plus souvent la banque aide donc l'entreprise en mettant à sa disposition des fonds sous forme de crédits de trésorerie, elle peut aussi lui apporter son concours sous forme d'engagements que l'on appelle des crédits par signature.

La banque prête alors simplement sa signature sans supporter de charge de trésorerie. L'étude faite par la banque doit être aussi minutieuse que pour n'importe quel autre concours bancaire, car cet engagement peut entraîner, in fine, des décaissements très importants.

Dans cette forme de crédit, le banquier s'engage par lettre auprès de tiers à satisfaire aux obligations contractées envers eux par certains de ses clients, au cas où ces derniers n'y satisferont pas eux-mêmes.

Ces crédits peuvent soit différer certains décaissements, les éviter ou encore accélérer certaines rentrées de fonds.

L'engagement du banquier est limité dans le montant et l'étendue. Il peut être limité ou non dans le temps. Le banquier ne peut revenir sur son engagement, et ce, quelle que soit l'évolution de la situation de son client. L'engagement résulte obligatoirement d'un écrit. Il ne se présume pas. En cas de caution, celle-ci peut être simple ou solidaire.

1.1.3.1 Les cautions

Presque toutes les entreprises perçoivent sur leurs clients, pour le compte de l'Etat, la TVA (Taxe sur la Valeur Ajoutée). Cette TVA doit, en principe, être reversée immédiatement. Or, comme la plupart des entreprises accordent des délais de paiement à leurs clients, l'administration fiscale admet que le reversement de cette TVA soit aussi différé, avec toutefois pour condition, que ce différé de paiement soit cautionné par une banque. Au cas où l'entreprise serait défaillante, le Trésor Public se retournerait contre la banque qui a ainsi donné sa signature en garantie, sous forme de caution.

Le même mécanisme existe pour certains droits de douane ou les droits d'enregistrement (droits perçus lors de l'achat d'immeubles, par exemple).

Pour les crédits d'enlèvement, il s'agit de la possibilité pour un importateur d'enlever des marchandises, sans avoir à attendre la liquidation (calcul) des droits de douane, à condition de fournir une caution bancaire.

Les contribuables qui contestent des impôts ou des taxes doivent malgré tout les régler ou fournir des garanties. La banque peut alors se porter caution, avec le risque que cela comporte.

Si une entreprise veut participer à un chantier de travaux commandés par l'Etat ou les collectivités locales (régions, provinces, communes), elle devra apporter des garanties, dont la plus importante est la caution d'adjudication et de bonne fin, qui est donnée par la banque.

Cette caution signifie que, d'une part pour l'adjudication, le banquier garantit le sérieux de l'entreprise adjudicataire et, d'autre part pour la bonne fin, qu'elle est à même de mener dans de bonnes conditions le chantier à sa fin.

Cette caution évite à l'entreprise de déposer des fonds en garantie, lorsqu'elle se portera candidate à l'adjudication.

À condition de fournir une caution bancaire, une entreprise peut être dispensée de payer les droits de douane ou la TVA sur des produits importés, devant être réexportés (admission temporaire).

Des cautions en faveur d'autres confrères telles que les sociétés de crédit-bail ou des institutions financières spécialisées existent également ainsi que celles relatives à l'émission de titres par des émetteurs publics ou privés (garantie de bonne fin).

Pour faciliter à son client, soit la livraison de marchandises, soit l'octroi de crédit par un confrère, le banquier peut accepter un effet de commerce tiré par son client, en s'engageant, de ce fait, à payer à l'échéance. A cette date le client assurera à son banquier la couverture de l'effet par la somme prévue, ce dernier n'ayant pas, en principe, de décaissement à effectuer.

Le crédit par acceptation peut servir, soit à faciliter la constitution des stocks, soit à faciliter l'octroi d'un crédit.

1.1.3.2 Le crédit documentaire

Le crédit documentaire est l'engagement pris par la banque d'un importateur, de garantir à l'exportateur le paiement des marchandises, contre la remise de documents attestant de l'expédition et de la qualité des marchandises prévues au contrat.

Révocable : le banquier peut revenir sur son engagement avant expédition des marchandises ;

Irrévocable : le banquier ne peut pas revenir sur son engagement, sauf accord de toutes les parties ;

Notifié : le banquier de l'importateur est seul engagé ;

Confirmé : l'engagement du banquier de l'importateur est conforté par un banquier correspondant dans le pays de l'exportateur.

Avantages et inconvénients des engagements par Signature

En ce qui concerne les avantages, au moment de sa mise en place, un crédit par signature évite toute sortie de fonds. Il échappe davantage aux contraintes réglementaires et prudentielles auxquelles sont assujetties les banques et leur offre ainsi un important levier pour développer leur activité et générer des revenus.

Le crédit par signature entraîne, en effet, systématiquement la perception de commissions par la banque dès l'autorisation.

Ce type de concours permet en retour au client d'assurer une meilleure gestion de sa trésorerie. Il y a souvent abaissement des coûts financiers. Les engagements pris par la banque valorisent l'image de marque de l'entreprise.

Pour ce qui est des inconvénients, le risque des engagements par signature est assez difficile à évaluer. En outre, le suivi des engagements est lourd à gérer. Il y a souvent décalage des engagements dans le temps.

Il y a, par ailleurs, paiement de commissions, même en cas de non-utilisation. L'entreprise doit souvent apporter des garanties.

Enfin, les concours sont parfois mis en place contre blocage de fonds, parfois très importants.

1.2 Les crédits à moyen terme

Les crédits à moyen terme sont consentis ou accordés aux clients, notamment aux entreprises, pour leur permettre de financer les investissements nécessaires pour créer leurs affaires ou les développer. Un crédit à moyen terme est ainsi un prêt d'argent que la banque consent à ses clients qui s'engagent à rembourser cet argent dans un délai allant de plus de deux (2) ans à dix (10) ans maximum.

Comme les crédits à court terme par caisse, ceux à moyen terme nécessitent pour la banque un décaissement d'argent.

La différence fondamentale entre le crédit à court terme et celui à moyen terme, réside donc dans la durée et les modalités du remboursement. Le crédit à moyen terme est, en effet, généralement amorti selon un plan fixe prédéfini (échéances mensuelles, trimestrielles ou semestrielles) qui tient compte de la trésorerie future de l'emprunteur.

Si le crédit à moyen terme finance beaucoup les entreprises, en termes de volume et de montant, il finance également les autres catégories de clients. C'est ainsi que les particuliers peuvent se voir accorder des crédits à moyen terme pour acquérir des biens immobiliers (logements) ou d'équipement (mobiliers, électroménagers, véhicules, etc.).

1.3 Les crédits à long terme

Les crédits à long terme sont des crédits remboursables sur une durée de plus de dix (10) ans. Ils servent généralement à financer des investissements de montant très important, et nécessitent par conséquent un délai de remboursement beaucoup plus long, souvent avec une période initiale de grâce appelée différé d'amortissement qui tient compte du délai de réalisation du projet.

Les banques classiques, en général, n'accordent pas beaucoup de crédits à long terme, du fait même qu'elles ne disposent pas d'assez de ressources aussi longues et adaptées pour ce genre de financement.

En effet, les ressources bancaires, issues en grande partie de la collecte de l'épargne de la clientèle, sous forme de dépôts, sont pour l'essentiel à des termes relativement courts. Les banques consentent généralement ces crédits à long terme lorsqu'ils sont adossés à des lignes de crédits appropriées, obtenues auprès d'institutions telles que les banques multilatérales de développement, capables de mobiliser de telles ressources.

1.4 Nature des crédits aux particuliers

Si le particulier peut disposer de ressources suffisantes pour assurer ses besoins courants de consommation, il arrive aussi fréquemment que ses disponibilités du moment l'empêchent d'envisager la réalisation d'une opération.

Pour cela, il peut se tourner vers sa banque qui est à même de l'aider à faire face à des difficultés passagères de trésorerie, à des dépenses exceptionnelles ou imprévues, à des dépenses d'équipement ou d'investissement immobilier, etc.

1.4.1 La facilité de caisse

L'objet du crédit sous forme de facilité de caisse, est de permettre au client de faire face à des difficultés de trésorerie en attendant une rentrée prochaine de fonds.

Son mécanisme consiste en la possibilité donnée par la banque, de rendre le compte du client débiteur pour quelques jours. Le banquier peut renouveler ou pas son autorisation.

La facilité de caisse peut se faire selon trois modalités qui sont la facilité ordinaire qui est le débit pur et simple du compte, l'avance sur épargne (titres, compte d'épargne, DAT, etc.) et enfin, le crédit lié à l'utilisation d'une carte de crédit.

1.4.2 Le prêt personnel

Ce prêt permet le financement de tout besoin de trésorerie. Il s'agit d'un crédit « revolving », car les remboursements reconstituent le capital utilisable. Il consiste en la mise à la disposition d'une personne d'une certaine somme qui ne dépasse pas, en principe, trois (3) mois de revenu. Le client dispose de cette somme comme il l'entend, sans avoir à justifier l'emploi des fonds. Les remboursements, pour un montant minimum défini à l'avance, reconstituent le capital initialement prêté.

Son avantage c'est que le crédit est utilisable avec une très grande souplesse.

Son inconvénient c'est que le financement peut être générateur de surendettement, car le remboursement du crédit est repoussé « sine die », c'est-à-dire de façon automatique, sans date précise de remboursement.

Le prêt personnel peut consister, de manière spécifique, en la mise à disposition d'un particulier d'une somme d'argent, remboursable sur une période allant de trois (3) mois à quarante-huit (48) mois et correspondant à environ trois (3) mois de revenu maximum. Ce type de prêt est souvent lié à une période préalable d'épargne minimale par le client, qui aura à cet effet un compte d'épargne spécial auprès de la banque.

1.4.3 Les crédits à la consommation ou à l'équipement

Les crédits à la consommation ou à l'équipement permettent la vente à tempérament de biens de consommation à usage domestique, tels qu'appareils ménagers, meubles de maison, automobiles, motos, équipements de bureaux, etc. Ces crédits qui étaient essentiellement distribués par des sociétés financières spécialisées, sont de plus en plus proposés par les banques, en relation notamment avec les concessionnaires. Le dossier de crédit est lié à la conclusion du contrat de vente passé entre le vendeur et l'acheteur d'un bien d'équipement. Si le prêt n'est pas obtenu auprès de la banque, le contrat de vente est résilié.

Le crédit à la consommation fait l'objet généralement d'une étroite surveillance, notamment de la part des autorités publiques qui fixent pour cela la quotité cessible, ce qui revient à fixer le montant maximum à ne pas dépasser, en fonction du revenu, afin d'éviter tout surendettement de l'emprunteur.

1.4.4 Les crédits ou prêts immobiliers

Les crédits ou prêts immobiliers peuvent être consentis pour financer aussi bien l'acquisition d'une résidence principale que celle d'une résidence secondaire, ou encore des travaux importants de réparation dans l'une ou dans l'autre. C'est donc l'objet du crédit immobilier.

S'agissant des modalités d'octroi du crédit, le montant accordé ne peut généralement pas dépasser un certain montant de l'investissement projeté (par exemple 80 %), car la banque exige souvent de son client la production d'un apport personnel. Cet apport permet à la banque de s'assurer de la capacité d'épargne de son client d'une part, et diminue le risque pris par la banque d'autre part. En outre, le crédit sera garanti par un bien dont la valeur vénale sera normalement supérieure au montant consenti ou par une promesse d'hypothèque sur l'immeuble concerné.

Ce crédit d'une durée généralement de deux (2) à dix (10) ans peut être remboursé mensuellement, trimestriellement ou semestriellement, avec des montants d'échéances constants. Il peut aussi être remboursé par échéances de montants progressifs ou dégressifs.

Le crédit immobilier peut être fait avec un différé de remboursement. Il y a différé d'amortissement lorsque les premières échéances (généralement des mensualités de remboursement) correspondant à la période de différé ne comprennent que les intérêts, sans amortissement du capital. Par exemple, un crédit remboursable en cinq (5) ans, avec un différé de un (1) an, signifie que la première année, le client ne payera que les intérêts. Le montant en capital sera payé en totalité sur les quatre (4) années restantes, bien sûr avec toujours les intérêts.

Sauf cas exceptionnel, la banque prend une garantie sur le bien financé, généralement sous forme d'hypothèque prise sur la maison en construction ou en réparation.

1.5 La qualité des crédits bancaires ou la qualité du portefeuille

La banque collecte des dépôts auprès de ses clients et les emploie notamment pour faire du crédit. C'est donc un volume très important d'argent que la banque emprunte pour le redistribuer aux clients qui en ont besoin.

Ce mécanisme de financement bancaire de l'économie fonctionne relativement bien, parce qu'il y a ce qu'on appelle la confiance.

En effet, le facteur confiance est très important et déterminant pour le déroulement de l'activité économique en général, et bancaire en particulier. Sans confiance du déposant ou de l'épargnant dans la banque, celle-ci ne saurait collecter des dépôts et trouver l'argent nécessaire pour mener son activité. De même, si la banque n'accorde pas un minimum de confiance aux emprunteurs potentiels, il n'y aura pas non plus de crédits.

Si au niveau des déposants ou épargnants, cette confiance dans la banque est relativement grande, parce que mieux assurée, en ce qui concerne les emprunteurs, la banque a moins d'assurance quant à cette confiance à leur accorder pour le remboursement des crédits qu'elle leur a consentis, ne serait-ce que parce qu'elle a un nombre très élevé de clients aux situations très diverses et changeantes.

Pour préserver cette confiance des déposants, la banque doit veiller à la qualité des crédits qu'elle accorde et pour ce faire, elle doit procéder à leur classement rigoureux, afin de connaître à tout moment la situation réelle de son portefeuille de crédits. La connaissance de cette situation est fondamentale si elle ne veut pas se retrouver, du jour au lendemain, en situation d'insolvabilité. Elle doit savoir qui rembourse normalement son crédit, qui le fait assez bien, qui le fait moins bien et qui ne le fait pas du tout.

Pour cela, la banque doit procéder au classement de son portefeuille, à la surveillance duquel elle devra veiller à tout instant, afin de prendre toutes les mesures nécessaires en cas de besoin. Le classement du portefeuille doit distinguer les crédits de la manière suivante :

- les crédits sains ;
- les crédits enregistrant des impayés de remboursement ;
- les crédits douteux ;
- les crédits contentieux ;
- les crédits irrécouvrables.

1.5.1 Les crédits ou créances saines

Les crédits ou créances saines sont ceux qui se comportent normalement, c'est-à-dire conformément à ce qui a été conclu entre la banque et le client, notamment sur le plan de leur remboursement. Ces crédits n'enregistrent pas d'échéance non payée. Cette situation de relations normales avec son client ne doit pas, pour autant, faire relâcher la vigilance de la banque.

1.5.2 Les crédits ou créances en souffrance

Les crédits en souffrance sont tous ceux ayant enregistré au moins une échéance impayée, c'est-à-dire non payée. Ils sont distingués selon leurs caractéristiques en crédits impayés, douteux, contentieux et irrécouvrables.

1.5.2.1 Les crédits ou créances impayées

Il y a deux catégories de créances impayées, selon qu'il s'agit d'un crédit avec des échéances bien déterminées (mensualité, trimestrialité, semestrialité, annuité) ou d'un crédit en compte (débit du compte courant).

Le crédit à échéance comporte un impayé lorsqu'une échéance est non remboursée. Un impayé peut ne pas être constaté, si une échéance est honorée avec quelques jours de retard. Il devient inacceptable s'il n'est pas réglé au bout de six (6) mois.

L'impayé au niveau du crédit en compte s'apprécie par rapport au défaut de mouvements créditeurs effectués par le client sur son compte d'une part, et au volume de ces mouvements créditeurs d'autre part. Ainsi, un compte débiteur sans mouvements créditeurs depuis trois (3) mois est en situation d'impayé, tout comme l'est un compte débiteur sans mouvements créditeurs significatifs depuis six (6) mois. Les mouvements créditeurs ne sont pas significatifs lorsqu'ils sont inférieurs au montant des intérêts produits.

Les créances impayées des banques, sans que celles-ci ne soient compromises, devraient cependant faire l'objet d'une surveillance accrue et de mesures de redressement visant à les résorber rapidement.

Selon la réglementation en vigueur, les banques ne sont pas obligées de provisionner les créances impayées.

1.5.2.2 Les crédits ou créances douteuses

Les crédits sont jugés douteux, selon les règles qui s'appliquent à toutes les banques, dès lors qu'une de leurs échéances atteint une durée de plus de six (6) mois sans être honorée.

Le caractère douteux au niveau du crédit en compte s'apprécie par rapport au défaut de mouvements créditeurs (versements, encaissements de chèque ou de virements, etc.) effectués par le client sur son compte d'une part et au volume de ces mouvements créditeurs d'autre part, comme indiqué ci-dessus.

Ainsi, un compte débiteur sans aucun mouvement créditeur depuis plus de trois (3) mois est en situation douteuse, tout comme l'est un compte débiteur sans mouvements créditeurs significatifs depuis plus de six (6) mois.

Lorsqu'une créance ou un crédit devient ainsi douteux, cela devrait être une grande préoccupation pour la banque qui devrait s'inquiéter pour la récupération des fonds qu'elle a prêtés. Le remboursement est fortement compromis, et il conviendrait de prendre toutes les mesures possibles visant au redressement de la situation, c'est-à-dire à son assainissement.

Selon toujours la réglementation applicable aux banques, celles-ci doivent obligatoirement procéder au provisionnement de leurs créances douteuses, dans des conditions bien précises (non-existence de garanties réelles couvrant les créances en question). Ce problème de provisionnement devrait être une des préoccupations essentielles des banques.

1.5.2.3 Les crédits ou créances contentieuses

En situation d'impayé ou de douteux des créances, la banque prend toutes les mesures amiables, en vue d'aboutir au recouvrement de ses crédits. Lorsqu'on est en phase contentieuse, la banque se trouve en contestation avec son client qui, à la limite, ne reconnaît plus sa dette ou pas en totalité. Parfois l'affaire se termine chez l'avocat ou le juge au tribunal.

Le crédit est ainsi en phase contentieuse lorsque la banque et son client sont en désaccord sur les termes mêmes du contrat juridique qui les lie ou tout simplement ne se conforment pas strictement à ces termes. Il y a donc litige entre les cocontractants (la banque et son client). C'est pour cela que dans le jargon bancaire les créances contentieuses sont aussi appelées créances litigieuses.

La banque est alors amenée à déployer son arsenal juridique dans des conditions qui sont le plus souvent prévues au contrat lui-même. Le crédit est très fortement compromis et il convient de réaliser les garanties données par le client. L'encours du crédit contentieux non couvert par des garanties réelles doit faire l'objet obligatoirement de la constitution de provisions à due concurrence.

1.5.2.4 Les crédits ou créances irrécouvrables

Comme son nom l'indique, un crédit devient irrécouvrable lorsqu'on ne peut plus le récupérer. Toutes les actions possibles ont été tentées par la banque, sans succès de recouvrement. A ce stade, la banque se voit dans l'obligation de passer sa créance en pertes et profits. En réalité, la créance est passée purement en perte, car il n'y a plus aucun espoir de la récupérer et donc il n'y a pas de provisions à constituer, celles-ci n'étant prévues qu'en cas d'incertitude sur le montant final de la perte.

Le classement des crédits ou créances de la banque, comme on le voit, ne doit pas être une opération figée dans le temps. Elle doit être permanente et continue, sinon du moins, être périodique. Ainsi, périodiquement la banque devrait procéder à la révision complète de son portefeuille, car chaque créance peut changer de situation à tout moment.

Dans la gestion du portefeuille d'une banque, la méthode de provisionnement des créances revêt une grande importance. C'est la raison pour laquelle, cette méthode est imposée par la réglementation prudentielle en vigueur dans les pays de l'UMOA. Ainsi, les règles prudentielles imposées aux banques sont des règles de prudence, qui permettent de mettre le niveau de leurs fonds propres effectifs en adéquation avec le niveau réel de leur portefeuille sain, afin d'avoir une solvabilité suffisante qui, en définitive, rassure les déposants ou épargnants.

En effet, la contrepartie des dépôts est constituée essentiellement par les crédits. Si ces derniers sont de mauvaise qualité, c'est-à-dire qu'ils ne se remboursent pas ou se remboursent avec beaucoup de difficultés, la banque ne pourra pas, à son tour, rembourser convenablement l'argent déposé auprès d'elle par les épargnants. Cette situation pourrait conduire la banque à la faillite.

La pérennité d'une banque repose donc, pour l'essentiel, sur la volonté et la capacité de ses clients bénéficiaires de crédits à rembourser effectivement ces crédits dans les conditions contractuelles convenues entre cette clientèle débitrice et le banquier. Ce dernier prendra ainsi toutes les précautions nécessaires pour se prémunir contre le risque de non-remboursement du crédit, en demandant notamment des garanties. La prise de garanties par la banque, pour se couvrir contre d'éventuelles défaillances de ses clients à honorer leurs engagements, est ainsi amplement justifiée.

1.6 Les garanties

Lorsque le banquier accorde des crédits, il le fait en grande partie avec des fonds qui ne lui appartiennent pas. Il doit, de ce fait, être prudent dans la gestion de ces fonds qui lui ont été confiés et souvent conforter sa position de créancier en prenant des garanties appelées encore sûretés.

Ce problème des garanties a été amplement abordé par le Traité de l'OHADA qui en donne beaucoup plus de détails.

On distingue les garanties ou sûretés personnelles d'une part, et les garanties ou sûretés réelles d'autre part.

1.6.1 Les garanties ou sûretés personnelles

1.6.1.1 Le cautionnement

Le cautionnement peut être défini comme l'engagement pris par un tiers, appelé caution, de s'exécuter en cas de défaillance du débiteur.

Dans ses modalités, le cautionnement peut revêtir deux formes, à savoir le cautionnement simple et le cautionnement solidaire.

Le cautionnement simple donne droit au bénéfice de discussion et à celui de division. Le bénéfice de discussion c'est le fait que la caution peut exiger du créancier qu'il poursuive d'abord le débiteur avant de faire jouer le cautionnement. Le bénéfice de division c'est le fait qu'au cas où il y a plusieurs cautions, chacune n'est engagée que pour sa part.

Dans le cas de cautionnement solidaire, la caution peut être actionnée en paiement, en même temps que le débiteur principal, le créancier choisissant, dans ce cas, celui qui lui paraît le plus solvable ou les deux ensembles.

Lorsque plusieurs personnes sont cautions solidaires, elles garantissent ensemble le créancier et chacune est engagée pour le tout. En cas de solidarité, la caution ne peut pas invoquer les bénéfices de discussion et de division. A défaut de convention expresse, la caution ne garantit que le capital. Pour qu'elle soit contrainte au paiement des intérêts, l'acte doit y faire référence et indiquer le taux de ces intérêts. Par son paiement, la caution est automatiquement subrogée dans les droits, actions et privilèges du créancier.

1.6.1.2 L'aval

L'aval est l'engagement apporté par un tiers sur un effet de commerce, pour en garantir le paiement. L'avaliste est solidaire du débiteur principal. L'aval peut être donné sur l'effet ou par acte séparé.

1.6.2 Les garanties ou sûretés réelles

Comme garanties ou sûretés réelles, on trouve le droit de rétention, le nantissement, l'hypothèque et les privilèges.

1.6.2.1 Le droit de rétention

Le droit de rétention est la possibilité donnée au créancier de retenir un bien corporel du débiteur, tant que ce dernier n'a pas payé sa dette.

Comme modalités, le droit de rétention est assorti de certaines conditions, qui sont les suivantes :

- la créance doit être certaine, non contestable et exigible, c'est-à-dire qu'elle est sans conditions et n'a pas un terme non échu ;
- le bien doit être corporel, détenu par le créancier et avoir une relation avec la créance, telle qu'une voiture en réparation au garage et dont les frais ne sont pas payés.

1.6.2.2 Le nantissement

Le nantissement peut se définir comme un acte par lequel le débiteur remet au créancier un bien en garantie de sa créance. Si le bien remis en garantie est meuble, on parle de gage. Il peut s'agir aussi de revenus d'un immeuble.

Une des particularités du nantissement est qu'il peut avoir lieu avec ou sans dépossession.

Le nantissement avec dépossession veut dire que le débiteur est dessaisi ou démuni du bien, objet de la garantie. On peut citer, à titre d'exemple, l'avance sur titres qui est consentie à un client qui a besoin de liquidités et est propriétaire d'un portefeuille titres détenu par la banque.

Le nantissement sans dépossession consiste en ce que le créancier reçoit un titre reconnaissant sa garantie et l'acte fait l'objet d'une publicité. Le contrat de vente ou du prêt doit être écrit et enregistré, sous peine de nullité du gage. La publicité du gage s'effectue par une inscription sur un registre, laquelle inscription rend le droit du créancier opposable aux tiers. Elle se périme, généralement au bout de cinq (5) ans.

Le créancier bénéficiaire du nantissement dispose de droits particuliers à savoir, le droit de préférence et le droit de suite ainsi que le droit de rétention et le droit de réalisation.

Le droit de préférence est le droit qui permet au créancier d'être payé avant les autres, sur le produit de la vente du bien donné en garantie.

Le droit de suite est que si le bien change de mains, le créancier peut faire valoir son droit s'il n'a pas été payé.

Le droit de rétention est que le créancier peut conserver le bien nanti, tant qu'il n'est pas désintéressé.

Le droit de réalisation est que le créancier peut faire vendre en justice le bien nanti, en cas d'inexécution définitive.

1.6.2.3 L'hypothèque

L'hypothèque est l'acte par lequel le débiteur accorde au créancier un droit sur un immeuble, sans dessaisissement et avec publicité. Les modalités de l'hypothèque sont qu'elle peut être conventionnelle, légale ou judiciaire.

Une hypothèque est conventionnelle quand elle est inscrite à la suite de la signature d'un contrat de prêt, généralement pour l'acquisition d'un immeuble.

L'hypothèque est légale lorsqu'elle est prévue par la loi. Exemple du mineur sur les biens du tuteur.

L'hypothèque est judiciaire lorsqu'elle résulte d'un jugement. Exemple d'un créancier inquiet voulant conforter sa créance au vu de la situation préoccupante de son débiteur.

Les caractéristiques de l'hypothèque :

- l'hypothèque confère au créancier le droit de préférence et le droit de suite ;
- il confère le droit de préférence en cas de non-paiement et de poursuite. Le créancier procède à la réalisation du bien par vente forcée de l'immeuble saisi, aux enchères publiques ;
- Il confère le droit de suite, ce qui fait que le débiteur ne peut pas vendre l'immeuble sans rembourser au préalable le créancier, car la garantie est attachée à l'immeuble.

Il n'est pas rare que plusieurs créanciers bénéficient d'une hypothèque sur un même immeuble.

Le rang constitue ainsi un critère fondamental, car il détermine l'ordre des priorités lors de la vente de l'immeuble. Le rang dépend tout simplement des dates respectives d'inscription des hypothèques. Par convention, il est possible de modifier les priorités en consentant ou en se faisant consentir une cession d'antériorité qui permettra à un créancier du 1er rang, de céder son rang à un autre de second ou troisième rang.

En cas de liquidation d'une entreprise, le créancier hypothécaire peut être précédé par les créanciers munis d'un privilège général comme le Trésor, les frais de justice, les salaires, et perdre ainsi tout ou partie de sa créance.

1.6.2.4 Les privilèges

Le privilège est un droit que la qualité de la créance donne à un créancier d'être préféré aux autres créanciers, même hypothécaires. Cette priorité de paiement à son titulaire permet de disposer d'une garantie sur une partie ou la totalité du paiement du débiteur.

Les privilèges peuvent être généraux ou spéciaux et peuvent être mobiliers ou immobiliers.

Privilèges généraux sur les immeubles : exemple des frais de justice et des salaires ;

Privilèges généraux sur les meubles : exemple des frais funéraires et créances de la victime d'un accident ;

Privilèges spéciaux immobiliers : exemple des privilèges du vendeur d'un immeuble, privilèges du prêteur de deniers pour l'acquisition d'un immeuble ;

Privilèges spéciaux mobiliers : exemple du privilège du bailleur sur les meubles du locataire.

Le créancier privilégié dispose du droit de préférence et du droit de suite.

II. LES AUTRES EMPLOIS BANCAIRES

En termes d'emplois, l'activité essentielle d'une banque est donc de faire du crédit. Mais les banques se livrent aussi à d'autres activités, certes relativement moins importantes en termes de volume, mais très utiles à la clientèle ciblée. Elles sont, de ce fait, lucratives pour la banque, c'est-à-dire qu'elles lui rapportent de l'argent. On peut citer parmi ces activités :

- les services matériels ;
- les services immatériels.

2.1 Les services matériels proposés par la banque ou offerts à la clientèle

Parmi les nombreux services matériels proposés ou offerts à la clientèle, nous citerons les plus courants dans le système bancaire de l'UMOA.

2.1.1 La location de coffres-forts

Certaines banques offrent à une catégorie de la clientèle (personnes fortunées) un service de location de coffres-forts pour qu'elle y dépose des biens de grande valeur (bijoux, or, diamant, documents, tableaux, etc.). La possession de tels biens constitue aussi une forme d'épargne. Ces biens sont gardés dans des coffres-forts pour garantir leur sécurité.

La banque est en mesure de rendre ce service, si elle est équipée pour cela. En effet, pour être à même de rendre un tel service, la banque doit non seulement s'équiper de coffres-forts, mais aussi d'un local spécialement aménagé à cet effet, assurant au client un maximum de sécurité et de discrétion. En outre, le client locataire du coffre et le banquier doivent, chacun en ce qui le concerne, veiller à respecter des règles et des consignes bien précises. Bien entendu, la banque perçoit une rémunération qui est le prix à payer par le client pour le service rendu.

La matérialité du service se constate non seulement par le coffre-fort, mais aussi par l'existence matérielle des objets qui y sont contenus.

Pour louer un coffre-fort, il faut être capable et justifier de son identité. Lors de la signature du contrat de location, la banque utilise un formulaire similaire à celui qui est utilisé pour les ouvertures de compte, sur lequel elle recueille les éléments d'identité du locataire et un spécimen de sa signature, ainsi que les éventuelles mentions concernant les mandataires.

Le client est seul à posséder la clef de son coffre. Toutefois, pour y accéder, il doit se faire accompagner d'un représentant de la banque, qui utilise une clef de contrôle pour permettre l'ouverture du coffre. Seul le locataire ou son mandataire peut avoir accès au coffre.

Le banquier peut être amené à indemniser, dans certaines limites, ses clients en cas de vol ou de destruction des valeurs déposées dans ses coffres. Toutefois, la difficulté sera, pour la victime, qui n'est autre que le locataire du coffre, d'apporter la preuve de ce qu'elle aura déposé, car le coffre servira souvent de refuge à des valeurs connues du seul locataire du coffre.

Le banquier limite généralement sa responsabilité à un certain montant, mais le client peut souscrire une assurance individuelle le couvrant pour des montants supérieurs.

Dès que la banque est informée du décès du locataire, le coffre est bloqué. Les valeurs déposées au coffre ne pourront être retirées que sur l'ordre des dirigeants de la banque, notamment les responsables du service du contentieux, après instructions reçues du notaire ou production des actes légaux nécessaires.

Bien entendu, les mandataires ne peuvent plus accéder au coffre après le décès du locataire, puisque le mandat cesse immédiatement au décès du mandant qui est le locataire.

2.1.2 Le change manuel

Le change manuel est aussi un service matériel rendu aux clients, en particulier aux voyageurs à l'étranger et aux touristes étrangers. La banque fournit aux clients nationaux qui désirent se rendre à l'étranger les devises (monnaie du pays où le client se rend) nécessaires pour leurs voyages, contre la remise de monnaie ayant cours légal dans le pays qu'on appelle aussi monnaie nationale. Elle en fait de même pour les étrangers qui rentrent dans le pays, c'est-à-dire qu'elle échange la monnaie de leur pays d'origine contre de la monnaie nationale ou locale. A cet égard, il convient de savoir qu'une monnaie n'est utilisable que dans l'espace territorial de son émission.

Par exemple, un touriste français doit, à son arrivée au Burkina, échanger ses euros (monnaie nationale française) contre des francs CFA ayant cours au Burkina Faso. Avant son retour, il devra éventuellement échanger les francs CFA qui lui restent, contre des euros, car il ne peut pas dépenser ces francs CFA en France.

C'est, en général, la banque qui offre ce service d'échange de monnaies, moyennant une rémunération qui est le coût du service rendu. Dans n'importe quel pays, la monnaie nationale est la seule admise, en règlement des achats ou des prestations de services reçues.

Le change manuel est ainsi la vente de devises aux nationaux ou résidents et l'achat de devises aux étrangers ou non-résidents.

Il existe un cours officiel, c'est-à-dire une valeur entre la monnaie nationale, en l'occurrence le franc CFA, et les devises, c'est-à-dire les monnaies des autres pays, comme par exemple le dollar (USA ou Canada), la livre sterling (Grande Bretagne), l'euro (France, Allemagne, Italie, Belgique, Grèce, Espagne, Portugal, etc.) qui est la monnaie commune à tous les pays membres de l'espace Chengen de l'Union Européenne. Ainsi, par exemple le cours officiel de l'euro par rapport au franc CFA est de un (1,0) euro contre six cent cinquante-cinq virgule cinquante-six (655,56) francs CFA.

Lorsque la banque effectue des opérations de change, son profit est assuré par une reprise de la devise au-dessous du cours officiel (achat de devises) et une cession (vente de devises) au-dessus du cours officiel. Outre une commission éventuelle prise par la banque, c'est cette différence entre le prix d'achat de la devise et le prix de vente de celle-ci, qui permet à la banque de réaliser un profit.

Pour les opérations de change, seuls les billets de banque ou les chèques de voyage peuvent être échangés. En effet, les banques n'acceptent pas d'échanger des pièces qui, en définitive, ne sont que de la monnaie d'appoint très peu utilisée par les voyageurs.

La matérialité du service peut, ici, être constatée par la manipulation portant concrètement sur de la monnaie fiduciaire, c'est-à-dire des billets de banque de divers pays.

2.1.3 Les cartes bancaires

Les différentes cartes bancaires utilisées par la clientèle sont aussi des produits offerts par la banque. Elles facilitent les opérations effectuées par la clientèle. Dans la zone UMOA, les banques, généralement, mettent à la disposition des clients des cartes de retrait d'argent. Elles mettent également à la disposition de ceux étant plus fortunés, habitant dans les grands centres urbains, des cartes de paiement. Le service des cartes est matérialisé par la manipulation effective d'objets matériels que sont bien évidemment les cartes elles-mêmes et les machines nécessaires pour cette manipulation.

2.1.3.1 Les cartes de retrait

L'utilisation des cartes de retrait d'argent est devenue monnaie courante de nos jours. Ces cartes sont offertes par les banques et servent à retirer de l'argent, soit dans les distributeurs automatiques de billets (DAB), soit dans les guichets automatiques de banque (GAB). Pour rendre le service des cartes de retrait d'argent, les banques s'équipent donc des structures DAB et GAB. Ce sont des cartes magnétiques configurées de manière à fonctionner dans ces structures, à l'aide d'un outil informatique adapté. Pour utiliser une carte de retrait d'argent, il faut que le client s'assure d'avoir la provision disponible dans son compte. C'est un préalable incontournable.

L'utilisation de la carte de retrait, qui peut avoir divers degrés de sophistication, est un service rémunéré qu'il faut payer à la banque. Ainsi, on constatera que les cartes de retrait d'argent ne sont pas données gratuitement aux clients. Elles ont un coût. Cependant, la concurrence devenant de plus en plus grande, les banques ont, depuis un certain temps, tendance à offrir gratuitement les cartes de retrait d'argent à leurs clients.

2.1.3.2 Les cartes de paiement

Les cartes de paiement offertes par les banques sont spécifiquement conçues pour permettre à la clientèle intéressée de pouvoir effectuer des achats dans des magasins spécialisés.

La carte est confectionnée de manière à être compatible avec les machines mises à la disposition des clients par les commerçants, dans les magasins qui en sont équipés. Son utilisation requiert l'existence préalable de ressources ou d'une autorisation de crédit, permettant d'honorer la facture du commerçant et aussi la rémunération du banquier.

2.1.4 Le virement

Le virement est un autre service que le banquier rend à la clientèle. Il consiste à prélever du compte d'un client une somme d'argent, pour la remettre dans le compte d'une tierce personne indiquée par lui. Le banquier débite ainsi un compte pour en créditer un autre, à la condition que la provision existe dans le compte à débiter. Le virement se fait ainsi de compte à compte.

Il est donc impossible de demander au banquier de rendre le service de virement, si le client et la personne bénéficiaire du virement n'ont pas chacun un compte ouvert dans une banque ou une autre institution financière. Le fait que les comptes des deux personnes soient dans des banques différentes n'a aucune importance. Il y a actuellement des systèmes automatisés de compensation et de règlement mis en place, auxquels sont connectées toutes les banques de l'UEMOA qui est aussi l'espace monétaire UMOA.

Pour rendre concrètement le service, pour chaque opération de virement effectuée, la banque va utiliser un bordereau de virement sur lequel elle transcrira toutes les informations nécessaires et passera les écritures comptables de débit et de crédit des comptes indiqués. Dans le cas du virement, il convient de se rappeler que l'argent utilisé est la monnaie scripturale, c'est-à-dire des jeux d'écriture effectués par la banque.

Le virement peut être ponctuel ou permanent. Il est ponctuel lorsque le client, à l'occasion d'un besoin ponctuel, ordonne à sa banque de l'effectuer. Le virement est permanent quand le client ordonne à sa banque de l'effectuer régulièrement à des échéances déterminées d'avance (par exemple le 30 de chaque mois) ou pour payer certaines factures de prestataires bien spécifiés (eau, électricité, téléphone, etc.). Il ne cessera que sur ordre express du client.

2.1.5 Le transfert d'argent

Le transfert d'argent est aussi un service que la banque rend à sa clientèle. Il est très utilisé, notamment par les entreprises qui ont des règlements à faire avec l'étranger. Il nécessite pour cela des équipements de télécommunication sophistiqués et offrant une très haute sécurité au niveau de la banque et de ses correspondants étrangers. Il s'agit généralement de transferts internationaux, effectués dans le cadre des règlements commerciaux.

Les transferts internationaux exigent une très bonne connaissance des procédures relatives aux échanges des différentes monnaies résultant elles-mêmes des échanges de marchandises diverses. Les transferts d'argent au niveau des banques, nécessitent l'existence de comptes aussi bien du donneur d'ordre que du bénéficiaire.

D'autres institutions, à part les banques, sont spécialisées dans le transfert d'argent. Il s'agit de Western Union, de Money Gram, etc. Ce qui paraît important à signaler, avec ces institutions, c'est qu'on peut ainsi désormais faire exécuter un transfert d'argent sans nécessairement avoir un compte.

2.2 Les services immatériels proposés par la banque ou offerts à la clientèle

Certains services offerts par les banques sont de nature immatérielle, en ce sens qu'ils ne sont pas visibles, notamment leurs valeurs réelles. Ce sont pourtant des services qui peuvent être très utiles, notamment pour les entreprises.

Il s'agit ainsi d'informations spécialisées à fournir aux entreprises, telles que les cours des monnaies, des matières premières, l'évolution de certains secteurs ou des services sur mesure tels que le conseil, la gestion du portefeuille titres, la gestion du patrimoine, etc., qui peuvent avoir des incidences importantes sur la rentabilité de l'entreprise.

Pour rendre ce genre de services, il faut que la banque soit outillée ou équipée pour exercer ce métier.

En effet, la banque doit être capable de fournir une information de qualité, fiable et en temps réel. Un tel service nécessite la mise en place d'une structure de pointe très performante. Naturellement, un tel service coûtera relativement cher au client.

CHAPITRE IV : LE RESULTAT DE L'ACTIVITE BANCAIRE

De manière générale, toute entreprise est créée pour mener une activité dans le but de réaliser un profit. La rentabilité est donc un objectif recherché par toute entreprise. C'est le cas de la banque.

La banque, d'un côté collecte des ressources, notamment sous forme de dépôts, qu'elle utilise de l'autre côté pour faire du crédit. Le but de cette activité de collecte de ressources et de leur emploi en crédits est d'en tirer un bénéfice ou un profit, pour les actionnaires.

En effet, les actionnaires qui ont mis leur argent pour créer la banque espèrent en tirer profit, sinon ils ne le feraient pas.

Une banque qui ferait des résultats déficitaires, c'est-à-dire des pertes, en permanence, est condamnée à disparaître parce qu'elle ne pourrait pas répondre à certaines obligations auxquelles elle est astreinte (l'obligation d'avoir un niveau de fonds propres effectifs égal à celui du capital minimum exigé d'une banque par la réglementation bancaire).

Il apparaît ainsi indispensable, en tant qu'entreprise et en tant que banque, que son activité soit rentable, c'est-à-dire qu'elle puisse couvrir non seulement ses charges par les produits que génèrent les opérations de crédit et autres emplois qu'elle effectue, mais dégager aussi un bénéfice servant à la rémunération des actionnaires et au renforcement de son capital.

La définition de la rentabilité d'une banque passe par la définition d'une part, de ses charges et, d'autre part de ses produits. La différence entre les produits et les charges est le résultat qui est, soit positif (bénéfice), soit négatif (perte).

Pour pouvoir mesurer le résultat réalisé par la banque, il faut pouvoir calculer ses charges d'un côté et ses produits de l'autre. Dans ce calcul des charges et des produits bancaires, il y a un élément principal essentiel à prendre en compte, qui est le taux d'intérêt. Le taux d'intérêt est l'élément qui sert à calculer la rémunération due aux épargnants au titre de leurs dépôts d'une part (charges pour la banque) et à calculer celle due à la banque au titre des crédits consentis d'autre part (produits pour la banque).

Les taux d'intérêt servant ainsi au calcul de la rémunération des dépôts et des crédits, applicables par les banques, sont appelés « conditions de banque ».

Cependant, il convient de ne pas oublier, dans le cadre de la rémunération des crédits et autres services rendus, les commissions qui constituent un élément de plus en plus important des produits.

I. LES CONDITIONS DE BANQUE

Dans le cadre de leurs activités, les banques appliquent, pour la détermination de leurs résultats, des taux d'intérêt créditeurs pour la rémunération des ressources et des taux d'intérêt débiteurs qui servent pour le calcul de la rémunération perçue par la banque au titre des crédits consentis à la clientèle.

On peut se poser la question de savoir par qui les taux d'intérêt appliqués par les banques sont-ils fixés et comment les détermine-t-on ?

À quelques exceptions près, les taux d'intérêt créditeurs comme ceux débiteurs, appliqués par les banques, dans leurs opérations de collecte de ressources et de financement de l'économie, sont fixés par elles-mêmes en tenant compte de l'environnement économique et de la concurrence qu'elles se livrent entre elles. En effet, ce sont les banques elles-mêmes qui peuvent le mieux apprécier leurs charges, leurs produits et leurs résultats en fonction des objectifs fixés par leurs dirigeants.

L'idée généralement répandue, chez les personnes non avisées, est que les taux d'intérêt appliqués à la clientèle par les banques seraient déterminés ou fixés par la Banque Centrale. Cette idée est parfois, malheureusement, répandue par des personnes travaillant dans les banques. Ceci n'est pas tout à fait exact.

La Banque Centrale est, dans la zone UMOA, la Banque Centrale des Etats de l'Afrique de l'Ouest (BCEAO), institution chargée de définir et de mettre en œuvre la politique monétaire qui vise à préserver la valeur de la monnaie et favoriser l'épargne et l'essor économique. C'est dans ce cadre que cette institution intervient dans la détermination des taux d'intérêt, en fixant le cadre dans lequel les banques peuvent fixer librement les conditions faites à leurs clients en matière de crédit.

Sur proposition de la BCEAO, le Conseil des Ministres de l'UMOA fixe ainsi un taux maximum au-delà duquel il est considéré que le taux appliqué par une banque est un taux usuraire. La banque se trouvant dans une telle situation est en infraction vis-à-vis de la réglementation en vigueur. Le taux au-delà duquel l'usure est constatée, qui était de 18 %, a été fixé à 15 % à partir de 2014.

Il faut donc bien comprendre que ce n'est pas la BCEAO, en tant que telle, qui fixe les taux d'intérêt que les banques appliquent à leurs clients. Elle veille plutôt à protéger cette clientèle contre d'éventuels abus de la part des banques. Par ailleurs, elle encadre la détermination du taux d'intérêt légal qui sert dans l'application d'un certain nombre de clauses contractuelles ou légales en droit commercial et civil, assurant ainsi une cohérence des taux d'intérêt appliqués dans l'espace monétaire constitué par l'UMOA.

1.1 Les conditions créditrices

Pour rémunérer les dépôts des épargnants, les banques leur appliquent des taux d'intérêt librement négociés avec eux au moment de la constitution du dépôt. Le cas du dépôt sur compte d'épargne constitue une exception.

1.1.1 La rémunération des dépôts à vue

Pour les dépôts à vue, les banques sont libres de les rémunérer ou de ne pas le faire. Elles ne sont soumises à aucune contrainte, en raison de la libéralisation des conditions de banque en vigueur depuis les années 1980. Bien entendu, les banques n'étant pas dans l'obligation de rémunérer les dépôts à vue, elles ont tendance à ne pas le faire, de façon systématique, ceci pour une raison de rentabilité évidente évoquée plus haut.

Cela est tout simplement, du moins théoriquement, dû à la très grande volatilité ou disponibilité de ces dépôts. En effet, on peut déposer un (1) million (1 000 000) de francs CFA aujourd'hui sur son compte chèque et aller retirer cette somme de un (1) million (1 000 000) le lendemain si on veut. C'est la définition même des dépôts « à vue ». La banque n'aura même pas le temps de faire quoi que ce soit avec le dépôt en question.

Ainsi les banques, en général, sont assez prudentes dans l'utilisation des dépôts à vue, dans des opérations d'emplois de durée relativement longue, notamment de crédit. A cet égard, la règle prudentielle relative à la transformation des dépôts à court terme, incluant principalement les dépôts à vue, en crédits à moyen et long termes, fixe à 50 % le maximum à ne pas dépasser. Ce taux était de

25 % jusqu'en fin 2012. Autrement dit, elles doivent être très prudentes dans l'utilisation de ces dépôts à vue.

C'est ce qui explique, pour l'essentiel, la non-rémunération des dépôts à vue par les banques. En effet, la probabilité de leur disparition du jour au lendemain est très grande.

Mais il y a le cas particulier du compte d'épargne, qui est un dépôt à vue et qui est pourtant rémunéré au même taux minimum, dans toutes les banques de tous les Etats de l'UMOA.

L'explication théorique est liée à la faiblesse économique des personnes intéressées d'une part et à la nécessité d'un encouragement et d'une protection de leur intention ou volonté d'épargner d'autre part, notamment pour se prémunir de la dépréciation liée à l'inflation.

Ces clients qui ont la volonté d'épargner de l'argent font souvent tout pour ne pas toucher à cette épargne en cours de constitution, bien qu'ils en aient la possibilité, car leur épargne est d'une disponibilité totale, même si la rémunération qui leur est servie est souvent liée à un temps minimum de blocage des fonds (généralement un (1) trimestre ou un (1) semestre, voire un (1) an).

Cette volonté d'épargner rend, en quelque sorte, le dépôt plus stable et le banquier peut l'utiliser avec une relative sérénité. De ce fait, il apparaît tout à fait normal de rémunérer les dépôts sur comptes d'épargne, d'autant plus qu'il s'agit d'encourager les petits épargnants.

Les banques sont ainsi tenues de rémunérer les comptes d'épargne à un taux actuellement de 3,5 % minimum jusqu'à hauteur de dix (10) millions de francs CFA déposés sur chacun de ces comptes. Ce plafond était de cinq (5) millions de francs CFA jusqu'en fin d'année 2013. En principe, cette rémunération est non imposable.

1.1.2 La rémunération des dépôts à terme

Pour la rémunération des dépôts à terme, les banques appliquent des taux variés selon le type de dépôts. Ces taux sont fixés, en théorie, sur la base de négociations entre la banque et son client. Dans la pratique, les taux sur les dépôts sont fixés par la banque et les barèmes sont ainsi portés à la connaissance des clients qui peuvent choisir de faire tel type de dépôt en fonction du taux auquel il est rémunéré.

Les taux appliqués varient, en général, entre 2 % et 6 %. Les chiffres donnés ici ne sont que des exemples qui peuvent coïncider avec la réalité ou pas. Les taux effectifs appliqués par chaque banque figurent dans son barème en vigueur, qui doit être affiché à l'intention des clients, conformément aux exigences de la réglementation bancaire.

Pour les emprunts interbancaires et autres ressources en provenance de diverses mobilisations financières, ceux-ci sont rémunérés à des taux dits de marché évoluant à peu près dans la même fourchette, mais en principe supérieurs à ceux appliqués par la Banque Centrale au titre de ses refinancements en faveur des banques.

En effet, il faut dire que les taux applicables aux banques par la Banque Centrale pour ses interventions en leur faveur sur le marché monétaire, ne sont pas négociables et sont de montants relativement bas et pour des durées à très court terme (quelques jours à quelques semaines).

1.2 Les conditions débitrices

Autant les banques appliquent des taux d'intérêt créditeurs qu'elles fixent pour déterminer leurs charges de rémunération des ressources, autant elles appliquent également des taux d'intérêt débiteurs qu'elles fixent pour la détermination des produits rémunérant les crédits octroyés à leurs clients.

Sauf dans des cas exceptionnels, non directement liés à l'activité, tels que les cas de crédits à leur personnel, les banques ne font pas de crédit sans intérêt. Une exception à ce principe découle des règles de la finance islamique qui prohibe l'intérêt. Mais dans ce cas, d'autres mécanismes de rémunération du service ou de partage des profits, qui apparaissent compatibles avec les préceptes de la charia (loi islamique), sont appliqués.

En tout état de cause, les intérêts ou autres modes de rémunération mis en place, constituent pour une banque, l'élément principal des produits qui serviront à couvrir ses charges et éventuellement à lui permettre d'enregistrer un résultat bénéficiaire.

Pour déterminer ou fixer les taux débiteurs permettant le calcul des produits bancaires, il convient de rappeler le principe du taux usuraire à ne pas dépasser, fixé par la Banque Centrale. Ce principe répond à un souci de protection des clients, qui autrement, pourraient se retrouver à payer des intérêts démesurés, en raison de taux exorbitants pratiqués.

Sous réserve de ne pas dépasser le taux de l'usure fixé par les Autorités monétaires, les taux effectivement appliqués par les banques sont déterminés ou fixés par ces dernières elles-mêmes.

Pour fixer les taux d'intérêt débiteurs applicables à la clientèle, les banques doivent avoir à l'esprit qu'un taux d'intérêt trop cher tue le crédit et partant, tue la banque elle-même, tout comme un taux d'intérêt trop bas et rémunérant insuffisamment le crédit, tue également le crédit et par conséquent la banque.

À partir du taux au-delà duquel l'usure est constatée, chaque banque fixe ce qu'on appelle le taux de base bancaire (TBB). Ce TBB est forcément inférieur au taux de l'usure et logiquement supérieur au coût moyen des dépôts et ressources d'emprunt de la banque. À partir donc du taux de base bancaire, la banque fixe le taux applicable à chaque type de crédit qu'elle accorde. Elle fixe ce taux en prenant comme base le TBB, auquel on ajoute un certain nombre de points (1 ; 1,5 ; 2 ; 3 ; 4 ; etc.), pourvu que le taux effectif global (TEG) appliqué sur un crédit donné soit inférieur au taux de l'usure.

Mais qu'est-ce qui fonde une banque à fixer son taux de base bancaire à tel niveau et pas à un autre ? Eh bien, cela dépend tout simplement des objectifs de rentabilité fixés par les organes dirigeants de chaque banque et qui doivent prendre en compte les éléments suivants :

- Le niveau de rémunération retenu pour les agents travaillant dans la banque (faible, moyen, élevé ou très élevé) ;
- Le niveau de rémunération des ressources ;
- Les objectifs de distribution de dividendes aux actionnaires ;
- La clientèle cible visée, etc.

Ainsi une banque peut établir son barème de taux débiteurs, sur la base du TBB, fixé par exemple à13, 0 % de la manière suivante :

- facilité de caisse = TBB+1,5 = 13+1,5 = 14,5 % ;
- découvert = TBB+0,75 = 13+0,75 = 13,75 % ;
- crédit de campagne = TBB+0,5 = 13+0,5 = 13,5 % ;
- escompte d'effets = TBB+1,75 = 13+1,75 = 14,75 % ;
- crédit à moyen terme = TBB+2,0 = 13+2,0 = 15,0 % ;
- crédit à long terme = TBB+2,0 = 13+2,0 = 15,0 %.

Le taux de base bancaire ou taux de référence est ainsi la base de fixation de tout taux d'intérêt débiteur pour chaque banque. Les taux sont fixés au niveau de chaque banque, en fonction des estimations faites quant à ses charges, ses produits et son résultat. On observera par ailleurs que plus le terme du crédit, défini comme la durée entre la mise à disposition des fonds et le remboursement de la dernière échéance, est long, plus le taux d'intérêt est élevé.

Si les taux peuvent être différents, d'une banque à l'autre, ils ont, cependant tendance à se tasser, c'est-à-dire qu'il n'y a pas d'importants écarts entre eux, du fait de la concurrence.

Pour certains crédits et emplois, la rémunération se fait non plus seulement au moyen du taux d'intérêt, mais aussi par l'application de commissions variées. D'où l'enjeu de mesurer le taux de l'usure par référence au taux effectif global (TEG), qui procède de l'actualisation de tous les frais supportés par le client.

II. LA DETERMINATION DU RESULTAT

Le résultat d'une banque, comme c'est le cas pour toute entreprise, est la différence entre les charges nécessitées par l'activité d'une part et les produits générés par cette activité d'autre part.

Lorsque cette différence, généralement mesurée sur la durée de l'exercice social annuel, est positive, c'est-à-dire que les produits sont supérieurs aux charges, cela signifie qu'on a réalisé un bénéfice. Au contraire, lorsque cette différence est négative, c'est-à-dire que les produits secrétés par l'activité sont inférieurs aux charges occasionnées par cette activité, cela veut dire qu'on a enregistré une perte.

Ainsi, pour déterminer le résultat de l'activité d'une banque, il convient d'analyser les différents composants des charges et des produits de cette banque.

2.1 Les charges bancaires

L'ensemble des charges d'une entreprise, afférentes à son activité, représente le coût de cette activité. En ce qui concerne la banque, les charges supportées sont soit directement liées aux opérations bancaires prises individuellement, soit présentent un caractère général, c'est-à-dire qu'elles ne sont pas spécifiquement liées à telle ou telle opération.

2.1.1 Les charges liées aux opérations

Pour que les déposants ou les prêteurs acceptent de confier leur argent à la banque, qui emprunte ainsi cet argent, cette dernière doit aussi accepter de rémunérer une grande partie des dépôts ainsi recueillis. C'est le prix ou le coût à payer par la banque. Ce coût supporté est directement en rapport avec l'activité de collecte des ressources, que ça soit des dépôts faits par les clients traditionnels ou des emprunts faits par la banque auprès d'autres institutions.

C'est la charge d'intérêts qui constitue en général, au niveau d'une banque, l'élément principal de l'ensemble de ses charges. C'est un élément essentiel dont la gestion doit être très rigoureuse et bien maîtrisée, pour minimiser autant que possible le coût des ressources d'une banque. La rentabilité d'une banque en dépend en grande partie.

2.1.2 Les charges non liées spécifiquement à une opération (ou charges d'exploitation)

Ces charges concernent tous les autres coûts auxquels la banque doit faire face, pour assurer le bon fonctionnement global de l'entreprise. Il s'agit notamment :

2.1.2.1 des charges du personnel

Comme souligné plus haut, aucune entreprise, même fortement automatisée, ne peut mener une activité sans faire appel au facteur humain. Dans une banque, le travail des hommes et des femmes est essentiel et indispensable et elle doit en payer le prix. La rémunération du personnel employé, souvent très qualifié ou spécialisé, constitue ainsi une charge importante pour la banque, qui se traduit par le paiement des salaires, des émoluments, des retraites, des cotisations sociales et autres.

2.1.2.2 des frais généraux

Outre la rémunération des ressources et du personnel, la banque a également recours aux services d'autres entreprises extérieures. Elle recourt ainsi aux diverses prestations de services fournies par les entreprises telles que l'ONEA (eau), la SONABEL (électricité), l'ONATEL (télécommunications), etc. Le coût de ces fournitures est naturellement facturé à la banque.

Elle doit aussi exploiter des immeubles, des meubles, des véhicules, des ordinateurs et autres machines, acquérir des fournitures de bureau, louer les services d'assurances, d'avocats, d'huissiers, etc.

Tout ceci est absolument nécessaire pour le bon fonctionnement de l'établissement, qui doit en payer le prix, bien évidemment. Un élément particulièrement onéreux dans ce domaine est constitué par les frais d'assistance technique supportés en raison de la nécessité pour de nombreuses banques de l'UMOA, d'appartenir à un réseau de partenariat international.

2.1.2.3 des autres charges

Les autres charges supportées par une banque sont relatives aux amortissements pratiqués en couverture des biens mobiliers et

Immobiliers corporels (immeubles bâtis, véhicules, etc.) ou incorporels (logiciels, etc.) acquis. Elles concernent également les provisions constituées en couverture des créances en souffrance. Ces dernières charges liées aux provisions peuvent être relativement importantes au regard, notamment de la qualité du portefeuille de la banque. Il y a enfin, les impôts que la banque paie, éventuellement.

2.2 Les produits bancaires

Comme c'est le cas des charges, les produits sont ce que l'activité d'une entreprise rapporte à l'issue de la clôture de l'exercice. Il en est ainsi pour la banque.

Pour celle-ci, c'est l'ensemble des rémunérations de ses opérations effectuées avec les clients et autres utilisateurs de services bancaires qui constitue ses produits. Le produit est ainsi, le prix que payent les clients et autres utilisateurs de services à la banque.

2.2.1 Les produits liés aux opérations de crédit

L'essentiel des produits d'une banque résulte de son activité de crédit. Ceci nous amène encore à insister sur la qualité du portefeuille de celle-ci. En effet, si le portefeuille s'avère fortement compromis ou dégradé, il va sans dire que les intérêts attachés aux crédits seront également fortement compromis quant à leur paiement effectif.

Une banque dans une telle situation n'a pas beaucoup de chance de réaliser un résultat bénéficiaire réel et doit, en particulier, veiller à neutraliser l'effet fictif des produits qui sont comptabilisés, mais ne sont pas réellement encaissés, ou le sont par aggravation des dettes du client.

2.2.2 Les produits sur autres emplois

Les produits enregistrés par la banque sur ses emplois, autres que les crédits, sont variés selon le dynamisme dont fait preuve l'établissement et la gamme de services ou de conseils qu'elle offre à certains de ses clients. Ces produits sont perçus sous forme de commissions diverses et autres frais.

Il y a, enfin, les éventuelles subventions ou abandons de créances dont une banque peut bénéficier.

2.3 Le résultat

Pour déterminer son résultat, la banque, comme toute entreprise, procédera à la confrontation de ses charges d'une part et de ses produits d'autre part. Si le montant des produits est plus important que celui des charges, elle aura réalisé, au terme de l'exercice considéré, un résultat bénéficiaire, c'est-à-dire un bénéfice. Si au contraire, ses charges s'avèrent supérieures à ses produits, elle aura enregistré un résultat déficitaire, c'est-à-dire qu'elle aura réalisé une perte. Il faut dire que la durée légale d'un exercice est de douze (12) mois, allant du 1e janvier au 31 décembre, pour une banque, sauf exception liée par exemple au premier exercice social.

CHAPITRE V :

L'ENVIRONNEMENT DE L'ACTIVITE BANCAIRE

L'activité bancaire revêt une importance capitale dans l'économie d'un pays. De ce fait, elle ne peut être exercée par n'importe qui et n'importe comment.

L'exercice de l'activité bancaire est ainsi strictement réglementé et est soumis à une surveillance rigoureuse de la part des Autorités monétaires des pays de la zone UMOA (Ministère des Finances de chaque Etat membre, Banque Centrale des Etats de l'Afrique de l'Ouest, Commission Bancaire de l'UMOA).

Cette surveillance est exercée sur la base d'une réglementation applicable par tous les établissements de crédit (banques et établissements financiers) installés dans la zone. Elle est formulée dans des documents techniques élaborés par des spécialistes. Le principal document est la loi uniforme portant réglementation bancaire, adoptée à l'identique dans chacun des Etats membres.

De ce dernier document, on peut tirer quelques éléments permettant de mieux comprendre le cadre environnemental d'une banque. Il s'agit notamment de :

I. L'AGREMENT ET LE RETRAIT D'AGREMENT

Le titre II de la loi-cadre portant réglementation bancaire indique, dans ses articles 13 à 24, l'ensemble des diligences à accomplir par une banque ou un établissement financier à caractère bancaire, pour l'obtention de l'agrément ainsi que les conditions dans lesquelles peut intervenir le retrait de cet agrément.

L'article 13 stipule : « Nul ne peut, sans avoir été préalablement agréé et inscrit sur la liste des banques ou celle des établissements financiers à caractère bancaire, exercer l'activité définie à l'article 2 de la loi portant réglementation bancaire.

Il ne peut, ni se prévaloir de la qualité de banque, de banquier ou d'établissement financier à caractère bancaire, ni créer l'apparence de cette qualité, notamment par l'emploi de termes tels que banque, banquier, bancaire ou établissement financier dans sa dénomination sociale, son nom commercial, sa publicité ou, d'une manière quelconque dans son activité ».

L'article 14 stipule : « Les interdictions définies à l'article 13 ne font pas obstacle à ce qu'une entreprise, quelle que soit sa nature, puisse notamment :

1) dans l'exercice de son activité professionnelle, consentir à ses contractants des délais ou avances de paiement ;
2) conclure des contrats de location de logements assortis d'une option d'achat ;
3) procéder à des opérations de trésorerie avec des sociétés ayant avec elle, directement ou indirectement des liens de capital conférant à l'une des entreprises liées, un pouvoir de contrôle effectif sur les autres ;
4) émettre des valeurs mobilières, ainsi que des titres de créances négociables, conformément aux dispositions législatives et réglementaires en vigueur ;
5) émettre des bons et/ou délivrer des cartes pour l'achat auprès d'elle, d'un bien ou d'un service déterminé. »

L'article 15 stipule : « Les demandes d'agrément sont adressées au Ministre chargé des Finances et déposées auprès de la Banque Centrale qui les instruit. Celle-ci vérifie si les personnes morales qui demandent l'agrément satisfont aux conditions et obligations prévues aux articles 25, 26, 29, 34 et 36. Elle s'assure de l'adéquation de la forme juridique de l'entreprise à l'activité de banque ou d'établissement financier à caractère bancaire.

La Banque Centrale examine notamment le programme d'activités de cette entreprise et les moyens techniques et financiers qu'elle prévoit de mettre en œuvre, ainsi que son plan de développement du réseau de succursales, d'agences ou de guichets, à l'échelle nationale et communautaire. Elle apprécie également l'aptitude de l'entreprise requérante à réaliser ses objectifs de développement, dans des conditions compatibles avec le bon fonctionnement du système bancaire et une protection suffisante de la clientèle.

La Banque Centrale obtient tout renseignement sur la qualité des personnes ayant assuré l'apport des capitaux et, le cas échéant, sur celle de leurs garants, ainsi que sur l'honorabilité et l'expérience des personnes appelées à diriger, administrer ou gérer l'établissement de crédit et ses agences.

Une instruction de la Banque Centrale détermine les pièces à joindre à la demande d'agrément. »

L'article 16 stipule : « L'agrément est prononcé par arrêté du Ministre chargé des Finances, après avis conforme de la Commission Bancaire de l'UMOA, ci-après dénommée la Commission Bancaire.

L'agrément est réputé avoir été refusé s'il n'est pas prononcé dans un délai de six (6) mois à compter de la réception de la demande par la Banque Centrale, sauf avis contraire donné au demandeur.

L'agrément peut être limité à l'exercice de certaines opérations définies par l'objet social du demandeur.

L'agrément est constaté par l'inscription sur la liste des banques ou sur celle des établissements financiers à caractère bancaire.

La liste des banques et celle des établissements financiers à caractère bancaire, ainsi que les modifications dont elles font l'objet, y compris les radiations, sont publiées au Journal Officiel (de l'Etat concerné), à la diligence de la Commission Bancaire. »

L'article 17 stipule : « Les établissements financiers à caractère bancaire, classés dans une catégorie, ne peuvent exercer les activités d'une autre catégorie sans une autorisation préalable accordée comme en matière d'agrément.

Le retrait de cette autorisation est prononcé comme en matière de retrait d'agrément ».

L'article 18 stipule : « Un établissement de crédit ayant obtenu l'agrément dans un Etat membre de l'UMOA et qui désire ouvrir dans un ou plusieurs autres Etats membres, des succursales et/ou filiales qui bénéficieraient de cet agrément doit, préalablement à l'ouverture des dites succursales et/ou filiales, notifier son intention sous forme de déclaration. La déclaration d'intention est adressée à la Commission Bancaire et déposée auprès de la Banque Centrale.

La Banque Centrale adresse copie de la déclaration au Ministre chargé des Finances du pays d'accueil et à celui du pays d'origine, pour information.

La Banque Centrale détermine, par voie d'instruction, les informations que doit contenir la déclaration ainsi que les documents à y joindre, en particulier, une présentation du projet d'implantation comprenant notamment des renseignements sur les activités envisagées, les dirigeants, la structure organisationnelle, l'organisation du contrôle interne et le cas échéant, la constitution du capital minimum exigé avant le début des activités.

La déclaration d'intention est instruite par la Commission Bancaire. L'autorisation ou le refus d'installation est notifié par la

Commission Bancaire qui en informe au préalable le Ministre chargé des Finances du pays d'origine et celui du pays d'accueil de l'établissement de crédit.

L'autorisation ou le refus d'installation est notifié dans un délai de trois (3) mois à compter de la date de dépôt de la déclaration d'intention et du dossier complet de demande d'établissement auprès de la Banque Centrale.

L'autorisation d'installation est constatée par l'inscription sur la liste des banques ou sur celle des établissements financiers à caractère bancaire, dans les conditions définies à l'article 16. »

L'article 19 stipule : « Les banques et les établissements financiers à caractère bancaire doivent faire figurer leur numéro d'inscription sur la liste des banques ou sur celle des établissements financiers à caractère bancaire, dans les mêmes conditions, sur les mêmes documents et sous peine des mêmes sanctions qu'en matière de Registre du Commerce et du Crédit Mobilier. »

L'article 20 stipule : « Le retrait d'agrément, à la demande de l'établissement de crédit intéressé ou lorsqu'il est constaté que ledit établissement de crédit n'exerce aucune activité depuis au moins un (1) an, est prononcé par arrêté du Ministre chargé des Finances, après avis de la Commission Bancaire.

Sans préjudice des dispositions des articles 39 et 40, toute décision de transfert du siège social d'un établissement de crédit hors de l'UMOA ou toute opération de fusion par absorption, scission, ou création d'une société nouvelle, ayant pour résultat de transférer le siège social hors de l'UMOA ou sa disparition, entraîne le retrait de l'agrément.

Le retrait d'agrément ou d'autorisation d'installation pour infraction à la réglementation bancaire ou à toutes autres législations applicables aux établissements de crédit, est prononcé dans les conditions prévues à l'article 66.

Le retrait d'agrément ou d'autorisation d'installation est constaté par la radiation de la liste des banques ou de celle des établissements financiers à caractère bancaire. »

L'article 21 stipule : « Les demandes de retrait d'agrément ou d'autorisation d'installation sont adressées au Ministre chargé des Finances et déposées auprès de la Banque Centrale. Elles doivent comporter notamment le plan de liquidation, le plan de remboursement des déposants, le plan de dédommagement du personnel et la stratégie de traitement des créances de l'établissement de crédit. »

L'article 22 stipule : « Les établissements de crédit doivent cesser leur activité dans le délai fixé par la décision de retrait d'agrément. »

L'article 23 stipule : « La Commission Bancaire peut décider que le retrait de l'agrément accordé à un établissement de crédit entraîne le retrait de l'autorisation d'installation des filiales dudit établissement de crédit créées dans un ou plusieurs Etats membres de l'UMOA, compte tenu de leurs liens financiers et juridiques particuliers et des conséquences qui peuvent découler de ce retrait.

La Commission Bancaire informe, le cas échéant, la Banque Centrale et le Ministre chargé des Finances de l'Etat d'implantation de la filiale concernée, de la décision d'extension à celle-ci du retrait de l'agrément de la société mère.

En cas de poursuite des activités des filiales, celles-ci doivent solliciter un agrément dans les conditions définies par une instruction de la Banque Centrale.

Toutefois, le retrait de l'agrément d'un établissement de crédit s'étend automatiquement aux succursales. »

L'article 24 stipule : « Le Ministre chargé des Finances prend et notifie aux établissements, les actes réglementaires requis par les décisions et avis conformes de la Commission Bancaire, dans les conditions prévues par l'article 37 de l'Annexe à la convention régissant la Commission Bancaire. »

II. LE DISPOSITIF REGLEMENTAIRE

Le dispositif réglementaire applicable aux banques et établissements financiers est défini au titre IV de la loi bancaire. Il indique aux chapitres :

1- la forme juridique ;
2- le capital et la réserve spéciale ;
3- les autorisations diverses ;
4- les opérations des établissements de crédit ;
5- la comptabilité et l'information de la Banque Centrale et de la Commission Bancaire ;
6- l'organisation de la profession.

2.1 La forme juridique

L'article 31 stipule : « Les banques sont constituées sous forme de sociétés anonymes à capital fixe ou, par autorisation spéciale du Ministre chargé des Finances donnée après avis conforme de la Commission Bancaire, sous la forme de sociétés coopératives ou mutualistes à capital variable. (Pour les pays qui exigent que les banques soient constituées sous forme de sociétés de droit local, l'article 31 sera libellé comme suit : les banques doivent être constituées sous forme de sociétés anonymes à capital fixe ayant leur siège social en (…) ou par autorisation spéciale du Ministre chargé des Finances donnée après avis conforme de la Commission Bancaire sous la forme de sociétés coopératives ou mutualistes à capital variable.

Elles ne peuvent revêtir la forme d'une société unipersonnelle.

Exceptionnellement, elles peuvent revêtir la forme d'autres personnes morales.

Elles doivent avoir leur siège social sur le territoire d'un des Etats membres de l'UMOA. »

L'article 32 stipule : « Les établissements financiers à caractère bancaire sont constitués sous forme de sociétés anonymes à capital fixe, de sociétés à responsabilité limitée ou de sociétés coopératives ou mutualistes à capital variable.

Ils ne peuvent revêtir la forme d'une société unipersonnelle.

Ils doivent avoir leur siège social sur le territoire d'un des Etats membres de l'UMOA.

Une instruction de la Banque Centrale précise, en cas de besoin, la forme juridique que doivent adopter les diverses catégories d'établissements financiers à caractère bancaire. »

L'article 33 stipule : « Les actions émises par les établissements de crédit ayant leur siège social en (…) doivent revêtir la forme nominative. »

2.2 Capital et réserve spéciale

L'article 34 stipule : « Le capital social des banques ayant leur siège social en (…) ne peut être inférieur au montant minimal fixé par le Conseil des Ministres de l'UMOA.

Le capital social des établissements financiers à caractère bancaire ayant leur siège social en (…) ne peut être inférieur au montant minimal fixé par le Conseil des Ministres de l'UMOA. Ce minimum peut être différent selon les diverses catégories d'établissements financiers à caractère bancaire.

Toutefois, pour un établissement de crédit donné, la décision d'agrément peut fixer un montant minimal supérieur à celui visé aux alinéas premier et 2 du présent article.

Le capital social doit être intégralement libéré au jour de l'agrément de l'établissement de crédit à concurrence du montant minimal exigé dans la décision d'agrément. Le capital libéré doit rester à tout moment employé dans les Etats membres de l'UMOA. »

L'article 35 stipule : « Les établissements de crédit, qui doivent accroître leur capital social pour se conformer à la réglementation en vigueur, disposent d'un délai de six (6) mois à cet effet, à compter de la date de la décision du Conseil des Ministres de l'UMOA fixant le montant du capital social. »

L'article 36 stipule : « Les fonds propres de base d'un établissement de crédit doivent, à tout moment, être au moins égaux au montant minimal déterminé en application de l'article 34, sans pouvoir être inférieurs au minimum de fonds propres de base qui pourrait être rendu obligatoire en vertu de l'article 56.

Une instruction de la Banque Centrale définit les fonds propres de base et les fonds propres effectifs, pour l'application du présent article et des articles 45 et 56. »

L'article 37 stipule : « Les établissements de crédit, dotés de la personnalité morale, sont tenus de constituer une réserve spéciale, incluant toute réserve légale éventuellement exigée par les lois et règlements en vigueur, alimentée par un prélèvement annuel sur les bénéfices nets réalisés, après imputation d'un éventuel report à nouveau déficitaire. Le montant de ce prélèvement est fixé par une instruction de la Banque Centrale.

La réserve spéciale peut servir à l'apurement des pertes, à condition que toutes les autres réserves disponibles soient préalablement utilisées. »

L'article 38 stipule : « Les personnes physiques visées à l'article 105, doivent justifier d'un cautionnement bancaire donné par une banque agréée dans l'un des Etats membres de l'UMOA, pour une somme égale au montant minimum déterminé par une instruction de la Banque Centrale. »

2.3 Les autorisations diverses

L'article 39 stipule : « Sont subordonnées à l'autorisation préalable du Ministre chargé des Finances, les opérations suivantes relatives aux établissements de crédit ayant leur siège social en (…) :

- toute modification de la forme juridique, de la dénomination sociale, ou du nom commercial ;
- tout transfert du siège social dans un autre Etat membre de l'UMOA ;
- toute opération de fusion par absorption ou création d'une société nouvelle, ou de scission ;
- toute dissolution anticipée ;
- toute prise ou cession de participation qui aurait pour effet de porter la participation d'une même personne, directement ou par personne interposée, ou d'un même groupe de personnes agissant de concert d'abord au-delà de la minorité de blocage, puis au-delà de la majorité des droits de vote dans l'établissement de crédit, ou d'abaisser cette participation au-dessous de ces seuils.

Est considéré comme minorité de blocage, le nombre de voix pouvant faire obstacle à une modification des statuts de l'établissement de crédit.

Sont notamment considérées comme personnes interposées par rapport à une même personne physique ou morale :

1) les personnes morales dans lesquelles cette personne détient la majorité des droits de vote ;
2) les filiales à participation majoritaire, c'est-à-dire les sociétés dans lesquelles les sociétés visées à l'alinéa précédent détiennent la majorité des droits de vote ou dans lesquelles leur participation, ajoutée à celle de la personne physique ou morale dont il s'agit, détient la majorité des droits de vote ;
3) les filiales de filiales au sens de l'alinéa précédent. »

L'article 40 stipule : « Sont également subordonnées à l'autorisation préalable du Ministre chargé des Finances :

1) toute cession par un établissement de crédit de plus de vingt pour cent (20 %) de son actif correspondant à ses opérations en (…) ;
2) toute mise en gérance ou cessation de l'ensemble de ses activités en (…). »

L'article 41 stipule : « Les autorisations préalables prévues au présent chapitre sont accordées comme en matière d'agrément ».

L'article 42 stipule : « Les ouvertures, fermetures, transformations, transferts, cessions ou mise en gérance de guichets ou d'agences d'établissements de crédit en (…) doivent être notifiés au Ministre chargé des Finances, à la Commission Bancaire et à la Banque Centrale ».

III. LES OPERATIONS DES ETABLISSEMENTS DE CREDIT

3.1 Opérations des banques

L'article 43 stipule : « Il est interdit aux banques de se livrer, pour leur propre compte ou pour le compte d'autrui, à des activités commerciales, industrielles, agricoles ou de service, sauf dans la mesure où ces opérations sont nécessaires ou accessoires à l'exercice de leur activité bancaire ou nécessaires au recouvrement de leurs créances. »

L'article 44 stipule : « Il est interdit aux banques d'acquérir leurs propres actions ou de consentir des crédits contre affectation en garantie de leurs propres actions ».

L'article 45 stipule : « Il est interdit aux banques d'accorder directement ou indirectement des crédits aux personnes qui participent à leur direction, administration, gérance, contrôle ou fonctionnement, pour un montant global excédant un pourcentage de leurs fonds propres effectifs, qui sera arrêté par une instruction de la Banque Centrale. Cette interdiction s'applique aux actionnaires ou associés qui détiennent chacun directement ou indirectement dix pour cent (10 %) ou plus des droits de vote au sein de la banque.

La même interdiction s'applique aux crédits consentis aux entreprises privées dans lesquelles les personnes visées ci-dessus exercent des fonctions de direction, d'administration ou de gérance ou détiennent plus du quart (25 %) du capital social.

Quel qu'en soit le montant, tout prêt ou garantie consenti par une banque à ses dirigeants, à ses principaux actionnaires ou associés ou aux entreprises privées dans lesquelles les personnes visées ci-dessus exercent des fonctions de direction, d'administration ou de gérance ou détiennent plus du quart (25 %) du capital social, devra être approuvé à l'unanimité par les membres du Conseil d'Administration de la banque et sera mentionné dans le rapport annuel des commissaires aux comptes à l'assemblée des actionnaires. »

L'article 46 stipule : « Le Ministre chargé des Finances peut, après avis conforme de la Commission Bancaire, accorder des dérogations individuelles et temporaires aux dispositions sur les opérations des banques. »

3.2 Opérations des établissements financiers à caractère bancaire

L'article 47 stipule : « Les opérations des diverses catégories d'établissements financiers à caractère bancaire sont réglementées par une instruction de la Banque Centrale, en fonction de la nature de leur activité et sous réserve des dispositions de l'article 56. »

L'article 48 stipule : « Il est interdit aux établissements financiers à caractère bancaire d'accorder directement ou indirectement des crédits aux personnes qui participent à leur direction, administration, gérance, contrôle ou fonctionnement, pour un montant global excédant un pourcentage de leurs fonds propres effectifs, qui sera arrêté par une instruction de la Banque Centrale. Cette interdiction s'applique aux actionnaires ou associés qui détiennent chacun, directement ou indirectement, dix pour cent (10 %) ou plus des droits de vote au sein de l'établissement financier.

La même interdiction s'applique aux crédits consentis aux entreprises privées dans lesquelles les personnes visées ci-dessus exercent des fonctions de direction, d'administration ou de gérance ou détiennent plus du quart (25 %) du capital social.

Quel qu'en soit le montant, tout prêt ou garantie consenti par un établissement financier à caractère bancaire à ses dirigeants, à ses principaux actionnaires ou associés ou aux entreprises privées dans lesquelles les personnes visées ci-dessus exercent des fonctions de direction, d'administration ou de gérance ou détiennent plus du quart

(25 %) du capital social, devra être approuvé à l'unanimité, par les membres du Conseil d'Administration.

Cela pourra l'être par tout autre organe compétent de l'établissement financier et sera mentionné dans le rapport annuel des commissaires aux comptes à l'assemblée des actionnaires.

Le Ministre chargé des Finances peut, après avis conforme de la Commission Bancaire, accorder des dérogations individuelles et temporaires aux dispositions du présent article. »

L'article 49 stipule : « Les établissements financiers à caractère bancaire ne peuvent recevoir de dépôts de fonds du public que dans le cadre de leur activité et s'ils y ont été autorisés par décret, et dans les conditions fixées par ledit décret, après avis conforme de la Banque Centrale. »

IV. COMPTABILITE ET INFORMATION DE LA BANQUE CENTRALE ET DE LA COMMISSION BANCAIRE

L'article 50 stipule : « Les établissements de crédit doivent tenir à leur siège social, principal établissement ou agence principale en (…), une comptabilité particulière des opérations qu'ils traitent sur le territoire de (…).

Ils sont tenus d'établir leurs comptes sous une forme consolidée et combinée, conformément aux dispositions comptables et autres règles arrêtées par la Banque Centrale ».

L'article 51 stipule : « Les établissements de crédit doivent arrêter leurs comptes au 31 décembre de chaque année.

Avant le 30 juin de l'année suivante, les établissements de crédit doivent communiquer à la Banque Centrale et à la Commission Bancaire leurs comptes annuels dans les délais et conditions prescrits par la Banque Centrale.

Ces comptes doivent être certifiés réguliers et sincères par un ou plusieurs commissaires aux comptes, choisis sur la liste des commissaires aux comptes agréés par la Cour d'appel ou tout autre organisme habilité en tenant lieu. Le choix du commissaire aux comptes est soumis à l'approbation de la Commission Bancaire.

Les banques doivent désigner au moins deux commissaires aux comptes et deux suppléants, ainsi que les établissements financiers à caractère bancaire faisant publiquement appel à l'épargne.

Les établissements financiers à caractère bancaire ne faisant pas publiquement appel à l'épargne, dont le total du bilan atteint un seuil fixé par une instruction de la Banque Centrale, doivent également désigner au moins deux commissaires aux comptes et deux suppléants.

Les commissaires aux comptes, nommés par l'assemblée générale ordinaire, disposent d'un mandat de trois (3) ans. Leur mandat est renouvelable.

Les comptes annuels de chaque établissement de crédit sont publiés au Journal Officiel de l'Etat concerné, à la diligence de la Banque Centrale. Les frais de cette publication sont à la charge de l'établissement de crédit. »

L'article 52 stipule : « Les établissements de crédit doivent, en cours d'exercice, dresser des situations selon la périodicité et dans des conditions prescrites par la Banque Centrale. Ces situations sont communiquées à cette dernière et à la Commission Bancaire. »

L'article 53 stipule : « Les établissements de crédit doivent fournir, à toute réquisition de la Banque Centrale, les renseignements, éclaircissements, justifications et documents jugés utiles pour l'examen de leur situation, l'appréciation de leurs risques, l'établissement de listes de chèques et effets de commerce impayés et d'autres incidents de paiement, et généralement pour l'exercice par la Banque Centrale de ses attributions.

Les établissements de crédit sont tenus à toute demande de la Commission Bancaire, de fournir à cette dernière, tous documents, renseignements, éclaircissements et justifications jugés utiles à l'exercice de ses attributions.

À la requête de la Commission Bancaire, tout commissaire aux comptes d'un établissement de crédit est tenu de lui communiquer tous rapports, documents et autres pièces, ainsi que tous renseignements jugés utiles à l'accomplissement de sa mission.

Le secret professionnel n'est opposable ni à la Commission Bancaire, ni à la Banque Centrale, ni à l'autorité judiciaire agissant dans le cadre d'une procédure pénale. »

V. LE DISPOSITIF PRUDENTIEL

La réglementation bancaire, mise en place dans l'UMOA, comporte des dispositions prudentielles qui ont été mises à jour, par la nécessité :

- de prendre en considération l'évolution des normes internationalement admises en matière de supervision bancaire ;
- d'assurer une protection accrue des déposants dans un contexte de libéralisation de plus en plus affirmée des activités monétaires, bancaires et financières ;
- de prendre davantage en compte les innovations financières dans l'appréciation des risques et des engagements du système bancaire ;
- enfin, de procéder à une mise en harmonie avec le plan comptable bancaire, rendu obligatoire depuis 1996, soit cinq (5) ans après le précédent dispositif prudentiel.

Les règles prudentielles applicables aux établissements de crédit concernent les domaines ci-après :

- les conditions d'exercice de la profession ;
- la réglementation des opérations effectuées par les banques et les établissements financiers ;
- les normes de gestion.

Il convient de signaler que de nouveaux aménagements ont été apportés à la réglementation prudentielle par le Conseil des Ministres de l'UMOA, à l'effet, essentiellement de favoriser au niveau des établissements de crédit la transformation des ressources stables.

5.1 La couverture des risques

La règle de couverture des risques est définie par un rapport minimum à respecter, dit rapport fonds propres sur risques. Ce ratio comporte au numérateur le montant des fonds propres effectifs et au dénominateur les risques nets déterminés selon des modalités précises.

Le pourcentage minimum à respecter est fixé à huit pour cent (8 %). Il était fixé précédemment à quatre pour cent (4 %).

5.1.1 Les fonds propres effectifs

Les fonds propres effectifs sont constitués par la somme des fonds propres de base et des fonds propres complémentaires.

Les fonds propres de base sont constitués du capital ou de la dotation, des réserves, du report à nouveau créditeur, des provisions réglementées, du résultat intermédiaire à hauteur de quinze pour cent (15 %). De la somme des éléments ci-dessus, il faut déduire le capital ou la dotation non versé, les pertes en instance d'approbation ou d'affectation, le report à nouveau débiteur, le résultat intermédiaire déficitaire, les provisions complémentaires exigées par la Commission Bancaire et non encore constituées.

Les fonds propres complémentaires sont constitués d'éléments qui viennent conforter les fonds propres de base tels que les subventions, les écarts de réévaluation, les réserves latentes positives, les comptes bloqués d'actionnaires. Ces éléments peuvent être pris à hauteur de cent pour cent (100 %) des fonds propres de base au maximum.

5.1.2 Les risques

Pour la détermination des risques, ceux-ci sont pondérés de coefficients de :

- zéro pour cent (0 %) pour les créances garanties par des comptes tenus par des banques ou établissements financiers ;
- vingt pour cent (20 %) pour les concours garantis par des banques ou des établissements financiers ;
- cinquante pour cent (50 %) pour les crédits garantis par des hypothèques ;
- cent pour cent (100 %) pour les créances en souffrance nets de provisions constituées.

5.2 Le coefficient de couverture des emplois à moyen et long termes par des ressources stables

En vue d'éviter une transformation excessive des ressources à vue ou à court terme en emplois à moyen et long termes, les banques et établissements financiers doivent financer une certaine proportion de leurs actifs immobilisés et autres emplois à moyen et long termes par des ressources stables.

Nous avons au numérateur les fonds propres effectifs, les dépôts ou toute ressource de durée résiduelle supérieure à deux (2) ans. Les éléments au dénominateur sont les crédits en souffrance non couverts par des provisions, des crédits sains dont la durée résiduelle excède deux (2) ans et tout autre emploi de durée supérieure à deux (2) ans.

La norme à respecter est de cinquante pour cent (50 %) minimum depuis le 1er janvier 2013, contre soixante-quinze pour cent (75 %) antérieurement. L'abaissement opéré est à mettre en relation avec le souci des Autorités de l'Union de renforcer le financement des économies par une transformation accrue de l'épargne intérieure.

5.3 La division des risques

Les banques et établissements financiers doivent limiter, dans une certaine proportion, leurs risques sur un même bénéficiaire ou une même signature, ainsi que sur l'ensemble des bénéficiaires dont les concours atteignent un niveau donné de leurs fonds propres effectifs.

La norme à respecter est de soixante-quinze pour cent (75 %) des fonds propres effectifs sur une même signature. Le volume global des risques atteignant individuellement vingt-cinq pour cent (25 %) des fonds propres d'une banque ou d'un établissement financier à caractère bancaire est limité à huit (8) fois le montant des fonds propres effectifs de l'établissement concerné.

5.4 La règle de liquidité

La réglementation sur la liquidité prend la forme d'un rapport entre, au numérateur les actifs disponibles et réalisables ou mobilisables à court terme (trois (3) mois maximum) et au dénominateur, le passif exigible à court terme et les engagements par signature susceptibles d'être exécutés à court terme (trois (3) mois maximum).

La norme à respecter est fixée à soixante-quinze pour cent (75 %) minimum.

Il convient de relever que la réglementation prudentielle est largement inspirée par les Accords internationaux ayant institué le Comité de Bâle sur la supervision bancaire, logé auprès de la Banque des Règlements Internationaux (BRI).

À ce titre, la réglementation en vigueur dans l'UMOA, très proche de l'Accord dit de Bâle 1 de 1988 en matière de couverture des risques, devrait évoluer dans un proche avenir pour tenir compte des Accords de Bâle 2 et Bâle 3 adoptés par les banques internationalement actives dans les Etats membres de la BRI, connus sous le nom de Groupe des Dix ou G10.

DEUXIÈME PARTIE :

LES TECHNIQUES BANCAIRES

Les techniques bancaires sont, en quelque sorte, les outils qu'utilise la banque pour mener à bien son activité, dont l'exercice la met constamment en contact avec de nombreuses personnes physiques ou morales qui constituent sa clientèle. Cette clientèle a des besoins variés que la banque devra satisfaire par la mise en œuvre de techniques et de produits appropriés.

Une connaissance assez approfondie des produits auxquels les techniques sont adossées, qui sont d'ailleurs, pour la plupart, utilisées par la clientèle sans trop savoir leur mécanisme, apparaît ainsi nécessaire pour une meilleure compréhension de l'activité bancaire.

Il s'agit donc de définir et de décrire, de la façon la plus simple possible, les techniques essentielles qu'une banque utilise dans ses relations avec autrui, notamment avec sa clientèle que sont les particuliers, les entreprises, les associations, les professions libérales, l'Etat et ses démembrements.

CHAPITRE I :

LA BANQUE ET LES PARTICULIERS

I. LE COMPTE EN BANQUE

Si le banquier dispose du privilège de pouvoir utiliser les fonds à lui confiés par la clientèle, cet avantage a pour corollaire l'obligation d'assurer à cette clientèle un service de caisse.

On entend par là l'ensemble des services matériels que doit offrir la banque à son client pour lui permettre une utilisation la plus souple possible des fonds déposés sur un compte en banque.

Les conditions dans lesquelles, banquier et client amorcent leur collaboration au moyen de l'ouverture du compte, les différentes méthodes d'alimentation de ce compte et les possibilités d'utiliser les disponibilités inscrites à ce compte, les incidents pouvant survenir et les modalités de clôture d'un compte, seront examinées ci-après.

1.1 Ouverture du compte

Définition du compte

Comme indiqué plus haut, on peut définir le compte comme un état comptable sur lequel est inscrit l'ensemble des opérations effectuées entre la banque et son client. Pour le particulier, le compte sert essentiellement à déposer des disponibilités à l'abri de tout risque de perte et à les prélever au fur et à mesure de ses besoins, le plus souvent avec des chèques, d'où l'appellation de compte « compte chèque ».

Tenue du compte

Les remises sous toutes les formes (versements d'espèces, virements et chèques reçus), sont inscrites au crédit du compte. Les retraits, par différents moyens (chèques émis, prélèvements d'espèces, frais divers dus, virements émis, prélèvements automatiques effectués), sont inscrits au débit du compte. La différence entre le total des sommes portées au crédit et le total de celles portées au débit, est appelée le solde. Le solde est créditeur en cas d'avoir du client chez la banque. Il est débiteur si le titulaire du compte doit de l'argent à la banque.

Les opérations sont enregistrées au moyen de pièces comptables et le client est informé de certaines opérations par des avis de crédit ou de débit. L'ensemble des opérations est repris sur un relevé ou extrait de compte.

Le compte étant tenu par la banque, il conviendrait qu'à l'occasion de l'ouverture de ce compte, le banquier s'efforce de donner un minimum d'informations aux clients particuliers et d'expliquer sommairement le mécanisme de son fonctionnement, notamment à ceux qui sont analphabètes et qui malheureusement sont encore en nombre élevé dans la zone UMOA. Cela participerait de l'éducation de cette frange de la population pouvant conduire à une amélioration sensible des relations entre la banque et l'ensemble de ses clients. Mais ceci n'est pas une obligation légale ou réglementaire pour le banquier.

1.2 Conditions d'ouverture du compte

L'ouverture d'un compte doit être précédée d'une vérification par la banque, de l'identité et de la capacité de la personne physique sollicitant cette ouverture.

1.2.1 Identité

L'identité est composée du nom et du ou des prénoms, de la date et du lieu de naissance, de la nationalité et dans une moindre mesure du domicile, du client.

Le particulier apportera la preuve de son identité au moyen d'un document officiel, qui peut être la carte nationale d'identité ou le passeport. L'existence du domicile peut être justifiée par une facture d'électricité ou d'eau, par exemple. Il arrive qu'en plus de ces informations, la banque demande des renseignements complémentaires utiles à une bonne connaissance de la situation personnelle ou professionnelle de son client.

Enfin, avant toute délivrance de chéquier, la banque devra, au préalable, s'assurer que le candidat à l'ouverture du compte n'est pas frappé d'une interdiction d'émettre des chèques. Elle consultera pour cela le fichier des incidents de paiement tenu par la Banque Centrale.

1.2.2 Capacité

Tout comme la banque s'assure de l'identité de son futur client, candidat à l'ouverture d'un compte, elle doit aussi s'assurer de sa capacité, c'est-à-dire de son aptitude à passer des actes juridiques. Celui qui ne peut pas passer d'actes juridiques est qualifié juridiquement d'incapable. C'est celui qui a des droits, mais qui ne peut pas les exercer librement.

La loi établit les divers degrés de l'incapacité, tout en définissant le rôle des personnes chargées de représenter et d'assister les incapables, lors d'actes engageant ces derniers. Les incapables sont, soit les mineurs non émancipés, soit les majeurs frappés d'incapacité (un majeur qui n'a pas toutes ses facultés mentales), soit enfin les interdits légaux. L'incapacité éventuelle d'une personne est connue, en consultant le répertoire civil qui est tenu au greffe du tribunal de grande instance du lieu de naissance de l'intéressé. La banque peut également s'informer, par tous moyens (en se renseignant auprès de l'entourage du majeur présumé frappé d'incapacité) légaux sur la capacité d'une personne.

Les incapables mineurs sont des personnes qui n'ont pas l'âge légal de majorité. Toute personne n'ayant pas l'âge légal de la majorité fixé dans chaque pays, est mineure et doit, de ce fait, être remplacée dans la plupart de ses actes, en particulier ses actes avec la banque, par son représentant légal (parent ou tuteur). Si le mineur vit avec ses deux parents ou si ces derniers continuent, même séparés ou divorcés, à exercer ensemble l'autorité parentale, l'ouverture d'un compte et les modalités de son fonctionnement pourront être autorisées par le père ou la mère.

Toutefois, pour emprunter, le mineur devra obtenir l'autorisation des deux parents, avec l'accord éventuel du juge des tutelles. Si le mineur vit avec un seul de ses parents ou si un seul d'entre eux est à même d'exercer l'autorité parentale, l'ouverture du compte et les modalités de son fonctionnement pourront être autorisées par ce parent seul. Pour emprunter, le mineur devra obtenir, en outre, l'autorisation du juge des tutelles.

En cas de décès ou d'incapacité des deux parents, le mineur est placé sous la responsabilité d'un tuteur. Dans ce cas, l'ouverture du compte et les modalités de son fonctionnement devront être autorisées par ce dernier. Pour emprunter, le mineur devra obtenir l'autorisation du conseil de famille.

Le mineur peut être émancipé par le mariage ou par décision judiciaire. Le mineur émancipé dispose de la même capacité qu'une personne majeure. Toutefois, le mineur émancipé n'acquiert ni la capacité civique (droit de vote) ni la capacité commerciale (droit d'être commerçant).

Les incapables majeurs sont des personnes ayant l'âge de dix-huit (18) ans et plus, mais qui doivent être protégées, car leurs capacités physiques ou mentales sont gravement altérées par suite de l'âge ou de la maladie. L'incapacité peut être totale ou partielle.

1.3 Modalités pratiques d'ouverture du compte

Une fois que le particulier a apporté la preuve de son identité et de sa capacité, la banque peut procéder à l'ouverture du compte. Mais la banque n'est pas obligée d'ouvrir un compte à celui qui le demande et la délivrance d'un chéquier reste à l'appréciation de la banque.

Pour l'ouverture du compte, la banque relèvera les renseignements d'identité du titulaire du compte sur ce qu'on appelait avant l'informatisation « carton de signature » qui servira à recueillir le spécimen de la signature du client afin de pouvoir vérifier l'authenticité des ordres qu'il transmettra à sa banque. Désormais, il s'agit d'un formulaire numérisé et affiché sur un écran d'ordinateur à chaque opération du client.

L'ouverture du compte est également mentionnée sur un état que l'on appelle le registre des ouvertures de comptes, lequel registre est tenu dans l'ordre des ouvertures effectuées. Les ouvertures de comptes doivent, par ailleurs, être déclarées à l'administration fiscale.

Le client, lorsque la banque accepte de lui ouvrir un compte, se voit attribuer un numéro de compte, lequel sera repris sur un relevé d'identité bancaire qui comportera, outre ce numéro, le nom du client, le code de la banque et le code de l'agence. Tous ces renseignements permettront d'identifier, sans erreur, la banque et son client au niveau des opérations effectuées entre établissements de crédit.

En cas de délivrance de chéquier, la banque doit s'assurer du domicile du titulaire du compte et vérifier que celui-ci n'est pas frappé d'une interdiction d'émettre des chèques, en interrogeant le fichier de la Centrale des Incidents de Paiement (CIP) de la Banque Centrale.

1.4 La procuration

À l'ouverture du compte, ou à tout autre moment après cette ouverture, le titulaire d'un compte peut donner procuration à un tiers. La procuration, appelée aussi mandat, est l'autorisation donnée à une tierce personne par le titulaire du compte, de faire fonctionner ledit compte. Celui qui donne la procuration ou l'autorisation s'appelle le mandant (titulaire). Celui qui reçoit la procuration s'appelle le mandataire (tierce personne non titulaire du compte).

La procuration peut être limitée à certaines opérations ou être totale, selon la volonté du titulaire du compte. Elle peut être donnée à plusieurs personnes qui pourront agir séparément, c'est-à-dire que chacun des mandataires peut agir seul, ou conjointement, auquel cas l'ensemble des mandataires doivent valider l'opération.

La procuration n'engage pas personnellement le mandataire lors des opérations qu'il effectue pour le compte de son mandant. En cas de compte sans provision par exemple, c'est le titulaire du compte (le mandant) qui sera sanctionné et non son mandataire.

1.5 Le compte joint

Ouvert au nom de deux ou plusieurs personnes, qui peuvent ne pas être de la même famille, le compte joint concerne la plupart du temps, un couple marié ou non. Son avantage réel ne doit pas, cependant, masquer ses risques.

Les règles communes à tout compte joint, impliquent que chacun des cotitulaires du compte peut effectuer toutes opérations sur les fonds en dépôt, des paiements ou des retraits sur une partie ou la totalité du dépôt, à sa seule initiative, c'est-à-dire à sa seule signature. Mais tous les cotitulaires sont solidairement responsables du débit du compte. En ouvrant un compte joint, les cotitulaires sont créanciers à part entière du solde créditeur, de même qu'ils sont redevables à part entière du solde débiteur.

Si un cotitulaire d'un compte joint émet par exemple un chèque sans provision, les cotitulaires doivent désigner un responsable qui sera seul frappé d'une interdiction d'émettre des chèques, jusqu'à régularisation de la situation. En cas de saisie-attribution prononcée à l'encontre d'un des cotitulaires, la totalité du compte peut se trouver bloquée, faute de pouvoir déterminer la part qui revient à chacun des cotitulaires.

II. LES OPERATIONS EN ESPECES

Pour faire fonctionner son compte, le client peut effectuer toutes sortes d'opérations et notamment des opérations en espèces, c'est-à-dire des opérations qui portent sur des versements de billets et pièces de monnaie aux guichets de la banque ou sur les retraits de billets et pièces de monnaie, toujours aux guichets de la banque ou dans des distributeurs automatiques de billets.

2.1 Les versements

Les versements peuvent être effectués par le titulaire du compte, mais aussi par toute personne qui n'aura pas à justifier de son identité, car l'opération, même effectuée par n'importe quelle personne, ne fait courir aucun risque pour le titulaire du compte et pour la banque.

Sur le bordereau de versement d'espèces, seront mentionnés le nom du titulaire du compte, le numéro du compte et éventuellement le nom de la personne qui a effectué le versement si ce n'est le titulaire du compte lui-même. Les versements peuvent être effectués dans n'importe quelle agence de la banque.

2.2 Les retraits

Si les versements peuvent être effectués par quiconque, seuls le titulaire du compte ou son mandataire peuvent effectuer des retraits sur le compte. Les retraits peuvent être effectués au moyen de chèques provenant du chéquier du titulaire du compte, de chèques remis au guichet par la banque ou de simples pièces comptables de caisse, si le client n'a pas son chéquier ou n'en possède pas et que la banque n'a pas, non plus, de chèque de caisse appelé encore « chèque de guichet » à lui remettre.

Avant que le caissier ne soit autorisé à effectuer le paiement, celui-ci doit s'assurer de l'identité de la personne qui effectue le retrait, contrôler la régularité des pièces, c'est-à-dire la régularité du chèque et des pièces de caisse et vérifier que le compte est approvisionné et que la provision nécessaire est effectivement suffisante et disponible.

Si le titulaire du compte est en déplacement, il peut effectuer des retraits dans une autre agence de la même banque ayant ouvert le compte ou au guichet d'une autre banque à des conditions bien précises. Pour effectuer des retraits de dépannage, il faut présenter son chéquier et sa pièce d'identité.

Par ailleurs, si le client possède une carte de retrait bancaire, remise par la banque ayant ouvert le compte pour lui, il peut retirer des espèces dans les distributeurs automatiques de billets de cette banque.

2.3 Les opérations par chèque

Si les opérations en espèces (versements et retraits) ont le mérite de la simplicité, elles ne sont pas très utiles dès qu'il s'agit d'opérer des règlements à distance ou pour des montants très importants. Le chèque offre pour cela, infiniment plus d'avantages.

2.3.1 Le chèque

Fonction et définition

Les formules de chèque, délivrées gratuitement par toutes les banques, permettent au titulaire d'un compte en banque d'effectuer d'une part des paiements sans manipulation d'espèces, d'autre part des retraits d'espèces.

Le chèque est un écrit par lequel une personne dénommée le tireur, donne l'ordre à une autre personne dénommée le tiré de payer une certaine somme au titulaire ou à un tiers, appelé le bénéficiaire, à concurrence d'une somme de montant couvert par des fonds déposés chez le tiré.

- Le chèque fait ainsi intervenir trois (3) personnes qui sont :
- Le tireur qui est celui qui établit et signe le chèque ;
- Le tiré qui est celui qui détient les fonds et paye (la banque) ;
- Le bénéficiaire qui est celui qui reçoit le paiement (titulaire ou un tiers).

Le chèque peut être stipulé payable à une personne donnée, ou au porteur. Dans ce dernier cas, le chèque est non barré. Il peut être également émis en blanc. Dans ce cas, il vaut comme chèque au porteur. Le chèque au porteur est un chèque sur lequel le nom du bénéficiaire n'est pas mentionné. Le chèque peut être émis au profit du tireur lui-même, naturellement.

Délivrance du chéquier

Après avoir vérifié l'identité et le domicile du client demandant l'ouverture d'un compte, la banque ne peut délivrer de carnet de chèques à un nouveau client, qu'après consultation du fichier des chèques impayés de la Banque Centrale pour savoir si l'intéressé n'est pas sous le coup d'une interdiction d'émettre des chèques, prononcée par une banque et déclarée à la Banque Centrale. La banque peut refuser de délivrer au titulaire d'un compte des formules de chèques autres que celles qui lui permettent de faire des retraits au guichet.

Aspects formels

Le chèque comporte des mentions obligatoires et des mentions facultatives.

Les mentions obligatoires sont :

- Le mot chèque ;
- L'ordre pur et simple de payer une somme déterminée ;
- Le nom du tiré qui est celui de la banque qui doit payer ;
- Le lieu de paiement ;
- La date et le lieu de création du chèque ;
- Le nom du tireur, son adresse complète et sa signature.

L'omission d'une des mentions ci-dessus énumérées, sauf pour ce qui concerne les lieux de création et de paiement, a pour conséquence, la non-validité du chèque. Le chèque perd alors sa qualité de chèque et les prérogatives particulières qui lui sont attachées.

Les mentions facultatives sont :

- Le nom du bénéficiaire ;
- Le barrement ;

Types de chèques

Il existe deux types de chèques, qui sont, d'une part le chèque non barré et, d'autre part le chèque barré.

Le chèque non barré et endossable

Il est aussi appelé chèque ordinaire. Il peut se transmettre par endossement de personne à personne et est encaissé au guichet de la banque. En général, ce sont des formules de chèque de ce genre, rassemblées dans un carnet appelé « chéquier ou carnet de chèques », qui sont remis aux clients pour effectuer leurs opérations de retrait dans les banques.

On utilise donc un chèque non barré, c'est-à-dire qui ne comporte pas de barrement effectué manuellement ou à la machine, pour effectuer un retrait d'argent auprès de sa banque. Ou alors on l'utilise pour éteindre une dette quelconque envers une tierce personne (commerçant, autres créanciers) en lui remettant le chèque qu'il se chargera d'endosser, c'est-à-dire mettre sa signature au dos et le présentera à la banque pour entrer en possession de son argent (sa créance).

Le chèque barré et non endossable

Ce chèque n'est pas transmissible par endos ou endossement. Il ne peut être encaissé que par l'intermédiaire d'un établissement de crédit (banque ou établissement financier).

Par exemple, je suis enseignant dans un établissement donné. Au moment de payer mes heures de vacation, cet établissement me remet un chèque tiré sur sa banque X, alors que moi j'ai mon compte à la banque Y. Si le chèque qui m'a été remis n'est pas barré, j'ai deux possibilités de l'encaisser. Soit je vais à la banque X de l'établissement et j'endosse le chèque pour retirer l'argent, soit je remets le chèque à ma banque Y, après l'avoir barré en y portant manuellement deux traits transversaux, mais sans l'endosser. La banque Y se chargera de l'encaisser auprès de la banque X et mettra la somme dans mon compte qu'elle tient.

Provision

Emettre un chèque, c'est donner l'ordre au tiré (banque) de remettre au bénéficiaire une certaine somme d'argent soit directement, soit par l'intermédiaire d'un autre établissement de crédit.

La provision doit être faite par le tireur. L'existence de fonds chez la banque constitue la provision du chèque. Cette provision doit être préalable, suffisante et disponible, c'est-à-dire exister au moment de la création du chèque et être à la disposition immédiate de celui qui en est bénéficiaire, c'est-à-dire le porteur légitime du chèque.

Il ne faut pas confondre la provision d'un chèque avec celle que la banque constitue pour couvrir un risque de non-remboursement d'une créance, c'est-à-dire d'un crédit qu'elle juge douteux. Dans le cas du chèque, la provision indique la somme d'argent disponible dans le compte d'un client et qui devrait pouvoir permettre à la banque de payer au porteur du chèque le montant indiqué sur celui-ci.

Un chèque pouvant être émis sans provision, le bénéficiaire peut souhaiter être rassuré sur l'existence de la provision. Il existe, pour cela, trois (3) caractéristiques distinguant ainsi les chèques en chèques visés, en chèques certifiés et en chèques de banque.

Le chèque visé

C'est un chèque ordinaire sur lequel la banque appose sa signature qui est appelée visa, pour garantir l'existence de la provision. Ainsi, si le banquier responsable appose sa signature sur le chèque présenté par un client au guichet de la banque, c'est qu'il autorise le paiement de ce chèque, même si la provision est insuffisante ou inexistante. Dans ce cas, il accorde, en quelque sorte, un crédit (découvert généralement) au client en question.

Le chèque certifié

C'est un chèque ordinaire émis par le titulaire du compte, dont la banque atteste l'existence de la provision pendant le délai d'encaissement, en apposant la mention « certifié pour la somme de… ». Le bénéficiaire est assuré, dans ce cas, de l'existence de la provision et que le chèque sera payé par la banque. La certification du chèque peut être demandée par le tireur ou le bénéficiaire. En certifiant le chèque, le banquier bloque ainsi le montant à payer et toute autre demande du client de payer une autre somme avant le paiement du chèque certifié devient impossible, à moins que le solde créditeur ne le permette.

Le chèque de banque

C'est un chèque émis par la banque, soit sur l'une de ses agences, soit sur une autre banque. Compte tenu de la qualité du tireur (la banque), le porteur du chèque est assuré de son paiement pendant toute la validité du chèque. Le chèque de banque peut être demandé par un client de la banque qui, lors de sa délivrance, débitera le compte du demandeur. La banque peut aussi établir le chèque en exigeant, en contrepartie, des espèces déposées sur le compte du client. En émettant le chèque au profit du client, la banque se porte ainsi garante de son paiement, quitte à lui consentir un crédit, généralement un découvert, pour cela.

Le chèque de voyage

Pour partir en voyage, il est facile d'emporter des espèces. Toutefois, cet argent liquide peut être égaré ou volé. Le chèque de voyage va éviter au voyageur, touriste ou homme d'affaires, ce désagrément, car il est protégé contre le risque d'utilisation frauduleuse. Toutefois, il convient de savoir qu'un tel risque n'est pas totalement exclu, car le risque d'imitation de la signature du propriétaire du chèque existe au moment de son utilisation. Mais il faut dire aussi que c'est un cas de figure assez rare.

Pour partir donc en voyage, le voyageur achète à sa banque des chèques d'un montant défini, respectant les dispositions de la réglementation des changes. Il les présentera au paiement dans tous les guichets de la banque émettrice de ces chèques ou chez les correspondants de cette dernière, ce qui est le plus souvent le cas. Le voyageur peut également les remettre directement à des tiers, comme par exemple des hôteliers ou des commerçants, en règlement de leurs factures sans donc passer par la banque.

Au moment de la délivrance des chèques de voyage, l'acheteur appose sa signature au recto du chèque et devra le contresigner devant le guichetier de la banque appelée à payer ou devant le bénéficiaire, lorsque le chèque est remis à un tiers. Les deux signatures doivent, évidemment, être identiques.

Encaissement du chèque et incidents de paiement y relatifs

Le chèque peut être encaissé contre la remise d'espèces, soit au titulaire du compte ou son mandataire, soit en faveur d'un tiers. Lorsqu'il s'agit de remise d'espèces au titulaire ou à son mandataire, le guichetier doit s'assurer de l'existence de la provision et demander à son client d'apposer sa signature qu'il vérifie avant de procéder au paiement.

Lorsqu'il paye à un tiers, le guichetier doit être plus prudent et prendre plusieurs précautions, avant de procéder au paiement. Ces précautions sont les suivantes:

- la vérification de l'identité du bénéficiaire ;
- l'assurance de la régularité du chèque (mentions obligatoires, délai de validité, absence d'opposition, absence de barrement et de ratures) ;
- le contrôle de l'existence de la provision.

Le chèque peut être encaissé par la banque, si le bénéficiaire le désire ou si le chèque est barré. Le bénéficiaire endosse le chèque à l'ordre de sa banque. Endosser un chèque c'est signer au dos du chèque. On parle alors d'endos de procuration ou d'encaissement, qui peut être nominatif si le nom de la banque est mentionné, ou en blanc, si la signature seule est apposée. Après avoir procédé aux contrôles nécessaires, le chèque est présenté par la banque à la compensation, procédé qui a été évoqué ci-dessus.

Lors de la compensation, chaque banque calcule ce qu'elle doit recevoir et ce qu'elle doit payer à l'égard de l'ensemble des confrères. On ne procède pas à la compensation banque par banque, mais chaque banque dégage un solde global créditeur ou débiteur à l'égard de l'ensemble des autres banques, qui est apuré dans les livres de la Banque Centrale. Cette procédure est désormais automatisée à travers le Système de Compensation Automatisée qui existe dans l'UEMOA (SICA-UEMOA).

Le chèque a un délai de validité et d'encaissement. Le chèque est payable à vue et il doit être présenté au paiement dans un délai court, dit délai de présentation ou délai d'encaissement. Ce délai peut aller de huit (8) jours à soixante-dix (70) jours.

Il ne peut être fait opposition au paiement du chèque par le tireur, qu'en cas de perte ou de vol du chèque, de redressement judiciaire ou de liquidation du tireur.

Il existe malheureusement beaucoup d'incidents sur le chèque, relatifs notamment à l'absence ou l'insuffisance de la provision. La prévention des chèques sans provision est assurée par un certain nombre de mesures qui sont :

- la vérification imposée au banquier, lors de toute ouverture de compte, de l'identité du requérant et de l'interdiction qui lui serait éventuellement faite d'émettre des chèques, afin de repérer les personnes objet de cette interdiction ;
- la possibilité laissée à la banque de refuser de délivrer au titulaire du compte des formules de chèques, si elle a le moindre doute sur l'utilisation qu'en fera son client. Le banquier qui refuse le paiement d'un chèque, pour défaut de provision ou pour provision insuffisante, doit enjoindre au titulaire du compte de restituer à toutes les banques dont il est le client, les formules en sa possession et celles détenues par ses mandataires. La banque doit, en outre, lui signifier de ne plus émettre des chèques autres que ceux pour retraits ou

certifiés. Lorsque l'incident de paiement est le fait du titulaire d'un compte collectif (compte joint), le dispositif d'interdiction bancaire et de régularisation s'applique à l'un des cotitulaires, désigné.

Il est fait obligation à toute banque de déclarer à la Banque Centrale, tout incident de paiement de chèque qu'elle aura eu à constater. Les déclarations ainsi faites, par l'ensemble des banques, vont alimenter le fichier central des chèques impayés qui est tenu à jour, par la Banque Centrale qui, après traitement, communiquera aux banques et au procureur de la République, les renseignements dont ceux-ci ont besoin. Les auteurs d'incidents de paiement sont réprimés par la loi. Le tireur encourt des sanctions pécuniaires et/ou pénales. Quant au tiré, il peut être sanctionné par le paiement d'amendes pécuniaires.

2.4 Les autres opérations de caisse

Outre celles indiquées ci-dessus, les autres opérations de caisse concernent.

2.4.1 Le prélèvement automatique

Par cette procédure, le titulaire d'un compte autorise un créancier à prélever sur son compte, toute somme due à ce dernier. Il faut préciser que, contrairement au cas du virement, l'autorisation est en principe générale et est rarement déterminée quant aux échéances ou au montant.

Le prélèvement automatique est utilisé très fréquemment pour le règlement des factures d'électricité, d'eau, de téléphone, l'échéance d'un crédit et, de façon générale, pour le paiement de dettes à caractère répétitif.

Cette formule a le mérite de la simplicité. Elle présente, toutefois, l'inconvénient de donner lieu à quelques litiges dans le cas de prélèvements abusifs, rares il est vrai, ou erronés, plus fréquents malheureusement. Seuls les créanciers présentant certaines garanties sont autorisés à utiliser cette formule.

Le processus de prélèvement automatique se déroule en plusieurs étapes :

- le débiteur autorise par un formulaire signé, à la fois le créancier, à prélever sur son compte et la banque à honorer les prélèvements ;
- le créancier, quelques jours avant la date d'échéance, adresse au débiteur, un avis indiquant la somme due et la date de prélèvement, sauf dans le cas de prélèvements périodiques et de mêmes montants ;
- le créancier présente des avis de prélèvements automatiques à la banque du débiteur qui paye si elle a la provision.

Ce mode de paiement se prête aux moyens modernes de traitement, notamment informatique.

2.4.2 La mise à disposition et l'envoi de fonds

Lorsque le titulaire d'un compte est en déplacement et qu'il ne peut faire des retraits et n'a pas, non plus, pris le soin d'acheter des chèques de voyage, il peut se faire remettre des fonds ou en faire bénéficier un tiers, en utilisant soit la mise à disposition, soit l'envoi de fonds.

En ce qui concerne la mise à disposition, sur demande du titulaire du compte, la banque adresse des fonds pour un montant donné dans une autre agence ou chez une banque correspondante et le titulaire du compte ou un tiers désigné par lui, peut en bénéficier. Le compte du titulaire est aussitôt débité et l'agence ou la banque correspondante concernée reçoit les éléments permettant le retrait des fonds, lesquels éléments sont :

- l'identité ;
- les conditions de retrait ;
- le spécimen de signature, etc.

Le bénéficiaire peut retirer les fonds en une ou plusieurs fois. En cas de non-utilisation ou d'utilisation partielle des fonds, le solde sera rapatrié, passé le délai de validité, à l'agence qui a effectué l'opération de mise à disposition.

La procédure de l'envoi de fonds est sensiblement la même que celle de la mise à disposition, mais l'opération se fera, dans ce cas, par l'intermédiaire de la poste, un mandat étant émis par la banque en faveur du bénéficiaire de l'envoi, que ce soit le titulaire du compte ou un tiers désigné par lui.

Il convient d'indiquer que l'utilisation de ces moyens de paiement que sont la mise à disposition et l'envoi de fonds est rare de nos jours avec l'utilisation des cartes de crédit.

III. LES INCIDENTS DE FONCTIONNEMENT DU COMPTE

Les incidents de fonctionnement d'un compte sont liés à deux situations majeures dans lesquelles le titulaire du compte peut se retrouver, à savoir :

- dans une situation de saisie-attribution. Celle-ci est une procédure qui permet à un créancier (saisissant) d'appréhender immédiatement tout ou partie des avoirs détenus par un tiers (tiers saisi qui est le débiteur titulaire du compte). Naturellement, elle est sans effet, si le compte est débiteur. La saisie-attribution résulte d'une décision de justice qui constitue un moyen de recouvrement des créances ;
- le titulaire du compte peut aussi être soumis à une procédure d'avis à tiers détenteur (ATD). C'est une procédure qui permet au Trésor public de récupérer des sommes qui lui sont dues au titre d'impôts ou d'amendes impayés. L'avis à tiers détenteur a pour effet de bloquer le compte dans la limite des sommes réclamées et à concurrence des fonds déposés à la banque au jour de la réception de l'ATD. Il est également sans effet, si le compte est débiteur.

3.1 La clôture du compte

Toute banque doit veiller à garder ses meilleurs clients et ne pas conserver des comptes sans intérêt, aussi bien pour elle que pour le client, ou à risques. Mais il n'est pas aisé de sélectionner la clientèle. Avant d'arrêter une stratégie, le banquier doit essayer de rencontrer ses clients pour connaître leurs besoins et leurs motivations. C'est à ce titre qu'il convient d'attacher un intérêt particulier aux comptes sur lesquels de nombreux incidents de fonctionnement sont relevés. Il s'agit des comptes ayant fait l'objet de saisie-attribution ou d'avis à tiers détenteur. Une banque peut être amenée à clôturer le compte d'un client pour trois (3) raisons :

- le client veut quitter la banque ;
- le client est décédé ;
- la banque souhaite interrompre les relations avec le client.

3.1.1 La rupture ou clôture du fait du client

Un client peut souhaiter cesser les relations avec sa banque parce qu'il n'est pas satisfait des services rendus ou pour toute autre raison. S'il le désire, il peut clôturer son compte en prévenant sa banque par écrit ou en le faisant oralement en allant voir son banquier. A cet effet, il s'arrangera pour que la position de son compte soit ramenée à zéro (0), par émission d'un chèque ou par retrait de fonds et enfin en cessant de faire fonctionner son compte, sur lequel figurera un solde créditeur ou débiteur.

Le banquier doit, dans ce cas, prendre une série de mesures, à savoir :

- demander au client la restitution des formules de chèque non utilisées et de la carte, s'il y a lieu ;
- contrôler les engagements du client ;
- s'assurer que tous les chèques émis ont été présentés au paiement ;
- constituer une provision éventuelle pour agios à échoir ;
- éviter la passation de toute écriture postérieure à la clôture du compte ;
- récupérer la clé du coffre-fort dont le client peut être locataire ;
- procéder à la déclaration de la clôture au fichier des comptes bancaires ;
- diffuser une information interne au réseau pour éviter tout retrait postérieur à la clôture ;
- remettre un chèque (par le banquier) pour solde de tout compte ou procéder à un virement chez un confrère, si le compte est créditeur à la clôture ;
- toujours dans le cas d'un solde créditeur du compte, la banque fera un blocage des fonds pendant une durée assez longue portant sur plusieurs années, si on n'a pas l'adresse du client. Passé ce délai, les fonds seront versés à l'Etat. La législation en cours dans l'UMOA, relative aux comptes dormants, prend en compte cette disposition relative au

blocage des fonds appartenant à un client au moment où il souhaite quitter sa banque ;
- si le compte est débiteur à la clôture, la banque passera le solde en pertes et profits ou transmettra le dossier au contentieux pour recouvrement.

Souvent, si le client qui veut clôturer son compte n'informe pas sa banque et laisse donc ce compte sans aucun mouvement, avec un solde ramené à zéro (0), il peut être désagréablement surpris. En effet, la banque étant dans l'ignorance de son intention, continuera à prélever les frais de tenue de compte ainsi que les agios, qui viendront au débit de ce compte qui sera élevé au fur et à mesure que le temps passe, et que le client devra payer.

Ainsi, lorsqu'on veut clôturer son compte, le mieux est d'informer sa banque par écrit, afin d'éviter les mauvaises surprises.

3.1.2 La rupture ou clôture pour décès du client

Lorsque la banque apprend le décès d'un de ses clients, elle doit immédiatement prendre un certain nombre de mesures qui sont les suivantes :

- mise sous surveillance du compte, c'est-à-dire veiller à ce qu'aucune écriture suspecte ne puisse être passée sur le compte ;
- annulation des pouvoirs rendus caducs par le décès du mandant, notamment ceux donnés aux mandataires ;
- demande d'un certificat de décès, dont une copie sera transmise à la compagnie d'assurance en cas de prêt en cours ;
- paiement des chèques émis avant le décès par le titulaire du compte ou son mandataire, si le solde du compte le permet ;
- versement aux héritiers, sous leur responsabilité, si le solde restant est faible. Dans le cas contraire, le banquier communiquera au notaire la liste des avoirs détenus par le client au jour de son décès et ouvrira un compte au nom de la succession, c'est-à-dire lesdits héritiers du défunt. En cas de compte joint, le décès d'un cotitulaire n'entraîne le blocage du compte qu'à la demande des héritiers du défunt.

3.1.3 La rupture ou clôture du fait de la banque

La banque peut souhaiter se séparer d'un client, pour de multiples raisons, qui peuvent être de trop nombreux incidents de paiement, des risques particuliers ou tout simplement que le compte est jugé non rentable, etc.

La banque doit informer son client de sa décision par courrier recommandé, avec accusé de réception et lui laisser un certain délai pour s'organiser, notamment pour ouvrir un compte chez un confrère.

Le banquier doit prendre, à peu près, les mêmes mesures que lorsque la clôture est effectuée à la demande du client. Si le compte est débiteur, il doit adresser une mise en demeure de régulariser le solde, c'est-à-dire de payer ce qu'il doit à la banque, car un solde débiteur est une dette du client envers la banque.

En cas d'opérations frauduleuses, la banque doit procéder à la rupture immédiate du compte, afin d'éviter d'engager sa responsabilité civile, voire pénale.

CHAPITRE II :

LA BANQUE ET LES ENTREPRISES

I. GENERALITES SUR LES ENTREPRISES

On peut définir une entreprise comme une unité économique qui produit des biens et des services, en vue de les vendre afin de couvrir ses charges et de dégager un profit.

La notion d'entreprise recouvre des unités de tailles différentes. Par exemple, on peut citer le boutiquier du quartier (petite), le supermarché Marina-Market (moyenne), la société SOFITEX (grande), qui sont tous des entreprises.

La classification des entreprises peut être faite aussi bien sur le plan économique que sur celui juridique.

Sur le plan économique

Les entreprises industrielles qui produisent les biens qu'elles vendent. Elles transforment la matière première tel que le minerai de fer en acier, puis en voitures et machines de toutes sortes, le clinker en ciment, le coton graine en coton fibre puis en tissus, les céréales en farine, en bière, etc.

Les entreprises commerciales qui vendent des biens qu'elles n'ont pas produits. Leur seul rôle est celui d'intermédiaire entre le producteur et le consommateur. On peut citer par exemple la CFAO qui vend des voitures et des motocyclettes, Marina-Market qui vend des produits d'alimentation et autres. Les compagnies aériennes telles que Air France, Air Burkina, etc., vendent des transports par avion, de même que SITARAIL, TCV, STAF, TSR qui opèrent également dans le secteur du transport par train et par la route, etc.

Les entreprises de services qui vendent non plus des biens matériels, mais des biens immatériels appelés couramment services. On peut citer comme exemple l'ISIG (Institut Supérieur de l'Informatique et de Gestion) qui vend le savoir ou la connaissance aux étudiants, l'ONATEL, TELECEL, TELMOB, AIRTEL, etc., qui vendent des communications au public, le RAN-HOTEL qui vend des nuitées de chambres à des voyageurs, les banques qui vendent de nombreux services à leurs clients, les centres de loisirs qui vendent des spectacles divers à leurs clientèles, etc.

Cette classification dite économique des entreprises indique ainsi l'objet de leur création qui est la production et la commercialisation d'un bien, qu'il soit matériel ou immatériel.

Sur le plan juridique

Les entreprises peuvent être créées sous la forme individuelle. Dans ce cas, le capital est détenu par une seule personne. Il n'y a qu'un seul propriétaire de l'entreprise comme par exemple l'artisan fabricant d'objets d'art, le menuisier, le plombier, le garagiste, le boutiquier, le boulanger, l'ISIG jusqu'à une date récente, etc.

Les entreprises sociétaires sont celles dont le capital est détenu par au moins deux ou plusieurs personnes appelées associés ou actionnaires, qui sont ainsi copropriétaires de l'entreprise. Cette forme d'entreprise est la plus répandue de nos jours.

1.1 Les principaux types d'entreprises sociétaires

1.1.1 Les sociétés

On peut définir la société comme un groupement de personnes qui mettent un certain nombre de moyens, notamment financiers, en commun, dans le but d'en retirer un profit.

Les associés au sein de cette société constituent un capital par leurs apports respectifs. Certains apportent des fonds et on parle d'apports en numéraire. D'autres apportent des biens qui peuvent être un immeuble, une machine, etc., et on parle, dans ce cas, d'apports en nature. Ainsi, les apports en numéraire, c'est-à-dire en argent et les apports en nature qui sont évalués également en argent, constituent ensemble, ce qu'on appelle le capital de l'entreprise.

Constitution

Pour qu'une société existe, il faut qu'elle soit régulièrement constituée. Pour cela, les associés vont tout d'abord définir l'objet, l'identité et les règles de fonctionnement de cette société, dans un acte qui est le statut, décrit plus loin. L'objet de la société est souvent défini par son nom social ou sa dénomination sociale qui est, en fait, un élément d'identification de ladite société.

Identité de la société

Une société est identifiée par :

- son nom, c'est-à-dire sa raison sociale ou sa dénomination sociale ou encore son nom commercial ;
- sa nationalité qui peut être nationale ou étrangère ;
- son domicile qui est le lieu de son siège social, c'est-à-dire l'adresse complète du lieu où est implantée la société.

Règles de fonctionnement

Les règles de fonctionnement vont définir :

-l'activité, c'est-à-dire l'objet social de la société comme par exemple le commerce de détail exercé par un boutiquier, la fabrication de produits alimentaires tels que l'huile par la CITEC, la fabrication de fibres de coton par la SOFITEX, la fabrication de sucre par la SOSUCO, etc. ;
-la forme de la société qui peut être une société anonyme, une société à responsabilité limitée (SARL), etc. ;
-la constitution et la répartition du capital, c'est-à-dire la valeur et la nature des apports des associés et la part de chacun des associés qui en découle ;
-la désignation des dirigeants de la société et leurs pouvoirs. Ainsi on désignera les membres du Conseil d'Administration, le Directeur Général, etc.

Répartition des bénéfices

Chaque associé aura-t-il une part des bénéfices en proportion de son apport en capital ou au contraire aura-t-on prévu une répartition différente ? Généralement, tous les associés participent proportionnellement à leur apport aux bénéfices réalisés par la société.

Publicité autour de la société

La société doit faire l'objet d'une inscription au registre du commerce et du crédit mobilier et sa création sera publiée dans des journaux d'annonces légales pour que les tiers aient connaissance de son existence.

Le registre du commerce et du crédit mobilier, institué par l'acte uniforme de l'OHADA relatif au droit commercial général, est tenu par le greffe de la juridiction compétente afin que quiconque le désire puisse recueillir des renseignements sur n'importe quelle société. Toute personne intéressée peut demander ce que l'on appelle un extrait du registre du commerce.

Principaux types de sociétés

Toutes les sociétés n'ont pas la même forme ni la même taille, car les moyens mis en œuvre sont différents selon les besoins de l'activité, comme par exemple un pressing n'a pas besoin d'équipements aussi importants qu'une société industrielle de fabrication d'huile, de savon, de sucre, de motos ou de voitures, etc.

Par ailleurs et surtout, les associés ne souhaitent pas, forcément, s'engager de la même manière s'ils sont peu nombreux et se connaissent, ou au contraire s'ils sont très nombreux et anonymes, c'est-à-dire ne se connaissent pas. Ainsi, compte tenu de tous ces éléments, on a l'habitude de classer les sociétés en trois catégories qui sont :

Les sociétés de personnes

Les sociétés de personnes comprennent :

-Les sociétés de capitaux. Dans ce type de sociétés, les associés sont généralement très nombreux et responsables seulement à concurrence de leur apport, des engagements de la société. Ce sont généralement les sociétés anonymes.

-Les sociétés de type mixte. Dans ce type de société, on rencontre la société à responsabilité limitée. Elle se trouve à mi-chemin entre les sociétés de personnes et les sociétés de capitaux. Dans la société à responsabilité limitée (SARL), les associés sont peu nombreux et leur responsabilité est limitée à leur apport.

La société en nom collectif (SNC)

Il s'agit d'une société dans laquelle, les associés sont peu nombreux et se connaissent entre eux. La société repose sur la confiance réciproque des associés. Ils s'associent parce qu'ils se connaissent bien. Aucun d'eux ne peut céder sa place dans la société sans l'accord des autres.

Le capital est réparti en parts sociales ou parts d'intérêts et il n'y a pas de capital minimum. La société est administrée par un ou plusieurs gérants, choisis parmi les associés ou en dehors d'eux.

Dans la SNC, les associés sont responsables solidairement et indéfiniment des dettes de la société.

Solidairement veut dire que chacun des associés doit payer, non pas seulement une partie de la dette, mais peut être amené à payer le tout.

Indéfiniment veut dire que chacun est engagé jusqu'à épuisement des dettes de la société.

Cela signifie qu'un créancier de la société peut demander à n'importe quel associé le paiement des dettes de la société, et ceci quel qu'en soit le montant. En général, le créancier demandera à chacun de payer le tout, de façon à préserver au mieux ses droits.

Les créanciers ont donc pour garantie supplémentaire, sur le capital, le patrimoine personnel des associés.

La société anonyme (SA)

Il s'agit d'un type de société dans laquelle les associés sont en général très nombreux. En effet, ce qui compte dans une société anonyme, c'est non pas la personnalité de chacun des actionnaires, mais leur nombre et, de ce fait, la masse des capitaux qu'ils apportent. Les apports de chacun sont reconnus à l'aide d'un titre de propriété qu'on appelle action.

Le capital est d'un montant minimum, fixé selon que la société fait appel à l'épargne publique ou pas. Ce capital doit être réparti entre au moins sept (7) et des milliers d'associés que l'on appelle les actionnaires. Les actions peuvent être anonymes ou nominatives, sauf dans les sociétés non cotées où elles ne peuvent être que nominatives.

La société anonyme est gérée par des mandataires élus en leur sein par les actionnaires réunis en assemblée générale. Deux formules de direction sont possibles, mais le choix entre l'une ou l'autre des formules doit être indiqué dans le statut.

La formule de Conseil d'Administration et de Président-Directeur Général ou Directeur Général. Dans cette première formule, les actionnaires réunis en Assemblée Générale désignent parmi eux, les membres du Conseil d'Administration (3 à 12 membres) appelés Administrateurs. Ceux-ci choisissent parmi eux, un Président qui peut jouer également le rôle de Directeur. Ce dernier est alors appelé Président-Directeur Général (PDG).

Les décisions de gestion sont prises par le Conseil d'Administration, mais la gestion courante est assurée par le Président-Directeur Général ou un Directeur Général qui, lui, n'est pas un administrateur. Il est, en général, un simple employé de la société, ayant un haut niveau de compétence dans le domaine de l'activité menée. Ainsi, tous ceux qui participent à la gestion au plus haut niveau, sont essentiellement des actionnaires à travers le Conseil d'Administration.

La formule de Directoire et de Conseil de Surveillance. Dans cette deuxième formule, les actionnaires désignent parmi eux, les membres du Conseil de Surveillance (3 à 12 membres) qui désignent, à leur tour, les membres du Directoire (1 à 5, ou jusqu'à 7, si la société est cotée). Ces derniers ne sont pas obligatoirement choisis parmi les actionnaires. Il s'agit, très souvent, de salariés de haut niveau.

La gestion est assurée par le Directoire, qui voit son action contrôlée par le Conseil de Surveillance.

La société à responsabilité limitée (SARL)

La Société à responsabilité limitée est donc une société à mi-chemin entre la société de personnes et la société de capitaux. On dit que c'est une société de type mixte.

De la société de personnes, elle hérite les parts sociales qui représentent les apports et qui ne peuvent faire l'objet de cession, sans l'accord des autres associés et le nombre des associés qui est limité.

De la société de capitaux, elle hérite le fait que les associés ne sont responsables qu'à concurrence de leurs apports.

Il y a un capital minimum qui est fixé et la SARL est administrée par un ou plusieurs gérants qui ne sont pas obligatoirement des associés. Les associés doivent se réunir une fois l'an, en assemblée.

La société à responsabilité limitée peut aussi être créée par un associé unique. Ainsi, par un acte unilatéral de volonté, l'associé unique affecte à son entreprise certains de ses biens pour en retirer des résultats. Il y a donc deux patrimoines, à savoir le patrimoine personnel du créateur et son patrimoine social. La société créée sous cette forme s'appelle « Entreprise Unipersonnelle à Responsabilité Limitée » (EURL). L'EURL peut être constituée pour l'exploitation d'une entreprise industrielle, commerciale ou artisanale.

1.1.2 Les associations

Les associations sont à but non lucratif et sont régies par une loi. En effet, une association poursuit normalement un objectif en dehors de toute idée de bénéfice. Cela signifie que si l'association fait des bénéfices, elle ne peut pas les distribuer à ses membres. Elle doit les utiliser conformément à son objet ou en faire profiter une autre association d'objet similaire.

On peut distinguer :

- les associations non déclarées ;
- les associations simplement déclarées ;
- les associations reconnues d'utilité publique.

1.1.3 Les professions libérales

S'il n'existe pas de définition juridique à proprement parler, on peut cependant donner les principaux éléments qui caractérisent les professions libérales :

- l'activité intellectuelle joue le principal rôle ;
- l'activité nécessite une formation spécifique ;
- l'activité y est exercée à titre personnel et en toute indépendance ;
- les recettes constituent, dans une large mesure, la rémunération d'un travail personnel ;
- la clientèle est souvent constituée intuitu personae ;
- les profits dégagés sont imposés dans la catégorie fiscale des bénéfices non commerciaux (recettes moins dépenses réelles) ;
- l'exercice de la profession est souvent soumis à certaines règles déontologiques et à une législation spéciale et, le plus souvent, à la possession d'un diplôme sanctionnant une formation souvent longue ;
- certaines professions libérales sont organisées en ordre, avec des prérogatives de puissance publique, dont les principales concernent l'accès à la profession et le contrôle disciplinaire ;
- le professionnel libéral exerce son métier en toute indépendance, avec les conséquences que cela peut entraîner sur le plan de la responsabilité, notamment pécuniaire ;
- les professions libérales réglementées peuvent exercer leur activité en se regroupant sous forme de sociétés commerciales spécifiques ;
- enfin, l'importance des capitaux investis dans l'exploitation, de la main-d'œuvre employée et les moyens matériels utilisés, peut conduire à assimiler à des activités commerciales, des activités qui pourraient présenter intrinsèquement un caractère libéral.

Les principaux types d'activités exercées sous la forme libérale

On distingue trois catégories de métiers :

- Les activités organisées en ordres : architectes, avocats, experts comptables, médecins, chirurgiens-dentistes, etc. ;
- Les activités assimilées à des professions libérales : officiers publics et ministériels (avocats au Conseil d'Etat et de la Cour de Cassation, Commissaires-priseurs, Greffiers du Tribunal de Commerce, Huissiers de justice, Notaires et Avoués près des Cours d'Appel). Les officiers publics et ministériels bénéficient d'un monopole qui résulte du nombre limité des officiers et du droit de présenter leurs successeurs. Leurs honoraires sont parfois fixés librement avec leurs clients, parfois par décret ;
- Un grand nombre d'autres activités sont considérées comme libérales, en considération des prestations offertes par leurs membres : Conseils auprès des entreprises ou des particuliers réalisant des prestations spécifiquement intellectuelles.

II. LE COMPTE COURANT

Comme elle le fait pour les particuliers, la banque est tenue d'offrir aux entreprises un service de caisse, c'est-à-dire un certain nombre de facilités pour la manipulation de leurs fonds. Pour ce faire, la banque ouvre spécifiquement à l'entreprise ce qu'on appelle le compte courant comme cela a été dit précédemment. C'est à travers le compte courant donc que s'effectue l'essentiel des opérations entre la banque et l'entreprise.

Les relations entre les banques et les entreprises sont relativement complexes. Après les particularismes du compte courant, il y a la situation en cas de procédures collectives et enfin la clôture du compte courant.

2.1 Particularismes du compte courant

2.1.1 Ouverture du compte courant

Pour ouvrir un compte courant, une entreprise doit fournir des renseignements beaucoup plus nombreux qu'un simple particulier voulant ouvrir un compte ordinaire. En effet, les modalités de sa constitution et de son fonctionnement sont beaucoup plus complexes et le compte d'une entreprise sera souvent le support d'opérations enchevêtrées, notamment de crédit, d'où un risque juridique spécifique pour le banquier. On utilisera le mot « compte » tout court pour désigner le compte courant dans la suite des développements.

En ce qui concerne les sociétés, la demande d'ouverture d'un compte est formulée par le représentant qualifié de la société, muni des pouvoirs nécessaires pour faire fonctionner le compte. Les pouvoirs de ce représentant sont déterminés par le statut de la société. L'étude de la demande d'ouverture et des documents remis est effectuée par un service spécialisé de la banque. Elle ne constitue pas un vain formalisme, mais résulte du souci d'éviter les litiges éventuels et la mise en jeu d'une quelconque responsabilité de la banque.

Pour procéder à l'ouverture du compte courant à une entreprise par la banque, un certain nombre de documents sont nécessaires, à savoir :

- Le numéro d'identification, sous forme codifiée, pour toute entreprise ;
- L'état civil pour une affaire personnelle ou le statut pour une société ;
- L'extrait d'inscription au registre du commerce et du crédit mobilier, pour les commerçants ;
- L'extrait de journaux d'annonces légales pour les sociétés et associations ;
- La décision désignant les représentants habilités par les associés pour l'ouverture du compte ;
- Le carton de signatures où figurent celles des dirigeants et de ceux qui ont pouvoir de faire fonctionner le compte ;
- Les procurations éventuelles.

2.1.2 Caractéristiques du compte courant

La nature de ce compte, qui est ouvert aux entreprises, est différente de celle du compte de dépôt de fonds, appelé couramment compte chèque, ouvert aux particuliers.

Il n'y a pas de définition classique et précise du compte courant. Aussi, on ne peut le caractériser que par sa nature juridique qui comprend quatre éléments essentiels, à savoir :

- l'intention des parties ;
- l'existence des remises ;

- la réciprocité des remises ;
- le croisement ou l'enchevêtrement des remises.

L'intention des parties

Le compte courant est un contrat civil ou commercial suivant les opérations qu'il relate. C'est un contrat consensuel, car il ne peut être ouvert qu'avec la volonté des parties, volonté exprimée ou non et qui peut simplement résulter des faits.

L'existence des remises

Par remise, il faut comprendre une créance du remettant contre celui qui reçoit et qui devient, dans le compte, un article de débit ou de crédit. Cette créance peut consister en argent, en marchandises ou en effets de commerce.

La réciprocité des remises

Il faut que les deux parties, en l'occurrence le client et son banquier, se fassent réciproquement des remises, c'est-à-dire que celles-ci figurent alternativement au débit et au crédit de chacun d'eux, afin qu'ils soient tour à tour créancier et débiteur l'un de l'autre.

Le croisement ou l'enchevêtrement des remises

La réciprocité des remises ne suffit pas. Il faut encore que sa cadence prouve la répétition fréquente d'un mouvement de créance à dette et vice versa, entre les parties.

Pour un compte chèque ou compte ordinaire, toujours créditeur, le fait de verser des sommes d'argent en compte et de les prélever, ne fait pas de ce compte un compte courant.

Il en est de même dans l'avance de fonds pure et simple. Dans le cas d'avance de fonds, le compte est toujours débiteur, et le débiteur ou client rembourse en une ou plusieurs fois l'unique avance qui lui a été consentie par la banque.

2.2 Effets du compte courant

Le compte courant est caractérisé par ses effets qui sont au nombre de trois, à savoir :

- la novation ;
- l'indivisibilité ;
- le cours de plein droit des intérêts.

La novation

Toute créance portée en compte subit une sorte de novation, c'est-à-dire qu'il y a remplacement d'une obligation par une autre, du fait qu'elle perd son individualité pour devenir un simple article de compte. Elle perd ainsi les sûretés et garanties dont elle était assortie. Par exemple, il en est ainsi des effets escomptés revenus impayés et automatiquement débités en compte.

L'indivisibilité

Bien que tous les articles du compte restent indépendants les uns des autres, ils constituent, cependant, un bloc dont on ne peut en extraire aucun. Seul le solde qui les absorbe, établi à l'arrêté du compte, fixera la qualité de créancier ou de débiteur, pour chacune des parties.

Des sûretés particulières peuvent être affectées à ce solde, qui doit être établi en une monnaie unique, même si des monnaies différentes sont intervenues dans la tenue du compte.

Le cours de plein droit des intérêts

Chaque somme inscrite en compte courant porte intérêt du jour où elle entre en valeur jusqu'à l'arrêté du compte. Ces intérêts peuvent être réciproques, c'est-à-dire calculés au même taux au débit et au crédit, ou différentiels, c'est-à-dire calculés à des taux différents selon que le solde est débiteur ou créditeur. Cependant, depuis un certain temps, les banques ne rémunèrent plus les dépôts à vue, même si ceux-ci sont logés en compte courant.

2.3 Les avantages du compte courant

Les comptes courants reçoivent les mêmes opérations que les comptes de dépôts, c'est-à-dire les comptes ouverts aux particuliers. De plus, ils offrent à leurs titulaires la possibilité d'opérations de crédit telles que les remises d'effets à l'escompte, les facilités de caisse, les avances de fonds, etc., suivant conventions intervenues entre le titulaire et le banquier.

2.4 Les opérations de caisse spécifiques au compte courant

En plus des services habituellement rendus aux particuliers, à savoir les versements, les retraits d'espèces, les paiements et encaissements de chèques, les virements, etc., la banque rend aux entreprises des services spécifiques.

2.4.1 Encaissement des effets

Comme pour les chèques, la banque peut se charger d'encaisser les effets que lui aura remis l'entreprise. Lors de la remise, l'entreprise endosse l'effet au moyen d'un endos de procuration ou encore endos d'encaissement.

Le banquier peut se charger aussi bien d'encaisser les effets domiciliés dans une banque et ceci par l'intermédiaire de la compensation, que des effets non domiciliés et dans ce dernier cas, la présentation au paiement se fera par l'intermédiaire de la poste.

2.4.2 Domiciliation des effets

Pour faciliter l'encaissement des fonds par le porteur d'un effet, la plupart du temps celui-ci est domicilié, c'est-à-dire qu'il est payable par l'intermédiaire d'un tiers qui est généralement une banque ou un centre de chèques postaux.

Lorsque l'entreprise domicilie ses effets, elle charge son banquier de les payer. Pour que le banquier puisse payer, il lui faut un mandat de son client que l'on appelle un avis de domiciliation, l'autorisant à payer par le débit du compte de l'entreprise.

Cet avis de domiciliation doit parvenir à la banque avant l'échéance et être revêtu d'une signature du tiré, habilité à faire fonctionner le compte. Pour faciliter les choses, il arrive couramment que le débiteur remette à son banquier un avis de domiciliation permanent pour tous les effets présentés dans la mesure où il les a souscrits ou acceptés.

Toutefois, avec le traitement automatisé des effets codifiés, les clients tirés reçoivent quelques jours avant l'échéance une demande d'accord préalable sous forme d'un relevé dans les cas du système de lettre de change relevée (LCR) et de billet à ordre relevé (BOR).

III. LES RELATIONS BANQUE/ENTREPRISE DANS LE CADRE DES PROCEDURES COLLECTIVES

3.1 Les procédures collectives

On peut distinguer le règlement amiable, qui est une procédure de prévention et la cessation des paiements qui conduit au redressement, à la liquidation ou à la cession de l'entreprise. Dans les pays de l'UMOA, les problèmes relatifs aux procédures collectives d'apurement du passif et aux procédures simplifiées de recouvrement et des voies d'exécution sont évoqués dans l'acte uniforme de l'OHADA.

3.1.1 Le règlement amiable ou préventif

Le règlement amiable est une procédure simple et discrète, instaurée dans le but d'assurer le redressement des entreprises en difficulté, en dehors de toute procédure judiciaire collective.

Il est conçu comme une réorganisation contractuelle des rapports financiers de l'entreprise, conduite par les soins d'un conciliateur.

Il est prévu pour toutes les entreprises dont la situation fait apparaître des besoins de financement inadaptés à leurs possibilités. Ces entreprises ne doivent pas être en état de cessation de paiements.

La procédure permet ainsi la conclusion éventuelle d'un accord entre le débiteur et les créanciers signataires. Dès signature de l'accord, les créanciers ne peuvent plus agir seuls pour obtenir le paiement de leur part. Ils ne peuvent plus prendre de garanties pour conforter leurs créances et toute action en justice est suspendue.

En cas d'inexécution par le débiteur du règlement amiable, une procédure de redressement judiciaire peut alors être ouverte. Dans ce cas, le tribunal prononce la dissolution de l'accord et les créanciers retrouvent l'intégralité de leurs droits.

3.1.2 La cessation de paiements

Ouverture de la procédure

Lorsqu'une entreprise est déclarée en état de cessation de paiements, le jugement d'ouverture désigne un administrateur et fixe une période d'observation qui conduira soit au redressement, soit à la liquidation de l'entreprise, soit à la cession de celle-ci.

Pendant la période d'observation, l'activité est poursuivie. Toutefois, le tribunal peut ordonner la cessation partielle ou totale de l'activité ou la liquidation. La défense des intérêts des créanciers est confiée à un représentant de ceux-ci, désigné par le tribunal.

Les créanciers ne peuvent plus maintenir leurs poursuites individuelles et il y a arrêt du cours des intérêts, absence de l'échéance du terme et interdiction de prise de garanties réelles.

Dénouement de la procédure

La phase d'observation est close par un jugement prononçant :

- soit la liquidation de l'entreprise ;
- soit l'admission de cette dernière à un plan de redressement qui entraîne la prise de mesures d'apurement du passif, avec continuation de l'activité ;
- soit la cession.

La Procédure simplifiée

Elle concerne, le plus souvent les entreprises de taille modeste (petites et moyennes entreprises) de par le nombre d'employés et de par leurs chiffres d'affaires.

La procédure commence par une période d'enquête. Si le tribunal estime, à la suite de cette enquête, qu'un plan de redressement est possible, il s'ouvre alors une période d'observation.

À la suite de cette période d'observation, le tribunal prononcera soit un plan de redressement, soit une cession, soit la liquidation de l'entreprise.

3.2 Crédits accordés à l'entreprise avant l'ouverture de la procédure

Rupture pendant la phase d'observation

Le jugement d'ouverture d'une procédure collective ne met pas automatiquement fin aux concours bancaires antérieurement octroyés, mais les crédits ne sont pas eux aussi nécessairement maintenus.

La banque met en demeure l'administrateur ou le débiteur autorisé par le juge commissaire de se prononcer pour le maintien ou non des concours.

Les concours doivent continuer aux mêmes conditions, tant pour les intérêts et les frais que pour les garanties.

Toutefois, il faut noter que le banquier peut mettre fin à ses relations dans les conditions de droit commun (par exemple la rupture immédiate en cas de comportement gravement répréhensible ou de situation irrémédiablement compromise, ou avec préavis, sans avoir à se justifier).

Rupture après la phase d'observation

En pratique, on distingue trois situations qui sont les suivantes :

- Un plan de redressement a été arrêté. Le banquier y a été associé et a procédé à la mise en place de nouveaux crédits ;
- La liquidation judiciaire a été prononcée. Le banquier peut alors rompre immédiatement ses concours, puisque la situation est irrémédiablement compromise ;
- Un plan de cession a été adopté. Dans ce cas, le caractère intuitu personae de crédit ne doit pas permettre la cession forcée du contrat au repreneur, sauf en ce qui concerne les contrats de crédit-bail.

3.3 Crédits accordés après l'ouverture de la procédure

Crédits accordés en vertu d'un règlement amiable

La rupture éventuelle du crédit est, dans ce cas, soumise au droit commun des obligations et les deux parties sont engagées dans le cadre du droit commun.

Crédits accordés pendant la période d'observation

Le banquier est libre d'accorder ou de refuser les nouveaux crédits sollicités par l'administrateur, pendant la période d'observation. Il peut mettre fin à ces crédits dans les conditions de droit commun.

Crédits accordés après la période d'observation

Dans le cadre d'un plan de redressement, le banquier peut s'être engagé à consentir des concours et il doit respecter les règles de droit commun.

En cas de non-résolution du plan, cette dernière ne pouvant conduire qu'à la liquidation judiciaire ou la cession de l'entreprise, le banquier est libéré de ses engagements.

3.4 La clôture du compte courant

Un banquier peut être amené à clôturer le compte d'une entreprise pour deux raisons :

- l'entreprise veut quitter la banque ;
- la banque souhaite interrompre les relations avec cette entreprise.

3.4.1 La rupture du fait du client

Un client entreprise peut souhaiter cesser les relations avec sa banque pour deux raisons principales qui sont qu'il n'est pas satisfait des services rendus ou qu'il a trouvé mieux ailleurs, tout comme dans le cas de rupture demandée par un client particulier évoqué ci-dessus.

Le client qui est ici l'entreprise, peut clôturer son compte de plusieurs manières, à savoir :

- en prévenant son banquier par écrit ou oralement ;
- en s'arrangeant pour que la position de son compte soit ramenée à zéro (0) par émission d'un chèque ou par retrait de fonds ;
- en cessant de faire fonctionner son compte sur lequel figurera un solde créditeur ou débiteur.

Si le client désire quitter la banque, celle-ci doit prendre une série de mesures, qui sont :

- demander la restitution des chèques non utilisés et de la carte bancaire ;
- contrôler les engagements du client, c'est-à-dire s'assurer s'il est encore débiteur à l'égard de la banque ;
- s'assurer que tous les chèques émis ont été présentés au paiement ;
- percevoir une provision éventuelle pour agios ;
- éviter la passation de toute écriture postérieure à la clôture ;
- récupérer la clef du compartiment de coffre dont le client peut être locataire ;
- procéder à la déclaration de clôture au fichier des comptes bancaires auprès de la Banque Centrale ;
- information au guichet pour éviter tout retrait postérieur à la clôture.

Si le compte est créditeur à la clôture, il est envoyé au client un chèque pour solde de tout compte ou virement chez un confrère. Il est effectué un blocage des fonds pendant un certain temps, si le client est parti sans laisser d'adresse. Passé ce délai, les fonds sont versés à l'État.

Si le compte est débiteur à la clôture, le solde sera passé en pertes et profits ou transmis au contentieux pour recouvrement.

3.4.2 La rupture du fait de la banque

Le banquier peut souhaiter se séparer d'un client entreprise, pour de multiples raisons, dont notamment les suivantes :

- incidents de paiement ;
- risques particuliers ;
- compte jugé non rentable.

Le banquier doit informer son client de sa décision de clôturer son compte par courrier recommandé, avec accusé de réception et lui laisser un certain délai pour s'organiser, notamment pour ouvrir un compte chez un confrère.

Ainsi, sauf comportement gravement répréhensible de la part du client (actes délictueux, engagements non tenus, etc.), ou de situation irrémédiablement compromise (le banquier perd tout espoir de recouvrement de sa créance), le banquier doit accorder un préavis qui doit permettre au client de trouver une nouvelle banque. La pratique a fixé ce préavis à soixante (60) jours, en cas de découvert et à trente (30) jours, en cas de crédit de mobilisation.

IV. LE FINANCEMENT DE L'ACTIVITE

Pour faire face à la concurrence, les entreprises se doivent d'accorder des délais de paiement à leurs clients. Elles doivent parfois subir des retards dans les règlements ou pour assurer leurs approvisionnements en matières premières.

D'une façon générale, une entreprise peut avoir à faire face à des difficultés de trésorerie, soit en raison de la longueur du processus de fabrication, soit en raison de la lenteur des règlements des ventes.

Pour résoudre ses problèmes de trésorerie, l'entreprise va se retourner vers son banquier qui pourra lui proposer des crédits à court terme. Ces crédits sont consentis aux entreprises pour remédier à des insuffisances temporaires de capitaux. Leur durée est inférieure à deux (2) ans et correspond à la nature du besoin à financer (financement des approvisionnements, du stockage, de la fabrication ou de la commercialisation).

Le remboursement des différents crédits est assuré par la vente de la production de l'entreprise, c'est-à-dire par son exploitation courante.

Les financements, couramment effectués par le système bancaire de la zone UMOA, sont les suivants.

4.1 La mobilisation des crédits par caisse

Lorsque le banquier accorde un crédit par caisse à une entreprise, il peut se trouver à son tour gêné dans sa trésorerie. Il devra pour cela se ménager la possibilité de se refinancer, c'est-à-dire d'emprunter à son tour, afin de pouvoir faire face aux exigences des déposants.

Pour assurer cette possibilité, le banquier accordera des crédits mobilisables, c'est-à-dire des crédits matérialisés par des effets de commerce qui sont notamment des billets à ordre qui permettront le refinancement.

En pratique, la banque fait souscrire à son client, un ou plusieurs billets du montant du crédit accordé. Ce billet sera escompté par crédit en compte de la somme portée sur le billet, diminuée des agios.

Le billet ainsi escompté par la banque pourra être mobilisé auprès de la Banque Centrale. Ce refinancement sera fait en respectant toutes les conditions posées par l'Institut d'émission, dont il a été question plus haut.

4.1.1 Méthodes de calcul des intérêts débiteurs

Tous les crédits par caisse donnent lieu à la perception d'agios par la banque. Ces agios comprennent l'intérêt proprement dit et les commissions de découvert, ainsi que tout autre frais.

L'intérêt proprement dit

L'intérêt est calculé sur les capitaux prélevés pendant les périodes d'utilisation, aux taux appliqués à l'entreprise par la banque. Ils varient en fonction de l'importance du montant, des garanties proposées et recueillies, des risques encourus et de la solvabilité de l'entreprise.

En général, les banques utilisent une grille de taux fixés en fonction du chiffre d'affaires des entreprises qui sont classées par catégories. Il faut cependant signaler que cette classification n'est souvent qu'indicative et qu'une entreprise peut obtenir les conditions appliquées à une autre entreprise de catégorie supérieure ou se voir appliquer des taux plus élevés.

Il faut noter que le taux de base bancaire reste le taux de référence pour les crédits accordés à toute catégorie de clientèle.

Commissions de découvert

La commission du plus fort découvert

Cette commission qui s'applique aux pointes maximales des avances bancaires est calculée sur le montant du plus fort découvert en valeur, enregistré chaque mois. Le taux mensuel est le plus souvent de 0,05 %, c'est-à-dire que si le plus fort découvert du mois est de 10 000 francs CFA par exemple, la commission perçue sera de 5 francs CFA.

La commission du plus fort découvert grève quelquefois fortement le coût du découvert.

Elle peut atteindre suivant le cas :

- au minimum 0,60 % l'an (0,05 % x 12 mois), dans le cas d'un découvert constant tout au long de l'année ;
- au maximum une majoration de 50 % du taux des intérêts débiteurs ou taux débiteur, dans le cas d'une limitation à la moitié des intérêts débiteurs du trimestre, c'est-à-dire qu'un taux d'intérêt de 12 % ne pourra pas être majoré d'une commission supérieure à celle portant le taux d'intérêt au-delà du taux de l'usure, soit 15 %.

Malgré la rigidité de cette commission, il existe des possibilités de négociation pour certaines entreprises :

- limitation de la commission au tiers (1/3) ou au quart (1/4) du montant des intérêts débiteurs du trimestre ;
- remplacement de la commission par une majoration du taux des intérêts débiteurs ;

- annulation pure et simple de la commission, mais il s'agit de cas très rares.

La commission du plus fort découvert n'est pas soumise à la TVA.

La commission du plus fort découvert a souvent pour effet de pénaliser les entreprises qui gèrent leur trésorerie d'une manière très serrée. Une seule pointe débitrice accidentelle, dans le trimestre, viendra majorer fortement le taux de découvert. Au contraire, une entreprise à découvert chronique et élevé (grosse consommatrice de découverts) absorbera plus facilement le montant de la commission dans la masse de ses agios.

La commission de mouvement

Cette commission, appelée aussi commission de compte, a pour but de rémunérer la banque pour les services rendus. Elle est calculée sur tous les mouvements débiteurs réels enregistrés sur un compte au cours d'un trimestre.

Le taux appliqué est le plus souvent de 0,025 %.

Sont, en principe, exclus et en conséquence exonérés de la commission de mouvement :

- le solde à nouveau débiteur ;
- les virements de compte à compte dans une même banque ;
- les agios trimestriels et les agios d'escompte ;
- les remboursements d'emprunts ;
- les renouvellements de billets financiers représentant les crédits accordés à l'entreprise afin de les rendre mobilisables.

Les mouvements non pris en compte sont, suivant les banques, signalés par un astérisque sur l'échelle d'intérêts ou figurent dans une colonne à part. La commission de mouvement est taxable à la TVA.

L'entreprise qui dispose de soldes créditeurs intéressants peut demander à son banquier de compenser la commission de compte ou commission de mouvement, avec les intérêts créditeurs, calculés à raison de 1 % ou 2 % l'an. Les possibilités de négociation sont les suivantes :

- obtention au coup par coup de l'exonération de certains mouvements débiteurs ;

- compensation avec les intérêts créditeurs calculés au taux de 1 % ou 2 % l'an ;
- réduction du tiers ou de la moitié de la commission ;
- remplacement par une commission forfaitaire annuelle ;
- suppression pure et simple de la commission de mouvement ou encore commission de compte, chose qui est très rare.

Les autres commissions

Elles sont variables suivant les banques et les entreprises. On peut ainsi rencontrer :

- la commission fixe par trimestre ou la commission fixe par mouvement plafonnée par trimestre, intitulée souvent « frais », qui fait, en fait, double emploi avec la commission de compte ;
- la commission de dépassement d'autorisation de découvert, comme par exemple la commission de 0,25 % sur les dépassements mensuels ;
- les commissions diverses de dissuasion, comme par exemple la commission d'immobilisation calculée au taux de 2 % l'an, lorsqu'aucune position créditrice n'est apparue sur le compte au cours du trimestre ;
- la commission de tenue de compte, etc.

Naturellement toutes ces commissions sont négociables.

Les taux annoncés et les taux réels

Il y a un écart entre les taux d'intérêt débiteurs annoncés par une banque et les taux réels calculés. Cet écart a deux origines :

- tous les calculs d'intérêts en matière bancaire sont effectués sur la base d'une année de 360 jours, alors que l'année calendaire comprend 365 ou 366 jours. Par contre, les nombres débiteurs sont eux, calculés à partir du nombre de jours réels. Ceci engendre donc un écart de 5/365=1,37 % des agios facturés ;
- les agios sont calculés selon la méthode du taux proportionnel, or c'est le taux équivalent ou actuariel qui représente le taux réel du crédit.

Rupture des ouvertures de crédit

Les concours à durée indéterminée, autres qu'occasionnels, consentis par un établissement de crédit à une entreprise, ne peuvent être réduits ou interrompus que sur notification écrite et à l'expiration d'un délai de préavis fixé lors de l'octroi du concours. Le non-respect de ces dispositions pourra entraîner la responsabilité pécuniaire de l'établissement de crédit.

L'établissement de crédit n'est cependant pas tenu de respecter un délai de préavis, que l'ouverture de crédit soit à durée indéterminée ou déterminée, en cas de comportement gravement répréhensible du bénéficiaire du crédit ou au cas où la situation de ce dernier se révélerait irrémédiablement compromise.

4.2 Les crédits de financement des créances professionnelles

Le plus gros problème de l'entreprise est le décalage fréquent entre les ventes et les règlements de ces ventes. Pour cela, elle peut utiliser l'escompte, faire appel aux mobilisations de créances ou encore avoir recours à l'affacturage.

4.2.1 L'escompte

L'escompte est une opération qui consiste pour le banquier à racheter à une entreprise, les effets de commerce dont elle est porteuse (bénéficiaire final) avant l'échéance, et ce, moyennant le paiement d'agios, comme défini ci-dessus.

Pratiquement, le cédant va remettre l'effet à sa banque, soit en l'endossant si le nom du bénéficiaire est déjà indiqué, soit en portant comme bénéficiaire le nom du banquier, c'est-à-dire de la banque.

Aspects juridiques

Alors que pour l'encaissement le banquier est simple mandataire, en cas d'escompte il devient créancier et bénéficie, dans ce cas, de :

- la transmission de la provision qui est la créance du fournisseur sur le débiteur ;
- la solidarité des signatures, c'est-à-dire que le porteur d'un effet peut réclamer le paiement de l'effet à tous ceux qui y ont apposé leur signature ;

- l'inopposabilité des exceptions, c'est-à-dire que le débiteur ne peut opposer au porteur les litiges éventuels qu'il a avec le créancier. Par exemple, le commerçant qui a accepté une traite ne peut invoquer la mauvaise qualité de la marchandise pour refuser de payer la traite.

Avantages de l'escompte

Pour l'entreprise, l'escompte lui permet la liquidité des créances et son coût est, en principe, moins élevé que le découvert.

Pour le banquier, celui-ci bénéficie d'un double recours (recours cambiaire et le droit commun). Il peut se refinancer et peut aussi accroître ses dépôts (les entreprises escomptent souvent plus que leurs besoins immédiats, car un effet n'est pas divisible).

Technique de l'escompte

Étude de la demande

Le banquier procède à l'étude de la solvabilité du cédant (risque cédant) et de celui de son client (risque cédé) par diverses sources de renseignements, dont la Banque Centrale et les autres banques.

Il procède à la fixation d'un plafond cédant (maximum autorisé) et d'un plafond par cédé (principe de la division des risques).

Le plafond d'escompte autorisé est fixé en fonction du chiffre d'affaires et de la durée du crédit client. Il est, en général, égal à un (1) mois de chiffre d'affaires, mais il peut atteindre deux mois et quelquefois plus. Lorsque l'entreprise est importante, ses banquiers se concertent souvent pour la répartition du plafond d'escompte.

Le banquier étudie aussi les garanties offertes, qui peuvent être un aval, une retenue de garantie et une assurance-crédit.

Un aval : il s'agit de l'engagement pris par un tiers, de garantir la bonne fin des effets escomptés revenus impayés. L'aval est souvent exigé d'un dirigeant de l'entreprise bénéficiant de l'escompte.

Une retenue de garantie : afin de pouvoir couvrir les impayés, les banques exigent quelquefois des entreprises qui ont de nombreux impayés, l'ouverture d'un compte appelé « compte de retenue de garantie » alimenté par un pourcentage des remises à l'escompte (5 % en général). Ce compte ainsi approvisionné sert à couvrir les impayés éventuels.

L'entreprise peut demander au banquier de limiter le plafond de ce compte et de fusionner, pour la détermination des agios, le compte « retenue de garantie » et le compte normal et enfin, de supprimer purement et simplement ce compte si une diminution sensible des impayés apparaît.

Une assurance-crédit : l'assurance-crédit est une forme particulière d'assurance qui permet à l'entreprise cédante d'être couverte totalement ou partiellement contre les risques d'impayés. En exigeant ce type d'assurance, le banquier limite ou supprime les risques nés des impayés sur escompte et peut même exiger que les indemnités versées par l'assureur lui soient déposées sur le compte ouvert par l'entreprise sur ses livres.

Mécanisme

Tri du papier

La banque n'accepte de prendre à l'escompte que les effets dont elle espère être remboursée sans difficulté. Elle va ainsi procéder à un tri du papier, c'est-à-dire les effets (lettres de change ou billets à ordre) remis par le cédant et fera ce tri tant en fonction de la qualité du cédé que de la qualité du papier cédé.

La qualité du cédé, c'est au regard des incidents ou non dans le règlement des échéances. Un bon cédé (débiteur initial) est celui qui règle normalement les effets à leur échéance. A contrario, un mauvais cédé est celui qui paye souvent les effets avec retard ou qui ne les paye pas du tout.

La qualité du papier, c'est au regard du fait que le banquier prendra plus facilement du papier mobilisable que du papier non mobilisable et refusera tout papier douteux (papier ou effets de complaisance, papier creux, papier brûlant).

Il y a papier de complaisance quand le cédant et le cédé n'ont pas de relation commerciale et l'effet n'a pas de provision. On parle alors d'effets de cavalerie. Ainsi, je peux avoir des relations avec un ami commerçant, mais qui ne portent pas sur l'activité de commerce. Je peux tirer de fausses lettres de change sur l'ami en question, ce qui évidemment constitue des effets de complaisance ou effets de cavalerie.

On parle de papier creux quand le cédé (débiteur) n'a aucune relation avec le cédant (créancier).

Enfin, il y a papier brûlant, quand l'échéance des effets est très proche (2 à 5 jours par exemple) et que le banquier n'a pas le temps de prendre tous les renseignements.

Suivi des risques

Une fois les effets pris à l'escompte, le banquier doit procéder au suivi des risques, c'est-à-dire suivre le risque cédant et suivre aussi le risque cédé.

Le risque cédant, c'est le risque par rapport au montant de l'utilisation au regard du plafond autorisé. Evidemment, si l'utilisation (l'argent effectivement utilisé) dépasse l'autorisation donnée par la banque, la faute professionnelle est du fait du banquier.

Le risque cédé, c'est le risque au regard du suivi des concours et des éventuels impayés qui ne peuvent provenir que de ce dernier.

Incidents possibles

Avant présentation

Le refus d'acceptation qui vaut refus de paiement.

La réclamation qui consiste à réclamer un effet lorsque le porteur demande à sa banque de lui rendre l'effet, car il a convenu avec son débiteur d'une modification des conditions de paiement.

La prorogation qui consiste, pour le débiteur, à demander à son créancier un délai supplémentaire pour l'échéance de l'effet.

À la présentation

L'effet peut revenir impayé, d'où la nécessité de procéder aux opérations suivantes :

- surveillance des impayés quant à leur fréquence, leur volume et leur motif ;
- traitement des impayés, avec contre-passation en compte et avec perte des recours cambiaires (effet novatoire du compte courant, c'est-à-dire que l'effet est payé, mais le client peut devenir, de ce fait, débiteur en compte). Dans ce cas, le banquier perd ses recours contre le cédé et les éventuels endosseurs et avalistes ;
- traitement des impayés avec recours judiciaire, c'est-à-dire l'exercice du droit cambiaire (dans ce cas, l'impayé ne doit pas faire l'objet d'une contre-passation en compte). Cette méthode

est utilisée lorsque le cédant est en difficulté. En utilisant cette procédure, le banquier garde ses recours contre tous ceux qui ont apposé leur signature sur l'effet impayé.

Coût de l'escompte

Lorsque le banquier escompte des effets à l'un de ses clients, il lui avance de l'argent. Cette avance est rémunérée par ce qu'on appelle les agios. Les agios comprennent les intérêts proprement dits, les commissions et les frais divers.

Les intérêts

Les intérêts sont calculés prorata temporiset en fonction du montant avancé. On les appelle souvent « escompte », au sens strict du terme.

Le coût de l'escompte est variable selon la qualité de l'entreprise qui est classée dans une des catégories répertoriées par la profession bancaire. Le taux est fixé par rapport au taux de base bancaire qui est le taux de référence auquel viennent s'ajouter un ou plusieurs points, selon la qualité de l'emprunteur ou du papier cédé.

Les commissions

En dehors du prêt d'argent, le banquier considère que, dans l'opération d'escompte, il rend un service et perçoit, de ce fait, diverses commissions.

Commission variable

Il s'agit de la commission d'endos qui est calculée comme l'escompte et en majore le coût (en principe elle est de 0,60 % l'an).

Commission proportionnelle

On trouve la commission de bordereau qui se calcule en pourcentage de l'ensemble de la remise et la commission de non-acceptation qui se calcule en fonction des effets non acceptés remis à l'escompte. Cette commission rémunère le risque supplémentaire lié à la non-acceptation de l'effet.

Commission fixe

Elle est prélevée pour certaines opérations :

- la commission de manipulation et de service. Elle rémunère le service apporté par la banque lors du recouvrement des effets. Elle est prélevée pour tous les effets, que ceux-ci soient remis à l'encaissement ou à l'escompte ;
- la commission d'acceptation. Elle est perçue lors de l'envoi à l'acceptation d'un effet non accepté ;
- la commission de non-domiciliation. Elle est prélevée pour les effets non domiciliés ;
- la commission d'impayé. Elle est prélevée lorsque l'effet présenté à l'encaissement ou à l'escompte revient impayé ;
- la commission de prorogation. Elle est facturée par la banque lorsque le tiré d'un effet escompté ou présenté à l'encaissement demande, avant l'échéance ou à l'échéance, de proroger l'effet ;
- la commission d'effet réclamé. Elle est perçue lorsque le bénéficiaire de l'effet demande à sa banque le retrait de l'effet avant l'échéance ;
- la commission de changement de domiciliation. Elle est prélevée lorsque le remettant demande à sa banque de modifier la domiciliation bancaire d'un effet remis à l'encaissement ou à l'escompte.

Il y a lieu de préciser qu'il ne faut par confondre l'encaissement et l'escompte. En effet, l'encaissement est un service que la banque rend à son client en acceptant de prendre les effets que ce dernier lui remet et de les présenter au débiteur pour paiement pour le compte de son client. C'est ce service que rend la banque qui est rémunéré par une commission payée à la banque.

L'escompte est par contre un crédit fait par la banque à son client qui, en quelque sorte, lui vend des effets de commerce qui deviennent ainsi la propriété de la banque. Le fait d'accepter de lui acheter ces effets de commerce donne droit à la perception de diverses commissions par la banque.

Toutes ces commissions peuvent être très différentes d'une banque à une autre et varient sensiblement selon que les effets sont des effets papier circulants ou non circulants, ou encore des effets sur support magnétique.

Frais divers

La banque peut percevoir aussi différents frais, tels que les demandes d'avis de sort. Procéder à un avis de sort c'est interroger par écrit, par téléphone ou par télex la banque du cédé (celui qui doit payer) pour savoir si l'effet a bien été payé à l'échéance.

La taxe sur la valeur ajoutée (TVA)

Le banquier doit percevoir pour le compte du Trésor la TVA qui ne porte, toutefois, que sur les commissions ou frais fixes.

Mode de calcul des intérêts sur escompte

L'escompte correspond à l'intérêt calculé sur la valeur nominale de l'effet pendant une période qui court de la date de négociation (remise de l'effet), à la date d'échéance de l'effet, majoré des jours de banque.

Calcul du nombre de jours

Le principe général est de compter les jours qui séparent les deux dates extrêmes en négligeant le jour correspondant à l'une de ces deux dates.

Les banques majorent ensuite le nombre de jours ainsi calculé d'un ou plusieurs jours supplémentaires (1 à 2 jours), dits « jours de banque ».

L'usage est de prendre 360 jours pour la durée de l'année financière, alors que les mois sont comptés pour leur nombre de jours exact. Ainsi une année financière est égale à 360 jours et le mois de janvier est égal à 31 jours, celui de février à 28 ou 29 jours, celui de mars à 31 jours, etc.

Exemple : soit l'effet suivant :

- date d'échéance = 31 juillet ;
- date de négociation = 18 mai ;
- jour de banque = 1 jour ;
- nombre de jours d'escompte à courir : Mai =13 jours (18 mai non compté), Juin = 30 jours, Juillet = 31 jours, soit 74 jours + 1 jour de banque = 75 jours.

Minimum de jours

L'effet présenté à l'escompte doit avoir au moins un certain nombre de jours séparant la négociation de l'échéance. S'il ne remplit pas cette condition, la banque lui applique un nombre de jours minimum qui est généralement de 10 jours. C'est-à-dire, que par exemple, un effet qui a pour échéance le 31 mai est présenté à l'escompte le 25 mai. Le nombre de jours normalement calculé donne 7. Eh bien, si le minimum de jours est de 10 chez la banque du client, il sera appliqué 10 jours au lieu de 7 jours.

Minimum d'escompte

Comme pour les jours, la banque peut aussi appliquer un montant minimum d'intérêt, appelé encore « escompte ». Si l'escompte calculé est inférieur au minimum imposé, la banque retient alors ce minimum (montant variable selon les banques). Ce minimum comprend les intérêts et la commission d'endos.

Si l'effet à escompter est d'un faible montant (montant variable selon les banques), il peut être perçu pour chaque opération un minimum forfaitaire.

Taux d'escompte

Le taux d'escompte est fixé par la banque en fonction du taux de base bancaire, de la solvabilité du client et de la qualité du papier présenté à l'escompte.

Schématiquement, le taux appliqué à une entreprise est déterminé de la façon suivante : Taux de base bancaire + Commission d'endos.

Taux de revient de l'escompte

Ce taux est le taux de revient pour le client escompteur ou le taux de placement pour le banquier.

Exemple :

Sur un effet de commerce de valeur nominale40 000 francs CFA, d'échéance 31 juillet, escompté le 2 mai, au taux de 12 %, l'escompte commercial sera calculé comme suit :

Nombre de jours = 90 jours ;

Intérêts = 40 000 x 12 x 90/100 x 360 = 1 200

En fait, dans la réalité, les choses sont différentes.

Le 2 mai, le banquier prêtera à son client 40 000 - 1 200 =38 800 et le client lui rendra 40 000 le 31 juillet. En conséquence, les 1 200 francs sont les intérêts rapportés par la somme de 38 800 francs et non pas 40 000 francs.

En calculant le taux qui permet à la somme de 38 800 d'obtenir 1 200 d'intérêts en 90 jours, on aura :

Intérêts : Capital x Nombre de jours x Taux/360x100 ;

Taux : Intérêts x 360 x 100/capital x nombre de jours = 1 200 x 36 000/38 800 x 90 = 12,37

Le taux de revient est donc de 12, 37 %.

Les risques de l'escompte

Lorsque le banquier accorde de l'escompte, il consent un crédit à l'un de ses clients, mais sera payé à l'échéance par un tiers. Il doit ainsi s'assurer de la qualité de son client (cédant), mais aussi de celui qui doit payer l'effet (cédé).

Étude du risque cédant

Avant d'accorder une ligne d'escompte (appelée autorisation d'escompte alors que l'utilisation réelle est appelée encours), le banquier doit étudier la qualité de l'emprunteur au regard de sa santé financière, de sa situation commerciale, de ses besoins, etc.

En effet, si le cédé est défaillant, la banque pourra se retourner contre le cédant pour se faire rembourser l'avance consentie.

Avant d'accepter d'escompter un effet, le banquier prend des renseignements auprès de la banque du cédé et consulte le fichier central des incidents de paiement de la Banque Centrale, sur lequel sont notés les incidents de paiement sur effets.

Suivi du risque

Pour savoir à tout moment où il en est à propos des opérations d'escompte effectuées pour le compte d'une entreprise, la banque établit des états appelés états des risques sur lesquels sont portés soit l'encours du cédant, c'est-à-dire le montant de l'escompte utilisé, soit l'encours cédé, c'est-à-dire sur chaque cédé avec les impayés éventuels.

Par ailleurs, le banquier établit régulièrement un état des impayés subis par son client, afin de limiter ou d'écarter ses risques sur des cédés de mauvaise qualité.

4.3 La mobilisation des créances professionnelles

En France, la loi n° 81-1 du 2 janvier 1981, connue sous le nom de son auteur, Etienne Dailly, a été votée dans le but de faciliter le crédit aux entreprises par cession de leurs créances professionnelles. Cette technique a été améliorée par la loi du 24 janvier 1984 portant réforme de la profession bancaire en France.

Cette nouvelle technique de crédit permet aux entreprises, quels que soient leur forme (affaire personnelle, société, profession libérale) et leur secteur d'activité (primaire, secondaire, tertiaire),

- de mobiliser la partie de leur poste « clients » qui n'est pas représentée par des effets de commerce ;
- de mieux justifier auprès des banques, les crédits qu'elles sollicitent.

Cette loi apporte ainsi des innovations importantes, car, jusqu'au vote de ladite loi, la cession de créances ne pouvait se faire qu'au prix d'un certain formalisme et selon deux moyens, à savoir :

- un acte écrit, avec signification au débiteur cédé ;
- la création d'un effet de commerce.

La loi Dailly offre une troisième solution qui est la possibilité pour un professionnel de céder ou de nantir ses créances sur d'autres professionnels ou sur une personne morale de droit public, par la remise d'un simple bordereau pouvant regrouper plusieurs créances.

La cause de la créance importe peu. La créance peut ainsi être commerciale ou non. Elle peut résulter d'une livraison de marchandises, d'une prestation de service, ou de toute autre cause. Elle peut être à court, à moyen ou à long terme, sur le pays ou sur l'étranger.

Préalablement à toute mobilisation, dans le cadre de la loi Dailly, le banquier signe avec son client une convention-cadre dans laquelle seront définies les conditions de mobilisation, d'utilisation et de recouvrement des créances.

4.3.1 L'affacturage

L'affacturage est un contrat par lequel un établissement de crédit spécialisé, appelé factor, achète ferme les créances détenues par un fournisseur, appelé vendeur, sur ses clients (nationaux ou étrangers) appelés acheteurs ou bénéficiaires de services et ce, moyennant rémunération.

Les modalités

Le contrat d'affacturage comporte à la fois transfert de créances, par subrogation conventionnelle et garantie de bonne fin. Le factor se charge de l'encaissement des créances.

Le vendeur accorde au factor l'exclusivité de l'affacturage de toutes ses créances. Toutefois, cette convention d'exclusivité peut, dans certains cas, concerner simplement un secteur géographique ou un département d'activité.

Le contrat est conclu le plus souvent sans limitation de durée. Le vendeur doit obtenir l'approbation du factor pour chacun de ses clients, avec généralement un plafond par client.

Certains factors utilisent un mode de transfert des factures sous forme de « paiement concomitant à la remise des factures et pour le même montant en subrogation ».

D'autres utilisent « la transmission des factures dissociée du financement, en cession de créances commerciales ».

Les sociétés de factoring proposent de plus en plus de dissocier les trois services qu'offre l'affacturage et qui sont la gestion du recouvrement des créances, les garanties de paiement de ces dernières et le financement du poste « clients ».

Avantages de l'affacturage pour l'utilisateur

L'affacturage présente trois avantages principaux :

- c'est un procédé de recouvrement efficace puisque le factor décharge le vendeur du souci de la gestion du poste « clients » et de l'encaissement des sommes dues ;
- c'est une technique de mobilisation du poste « clients » et ce, quel que soit le mode de règlement convenu avec l'acheteur ;
- c'est une garantie de bonne fin puisque le factor s'engage à payer au vendeur les factures qu'il a émises. Le risque d'insolvabilité de l'acheteur et le risque de non-paiement à l'échéance sont pris en charge par le factor, sauf faute du fournisseur ;
- en offrant la sous-traitance totale du poste « clients », le factor permet à l'entreprise de réaliser des économies d'échelle importantes, d'une part sur les charges de personnel, d'autre part sur les frais d'assurance et les coûts des financements bancaires ;

- en remettant ses créances sur les clients au factor, l'entreprise évite de devoir estimer jusqu'à quelle limite d'encours elle peut traiter avec un client. Il lui suffit alors d'interroger son factor qui fixera l'encours garanti ;
- les fonds sont virés sur le compte bancaire, aussitôt la facture faite.

Coût de l'affacturage

La rémunération du factor comprend deux éléments qui sont :

- la commission d'affacturage, calculée sur le montant des créances transférées, qui constitue le paiement des services de gestion comptable, de recouvrement et de garantie de bonne fin. Le coût de ce service est compris entre 0,70 % et 2,50 % du chiffre d'affaires confié, avec un taux moyen de 1,5 %. Il est calculé d'après le secteur d'activité, le nombre de factures et de clients, la nature de la clientèle, le volume du chiffre d'affaires confié ;
- les intérêts débiteurs, ou commission de financement, calculés prorata temporis, qui représentent le coût du financement anticipé. Leur taux varie en fonction de l'évolution du loyer de l'argent, de la qualité des cessionnaires et du mode de règlement des factures cédées (chèque ou billet à ordre). En cas de paiement par chèque, le coût est équivalent à celui du crédit bancaire. En cas de paiement par billet à ordre, le factor perçoit une commission de l'ordre de 1 % l'an.

4.4 Le financement des stocks

La banque peut avancer à une entreprise des fonds sur des marchandises qu'elle détient, soit au moyen d'une avance sur marchandises, soit par l'escompte de warrants, qui sont des effets de commerce. Le warrant, très peu utilisé dans les pays de l'UMOA est, en fait, un billet à ordre par lequel le souscripteur s'engage à payer une certaine somme à une certaine échéance. Il constitue un nantissement sur des marchandises déposées dans un magasin général, au profit du créancier. Il existe le warrant pétrolier, le warrant hôtelier et le warrant industriel.

4.4.1 Les crédits par signature

Généralités

Si le plus souvent la banque aide l'entreprise en mettant à sa disposition des fonds sous forme de crédits de trésorerie, elle peut aussi lui apporter son concours sous forme d'engagements que l'on appelle des crédits par signature, comme cela a été développé ci-dessus.

La banque prête alors simplement sa signature sans supporter de charge de trésorerie. L'étude faite par la banque doit être aussi minutieuse que pour n'importe quel autre concours bancaire, car cet engagement peut entraîner des décaissements importants.

Dans cette forme de crédit, le banquier s'engage par lettre auprès de tiers, à satisfaire aux obligations contractées envers eux par certains de ses clients, au cas où ces derniers n'y satisferont pas eux-mêmes.

Ces crédits peuvent, soit différer certains décaissements, les éviter ou encore accélérer certaines rentrées de fonds. Ils sont le plus souvent accordés sous forme de cautions. Le banquier peut aussi s'engager en acceptant des effets de commerce. On parle, dans ce cas, de crédits par acceptation.

Étendue de l'engagement du banquier

L'engagement du banquier est limité dans le montant et l'étendue. Il peut être limité ou non dans le temps. Le banquier ne peut revenir sur son engagement et ce, quelle que soit l'évolution de la situation de son client.

L'engagement résulte obligatoirement d'un écrit. Il ne se présume pas. En cas de caution, celle-ci peut être simple ou solidaire. Le banquier qui s'engage par signature est subrogé dans les droits du créancier bénéficiaire de la caution. Une fois qu'il a honoré les engagements de son client, il bénéficie des droits du bénéficiaire de l'engagement. Cette subrogation est particulièrement intéressante dans le cadre des cautions fiscales. Toutefois, dans ce cas, le banquier doit se faire remettre une quittance subrogative.

Le coût de l'engagement

Le coût des cautions varie de 0,50 % à 2,50 % et les commissions peuvent porter d'une part sur l'autorisation et d'autre part sur l'utilisation.

V. LE FINANCEMENT DES INVESTISSEMENTS

Pour produire, les entreprises ont besoin de matières premières, de main-d'œuvre, mais aussi de divers équipements (terrains, constructions, matériel de fabrication, etc.). L'ensemble de ces équipements est appelé l'outil de production.

Que ce soit à la création ou pour des nécessités de développement, toute entreprise se doit d'investir, c'est-à-dire acquérir de nouveaux moyens de production. Le financement de ces investissements se fait, le plus souvent, en ayant recours aux crédits bancaires. Si les banques financent l'activité, c'est-à-dire le cycle d'exploitation avec essentiellement les crédits à court terme, elles le font pour les investissements avec des crédits à moyen et long termes. L'entreprise peut utiliser d'autres modes de financement.

5.1 Les autres modes de financement

5.1.1 L'autofinancement

On appelle autofinancement l'opération qui consiste, pour une entreprise, à financer ses investissements sans faire appel à des capitaux extérieurs. Elle se finance avec ses propres capitaux.

L'autofinancement peut être constitué par les amortissements de l'exercice, le bénéfice du même exercice ou ceux des exercices précédents. Amortir c'est constater comptablement la dépréciation d'un outil de production. L'amortissement est déductible comptablement et l'entreprise constate une charge sans sortie de fonds, ce qui lui permet de trouver des moyens pour financer ses investissements.

L'autofinancement est, en quelque sorte, aux entreprises ce que l'épargne est aux particuliers. Il présente, pour l'entreprise l'avantage de la rendre indépendante des tiers, mais il a pour inconvénient majeur de limiter bien souvent l'entreprise dans ses possibilités d'investissement.

5.1.2 L'appel public à l'épargne

Bien souvent, les capitaux propres de l'entreprise ne suffisent pas à financer ses investissements et les limitent ainsi en qualité ou en quantité.

Pour pallier cette insuffisance, les sociétés par actions peuvent faire appel au marché financier, c'est-à-dire émettre notamment des actions, des obligations, des titres participatifs ou des certificats d'investissement.

En effet, la société peut augmenter son capital en demandant de nouveaux apports à ses actionnaires actuels ou à de nouveaux actionnaires. Elle peut également émettre un emprunt obligataire en demandant au public (personnes morales et physiques) de lui prêter des capitaux sur une période assez longue (3 à 15 ans).

Enfin, elle peut utiliser d'autres techniques comme le capital-risque, l'actionnariat des salariés ou encore se faire mieux connaître par une introduction en bourse.

5.2 Les concours bancaires

5.2.1 Les crédits classiques

Les concours classiques que les banques peuvent accorder aux entreprises pour assurer le financement de leurs investissements sont essentiellement les crédits à moyen et à long termes qui ont été déjà évoqués ci-dessus.

5.2.2 Le crédit-bail ou leasing

Le crédit-bail est une technique de financement d'une immobilisation par laquelle une banque spécialisée ou un établissement financier spécialisé acquiert un bien meuble ou immeuble pour le louer à une entreprise. Cette dernière a la possibilité de racheter le bien loué pour une valeur résiduelle généralement faible en fin de contrat.

Ce n'est pas une vente à tempérament, car l'utilisateur n'est pas propriétaire du bien financé. Ce n'est pas, non plus, une location-vente, car le locataire n'est pas obligé d'acquérir le bien loué après un certain délai.

Les compagnies de transport aérien ont souvent recours à cette technique de financement pour l'acquisition des aéronefs.

VI. LE FINANCEMENT DU COMMERCE EXTERIEUR

Les opérations effectuées avec l'étranger, appelées opérations du commerce extérieur, sont rendues très complexes du fait de l'éloignement, des problèmes de langue, des usages, des monnaies et des disparités de législation.

Importateurs et exportateurs doivent disposer de moyens spécifiques pour mener leur activité.

6.1 Les documents utilisés dans le commerce international

Le vendeur doit préciser ce qu'il vend et l'acheteur connaître ce qu'il achète. Pour ce faire, on utilisera les documents suivants.

6.1.1 Les documents commerciaux

La facture*.* Celle-ci définit la marchandise en quantité et en prix, ainsi que la note de poids ou la note de colisage.

Le certificat d'origine*.* Certains produits font l'objet d'une attestation de qualité par des organismes officiels tels que douanes, chambres de commerce. On peut ainsi, par exemple, garantir l'origine d'une voiture, d'une moto, du riz ou d'une chaussure, etc.

Le certificat sanitaire*.* Les animaux vendus à l'étranger le sont souvent avec une garantie de bonne santé.

6.1.2 Les documents d'assurance

Les marchandises qui voyagent courent de nombreux risques de destruction, de détérioration, de perte, de vol, etc. Ces accidents doivent être assurés, soit au profit du vendeur, soit au profit de l'acheteur, selon que c'est l'un ou l'autre qui court le risque du transport. L'attestation d'assurance certifie la couverture des risques mentionnés.

Selon le type de contrat (CAF qui signifie « coût, assurance, fret » ou FOB qui signifie « free on bord ») la marchandise voyage soit aux risques et frais du vendeur, soit aux risques et frais de l'acheteur, soit à risques partagés. C'est le vendeur qui souscrit la plupart du temps le contrat d'assurance dont le bénéficiaire peut être, selon le cas, lui-même ou l'acheteur, en fonction de la répartition des risques.

6.1.3 Les documents de transport

Le transporteur à qui le vendeur confie la marchandise lui remet un titre de transport qui est adressé à l'acheteur pour qu'il puisse retirer la marchandise à l'arrivée. Ce document peut être :

- une lettre de voiture (transport par route ou par rail) ;
- une lettre de transport aérien appelée couramment LTA (transport par avion) ;
- un connaissement (transport maritime).

6.2 Le financement des importations

Un importateur peut régler ses achats grâce à l'encaissement documentaire, au crédit documentaire et à l'avance en devises. Il peut aussi bénéficier de cautions en douane.

6.2.1 L'encaissement documentaire

Pour retirer ses marchandises, l'acheteur doit être en possession d'un certain nombre de documents : titre de transport, certificats divers, documents douaniers, etc.

L'exportateur qui veut être assuré de ne livrer la marchandise qu'en contrepartie du paiement, adressera ces documents à la banque de l'acheteur qui ne pourra les remettre à ce dernier que contre paiement (règlement comptant ou par acceptation d'une traite avalisée par la banque).

Cette procédure semble apporter toutes garanties au vendeur ainsi qu'à l'acheteur. Toutefois, le vendeur ne peut envoyer les documents qu'après expédition des marchandises et il court alors le risque de voir l'acheteur ne pas pouvoir payer ou ne pas vouloir des marchandises.

En cas de défaillance de l'acheteur, le vendeur n'a que deux solutions : rapatrier les marchandises à ses frais ou trouver un autre acheteur sur la place si la qualité de la marchandise le lui permet.

Pour protéger plus efficacement les deux parties, les banques ont imaginé une technique plus élaborée qui est le crédit documentaire.

6.2.2 Le crédit documentaire

Le crédit documentaire est l'engagement pris par la banque de l'importateur de garantir à l'exportateur le paiement des marchandises (comptant ou acceptation d'une traite) contre la remise de documents attestant de l'expédition et de la qualité des marchandises prévues au contrat. C'est un crédit par signature.

Mécanisme

Lorsque le vendeur et l'acheteur signent leur contrat, le vendeur demande à être assuré du paiement au moyen d'un crédit documentaire. L'acheteur va trouver son banquier et lui demander de s'engager à payer le prix des marchandises à présentation des documents prévus au contrat. Si la banque consent au crédit, elle en informe le vendeur.

Le crédit documentaire peut être révocable ou irrévocable, notifié ou confirmé.

Révocable : le banquier peut revenir sur son engagement avant l'expédition des marchandises.

Irrévocable : le banquier ne peut revenir sur son engagement quelle que soit l'évolution de la situation de son client, à moins d'un accord de toutes les parties concernées.

Notifié : la banque de l'importateur est seule engagée. L'exportateur est couvert contre le risque commercial, mais pas contre le risque politique ou catastrophique.

Confirmé : l'engagement du banquier de l'importateur est conforté par un banquier correspondant dans le pays de l'exportateur.

Les risques liés au crédit documentaire

L'opération n'est pas exempte de risques pour les parties au contrat et pour la banque.

Les risques documentaires. Ils proviennent d'une différence entre les mentions portées sur les documents et les marchandises réellement expédiées. Si le banquier est responsable de la vérification des documents, il ne l'est pas en ce qui concerne la non-conformité des marchandises reçues avec celles annoncées dans les documents.

Les risques de non-paiement. Le banquier correspondant, en payant le vendeur, court le risque de ne pas être remboursé par son donneur d'ordre (banquier de l'importateur) du fait de difficultés de transfert ou d'insolvabilité de l'importateur. Le banquier de l'importateur risque de ne pas être remboursé par son client, sauf s'il a pris la précaution de bloquer les fonds correspondants. A ce risque, il faut éventuellement ajouter celui de change si une couverture à terme n'a pas été prévue.

6.2.3 Les cautions en douane

Le banquier garantit au service des douanes le paiement des droits de douane lorsque l'administration admet le paiement différé de ces droits en cas d'importation de marchandises. Le banquier ne décaisse pas sauf si son client importateur ne respecte pas ses engagements.

6.3 Le financement des exportations

6.3.1 Les garanties internationales

Dans le cadre de son activité, l'exportateur a souvent besoin de l'appui de son banquier sous forme de cautions.

Les cautions de bonne exécution des marchés

Les principales cautions sont :

- la caution d'adjudication ou de soumission qui garantit la capacité à prétendre au marché ;
- la caution de bonne fin ou de bonne exécution pour soutenir la capacité à mener à bien le marché ;
- la caution de retenue de garantie pour éviter le blocage de fonds avant la réception définitive des travaux.

6.3.2 Les cautions garantissant les engagements financiers

L'exportateur peut avoir besoin de son banquier pour garantir ses engagements financiers :

- La caution de remboursement d'acomptes perçus avant réalisation des travaux ;
- La caution de remboursement de découvert local ;
- La caution de remboursement des douanes du pays acheteur.

6.3.3 Les crédits de préfinancement

Les crédits de préfinancement d'exportation sont des découverts consentis par le banquier afin de permettre de financer l'essentiel des besoins spécifiques à l'activité d'exportation d'une entreprise.

Ils sont consentis soit pour faciliter l'exécution d'une ou plusieurs commandes se rapportant à un marché déterminé (crédit de préfinancement spécialisé), soit dans le cadre global d'une activité exportatrice (crédit de préfinancement revolving).

6.3.4 Le financement de la commercialisation

Les besoins de l'exportateur vont se manifester également après la livraison de sa production. La banque peut lui proposer des crédits de mobilisation (émission de billets souscrits à l'ordre de la banque sur la base de créances nées de l'activité exportatrice) à court terme ou des crédits spécifiques à moyen ou long terme.

6.4 Les opérations de change

Le règlement des opérations internationales pose le problème de la monnaie, chaque partie utilisant une monnaie différente.

Soit il est réglé dans sa monnaie et l'acheteur devra se procurer les devises nécessaires pour cela, soit le vendeur sera réglé dans la monnaie de l'acheteur qu'il se chargera de changer pour retrouver la contrepartie dans sa monnaie nationale.

6.4.1 Les mécanismes des règlements internationaux

Pour pouvoir transférer des fonds à l'étranger, il faut procéder en deux temps :

- acheter de la monnaie étrangère (devise) payée avec de la monnaie nationale ou locale ;
- transférer cette monnaie étrangère (devise) dans le pays où le règlement doit avoir lieu.

Par exemple, si un Burkinabé veut régler des marchandises achetées en France, il devra se procurer des euros (monnaie française). Pour acheter ces euros, il les paiera avec des francs CFA (monnaie du Burkina). Le prix auquel il achètera l'euro avec du F CFA est appelé le cours de la monnaie (euro).

Pour se procurer des euros, le Burkinabé s'adressera à sa banque (la banque X par exemple). Pour que l'opération se réalise, il faut que sa banque ait un correspondant en France. La banque française, correspondante de la banque X au Burkina, devra se procurer des euros sur le marché des changes en France pour alimenter son compte et pouvoir régler le fournisseur français.

6.4.2 Le marché des changes

Le marché des changes est le lieu où se négocient, c'est-à-dire où s'achètent et se vendent les devises. Il assure la confrontation de l'offre et de la demande de devises et donc de la détermination du prix d'une devise par rapport à une autre. C'est ce qu'on appelle le cours de change.

Les négociations effectuées au niveau du marché des changes ne nécessitent pas de transfert d'argent en espèce. Toutes les transactions y sont enregistrées par des jeux d'écriture.

Le marché des changes ne connaît pas de frontières. Les transactions sur une devise se font aussi bien et en même temps sur les différentes places mondiales (Paris, Londres, New York, Tokyo, Pékin, Moscou, etc.). Si donc le marché assure bien la confrontation de l'offre et de la demande, les offreurs et les demandeurs ne s'y rencontrent pas physiquement. En fait, ils sont réunis par un réseau de télécommunication sophistiqué et ultramoderne, complété par des moyens informatiques qui permettent d'effectuer et d'enregistrer très rapidement les transactions.

Ainsi, tout opérateur peut à tout moment connaître les cours sur toutes les places financières. Les opérations effectuées sur le marché des changes le sont par l'intermédiaire des banques. Le marché des changes est ainsi à la fois interbancaire et international. Au sein des banques, les agents chargés d'effectuer les opérations de change sont ceux qu'on appelle cambistes et courtiers qui procèdent aux négociations des devises. Ces négociations aboutissent à la fixation des cours.

Pour la livraison des devises, les opérations de change sont rendues possibles par les comptes que détiennent les banques auprès de leurs correspondants (banques à l'étranger). Ainsi une banque française qui achète des dollars US se fera livrer ces dollars sur un compte en dollars ouvert auprès d'une banque américaine et livre en contrepartie des euros sur un compte ouvert dans une banque française. La banque française appellera « nostro » le compte qu'elle a ouvert auprès de la banque américaine et appellera « loro » le compte ouvert par la banque américaine auprès d'elle.

Les opérations de livraison des devises se font au comptant ou à terme. Au comptant si le transfert des fonds est effectué dans le délai normal d'exécution des opérations, soit à peu près 48 heures. Elles se font à terme, lorsque la livraison des devises est reportée à plusieurs mois, mais au cours convenu lors de la négociation.

6.4.3 Le contrôle des changes

Pour éviter de fortes tensions sur la monnaie nationale, les pouvoirs publics peuvent édicter sur les sorties et les entrées de capitaux des mesures de contrôle dont l'ensemble est appelé « contrôle des changes ou réglementation des changes ou des relations financières extérieures ». Sans entrer dans les détails des modalités techniques complexes et fluctuantes, les contraintes imposées visent à :

- inciter les exportateurs à céder rapidement les devises reçues de leurs ventes ;
- justifier les paiements effectués par les importateurs ;
- réglementer les investissements effectués par des nationaux à l'étranger ;
- réglementer éventuellement l'achat des devises par les touristes.

Le contrôle des changes est donc l'ensemble des réglementations limitant ou interdisant les mouvements de capitaux avec l'étranger. La réglementation émane, en général, du Ministère des Finances et de la Banque Centrale. La mise en place d'intermédiaires agréés (banques) se fait sous le contrôle de l'administration des douanes.

Le contrôle des changes fait intervenir les notions de résident et de non-résident.

TROISIEME PARTIE :

LA GESTION BANCAIRE

Dans toute entreprise, la clé de la réussite ou du succès est sans doute sa bonne gestion qui permet le bon choix de ses investissements et son exploitation efficace, afin d'obtenir un résultat satisfaisant. Pour atteindre un maximum d'efficacité, la gestion devra reposer, avant tout, sur une organisation efficiente de l'ensemble des structures de la banque.

CHAPITRE I :

L'ORGANISATION DE LA BANQUE

La banque est une entreprise créée sous forme de société anonyme ou coopérative, comme l'exige la loi portant réglementation bancaire. Elle doit fonctionner sur la base de textes clairs et précis. Aussi, les actionnaires qui en sont les propriétaires ont-ils le devoir de rédiger ou de faire rédiger par des professionnels (cabinets d'experts), sous leur responsabilité, des documents qui constatent juridiquement la création de la société.

Ces textes de base sur lesquels se fonde le fonctionnement et la gestion de l'entreprise sont constitués du ou des statuts d'une part et du règlement intérieur d'autre part. En outre, ceux-ci doivent être conformes, dans le fond comme dans la forme, à la loi bancaire et aux dispositions pertinentes de l'OHADA.

I. LES TEXTES DE BASE

1.1 Le statut

Le document qui consacre la création de la banque, en tant que société, est le statut ou les statuts. Pour ce qui est des sociétés anonymes, l'acte portant droit uniforme des sociétés commerciales et du groupement d'intérêt économique de l'OHADA (Organisation pour l'Harmonisation du Droit des Affaires) en Afrique indique, dans ses articles 10 à 79, les règles de fond et de forme auxquelles doivent obéir le statut d'une banque.

Les actes uniformes sont des règles de droit adoptées par l'OHADA et appliquées à l'identique dans tous les Etats membres dont les huit Etats de l'UMOA. L'acte uniforme relatif au droit des sociétés commerciales et du groupement d'intérêt économique a subi une révision, entrée en vigueur en mai 2014.

Par ailleurs, le droit des sociétés prévoit que des documents tels que le rapport du commissaire aux apports (en cas d'apports en nature ou d'avantages particuliers) et l'état des actes accomplis pour le compte de la société en création ou en formation, avec l'indication pour chacun d'eux, de l'engagement qui en résulterait pour la société, doivent être annexés aux statuts. Ainsi, l'existence même du statut de la banque est une exigence légale que la banque doit respecter.

Ainsi le statut d'une banque est le document fondamental sur lequel repose la légalité de tous les actes posés par la banque, notamment les opérations effectuées dans le cadre de son activité. Le statut ne doit pas comporter de mentions contraires aux dispositions de la loi bancaire. Tous les actes pris par les organes sociaux doivent être conformes aux dispositions du statut. Un acte pris en contradiction avec lesdites dispositions statutaires est nul et non avenu. Il est de nul effet.

S'agissant du texte lui-même, sa rédaction doit obéir à des conditions de forme et de fond. Dans sa forme, le document doit être structuré logiquement. Il comportera ainsi des titres, des chapitres, des articles et éventuellement des sections. Il doit être rédigé en suivant de façon chronologique les différents titres, chapitres, articles et sections, en se conformant au langage adéquat admis (le français dans les pays de l'UMOA), pour satisfaire à la condition de forme.

Quant au fond, il s'agira du contenu à mettre dans le statut. Ce contenu doit être clair, précis et complet, c'est-à-dire qu'il doit donner toutes les indications relatives à l'identité de la société, à son capital et sa répartition, à son activité, à son administration et à son fonctionnement.

Ainsi, dans le statut on doit pouvoir lire le nom ou la raison sociale de la banque. Par exemple : « Banque Burkinabé de Développement », en abrégé « BBD » qui est un établissement bancaire imaginaire. On doit également y trouver la forme juridique de constitution comme par exemple : « société anonyme de droit burkinabé », le montant du capital et sa répartition : « au capital de treize (13) milliards de francs CFA répartis entre X, Z, Y, T, N, W, C, etc. », l'adresse complète : « Siège social à Ouagadougou, avenue Charles de Gaulle, BP, etc. ».

L'une des informations importantes que l'on doit retrouver dans le statut est celle relative à l'activité, c'est-à-dire les opérations qu'effectue la banque, en relation avec les définitions et restrictions pertinentes prévues par la loi portant réglementation bancaire.

Le statut doit aussi informer sur le mode d'administration de la banque : Assemblée Générale, Conseil d'Administration, Direction Générale.

Enfin, le statut doit pouvoir renseigner sur certains aspects du fonctionnement de la banque, notamment en ce qui concerne la fiscalité, la comptabilité, le contrôle et l'approbation des comptes.

Lorsque le statut est correctement rédigé, aussi bien dans la forme que dans le fond, il permet, à sa simple lecture, d'avoir une relative bonne connaissance de la banque en question.

Une fois le texte de statut rédigé, il convient de le faire adopter par l'organe compétent de la banque, qui est l'Assemblée Générale Constitutive ou le Conseil d'Administration, à la condition d'une ratification par la prochaine Assemblée Générale des actionnaires. Une fois adopté, le statut entre en vigueur. Il acquiert, en quelque sorte, force de loi et est opposable, aussi bien à la banque qu'aux tiers, sous réserve de modification dans les formes requises. A cet effet, la loi prévoit la publicité du statut et son dépôt au Registre du Commerce et du Crédit Mobilier (RCCM). Un statut non approuvé par l'organe compétent n'est qu'un projet de texte sans valeur juridique.

1.2 Le règlement intérieur

Le second document nécessaire pour assurer le bon fonctionnement de la banque est le règlement intérieur. Il indique l'ensemble des règles régissant le fonctionnement interne de la banque. C'est un document élaboré par la Direction Générale et soumis à l'approbation du Conseil d'Administration, chargé de superviser l'ensemble de la gestion de la banque. Il est très important dans une banque, comme dans toute entreprise, car il établit, en quelque sorte, l'ensemble des règles de bonne conduite au sein de l'entreprise.

Dans ses dispositions, le règlement intérieur s'adresse essentiellement aux personnes qui travaillent au sein de la banque. Il a pour but essentiel de définir les règles de bonne conduite pour l'ensemble du personnel qui y travaille, à quelque niveau que ce soit. Son application incombe à la Direction Générale à travers les structures de gestion que celle-ci a la charge de mettre en place. Le règlement intérieur indiquera ainsi, notamment :

- les heures de travail ;
- le comportement de chaque agent à son poste de travail et dans la banque ;

- le comportement général et individuel à observer par les agents à l'égard des personnes étrangères à la banque, notamment la clientèle avec laquelle il y a des contacts permanents ;
- le mode vestimentaire des agents de la banque, etc.

En quelque sorte, le règlement intérieur est un document qui définit les droits et les devoirs des agents. C'est un document qui fait office de code de conduite rédigé à leur intention. A cet égard, il est de plus en plus souvent complété par un code de déontologie qui régit de façon plus spécifique les règles d'éthique et prévient les conflits d'intérêts.

Le règlement intérieur est ainsi un document qui vise à maximiser l'efficacité du travail des agents, car il convient de ne pas oublier que le facteur travail joue un rôle essentiel dans toute entreprise et en particulier dans la banque. En effet, les équipements de pointe, les bâtiments les plus luxueux, ne peuvent dispenser du travail d'hommes et de femmes compétents, dynamiques, assidus et disciplinés.

Le règlement intérieur est donc rédigé par la Direction Générale qui est chargée d'organiser et de faire fonctionner la banque. Il est soumis à l'approbation du Conseil d'Administration et est ensuite mis en application.

Le règlement intérieur est porté à la connaissance de l'ensemble des travailleurs de la banque et le respect de ses dispositions fait partie des termes du contrat de travail de tout agent, qui le lie à la banque.

II. LES ORGANES DE DECISION

Les organes de décision sont, dans une entreprise, ceux qui prennent les décisions, qu'elles soient statutaires ou fonctionnelles. Les décisions sont statutaires lorsqu'elles découlent de l'application du statut et fonctionnelles lorsqu'elles sont prises pour assurer le bon fonctionnement de l'entreprise. L'application du statut découle de la propriété de l'entreprise et donc de tous les droits que confère la propriété d'une portion du capital de la banque à une personne physique ou morale appelée actionnaire. Les décisions statutaires sont prises par le Conseil d'Administration ou l'Assemblée des actionnaires, appelée Assemblée Générale. Les décisions sont fonctionnelles lorsqu'elles découlent de la responsabilité d'assurer le bon fonctionnement de l'entreprise. Elles sont généralement prises par la Direction Générale, dont le premier responsable reçoit à cet effet un mandat social du Conseil d'Administration. Les organes de décision résultent donc du statut dont les dispositions sont relatives à la propriété de l'entreprise et donc aux droits de l'actionnaire d'une part et du fonctionnement de ladite entreprise d'autre part.

2.1. Les organes de décision dévolus aux actionnaires de par les statuts

2.1.1 L'Assemblée Générale

L'Assemblée Générale est une réunion qui rassemble tous ceux qui ont contribué à la création de la banque, en participant à son capital, ou ont acquis alternativement une part de ce capital en rachetant des actions et des droits qui leur sont attachés. Du fait de leur participation au capital, ce sont eux les propriétaires de l'entreprise, appelés les actionnaires.

Ce sont les actionnaires qui peuvent participer à cette réunion qu'on appelle « Assemblée Générale ». Lors d'une assemblée générale, les actionnaires discutent entre eux et prennent toute décision prévue par le statut, concernant l'organisation et le fonctionnement de leur banque.

Les décisions sont prises par consensus ou par vote. Lorsque la décision est prise par voie de vote, chaque actionnaire participe, proportionnellement aux droits de vote qu'il détient dans le capital de la banque. De même, tout actionnaire a droit au bénéfice réalisé par la banque, proportionnellement au nombre d'actions qu'il détient dans le capital. Il est utile de préciser que dans certains cas prévus par le statut, des actions peuvent ne pas avoir de droits de vote qui leur sont attachés, peuvent emporter des droits de vote multiples et, enfin, peuvent donner lieu à des dividendes prioritaires.

L'Assemblée Générale, en tant qu'organe de décision dans le processus de gestion de la banque, peut se tenir ou se réunir sous deux formes prévues statutairement. Il s'agit de la forme ordinaire et de celle extraordinaire. L'organe décisionnel est alors appelé « Assemblée Générale Ordinaire » ou « Assemblée Générale Extraordinaire ».

2.1.1.1 L'Assemblée Générale Ordinaire

L'Assemblée Générale Ordinaire se réunit ou se tient selon une périodicité fixée. D'une manière générale, le statut prévoit que celle-ci se tienne, dans toutes les banques, au moins une fois dans l'année.

Dans la pratique, l'Assemblée Générale Ordinaire se tient dans un délai maximum de six (6) mois, après la clôture de l'exercice social qui est fixée au 31 décembre de chaque année. C'est une date importante pour tous les établissements de crédit de la zone UMOA où la date de clôture des comptes de l'exercice est imposée. L'exercice social ou encore exercice comptable commence le 1er janvier et se termine le 31 décembre, comme dit tantôt.

Ainsi l'Assemblée Générale Ordinaire de chaque banque se tient entre le 1er janvier et le 30 juin de l'année qui suit celle à laquelle se rapportent les comptes clos par l'établissement, arrêtés par le Conseil d'Administration, certifiés par les commissaires aux comptes, et soumis à l'approbation de ladite instance.

En pratique, les Assemblées Générales Ordinaires des banques se tiennent dans le courant des mois d'avril, mai ou juin, ceci afin de laisser le temps à la Direction de la banque d'arrêter définitivement les comptes et de les soumettre au contrôle des commissaires aux comptes qui doivent les certifier ou pas, suite à leur contrôle.

Les attributions que le statut confère à cet organe de décision qu'est l'Assemblée Générale Ordinaire, conformément à l'acte uniforme sur le droit des sociétés commerciales et du groupement d'intérêt économique, sont de trois (3) ordres :

- approuver les comptes et le résultat de la banque ;
- donner ou ne pas donner quitus aux administrateurs ;
- procéder à l'affectation du résultat.

C'est le statut qui donne pouvoir à l'Assemblée Générale Ordinaire pour prendre des décisions sur les points ci-dessus.

Approuver des comptes c'est donner son opinion favorable sur ces comptes, tels qu'arrêtés et présentés, comme traduisant la réalité et que le résultat qui en ressort reflète également la réalité. L'Assemblée Générale Ordinaire doit dire, à la lumière notamment de l'opinion des commissaires aux comptes, si elle est d'accord avec les comptes tels qu'ils lui ont été présentés.

En effet, selon la réglementation bancaire, les comptes d'une banque ne sont définitivement arrêtés, par le Conseil d'Administration, qu'après intervention des commissaires aux comptes qui émettent ensuite une opinion destinée à l'Assemblée Générale Ordinaire et certifient ou non, avec ou sans réserves, la sincérité et la régularité des comptes.

Après l'approbation des comptes et du résultat, l'Assemblée Générale Ordinaire doit donner quitus aux administrateurs. Le quitus est pour dire que l'organe de décision approuve les comptes et le résultat tels que présentés, après contrôle par les commissaires aux comptes et décharge de toute responsabilité à cet égard, les personnes auxquelles elle a confié la supervision de la gestion.

À cet égard également, il est important de souligner le rôle que jouent les commissaires aux comptes dans le cadre de l'arrêté et de l'approbation des comptes d'une banque. En effet, si les commissaires aux comptes ne certifient pas les comptes d'une banque, ceux-ci ne pourront pas être approuvés par les organes de décision de cette banque, en l'occurrence par l'Assemblée Générale. Le commissaire aux comptes est un contrôleur extérieur à la banque, qui intervient après la clôture de l'exercice social et l'arrêté des comptes. Il procède à toutes les vérifications nécessaires, qui l'amèneront à certifier ou non si les comptes qui lui ont été présentés par la Direction Générale de la banque sont exacts ou non.

Si les comptes lui paraissent correctement arrêtés et exacts, il les certifie sans réserve et reçoit quitus de la part de l'Assemblée des actionnaires. S'il a des points qui lui paraissent obscurs, mais qui n'altèrent pas pour autant le résultat, il certifie les comptes en émettant des réserves.

Si ses vérifications le conduisent à constater des anomalies ayant une incidence sur l'exactitude du résultat de la banque, il doit refuser de certifier ce résultat qui ne correspondrait pas à la réalité.

Ainsi, la réglementation bancaire fait obligation aux établissements de crédit de désigner deux commissaires aux comptes pour procéder à tout contrôle relatif à l'arrêté et à la certification de leurs comptes et de leurs résultats. La Commission Bancaire est chargée de vérifier l'accomplissement de cette diligence dans tous les établissements de crédit installés dans l'UMOA, avec rigueur. En outre, elle doit donner son avis favorable à la désignation des commissaires aux comptes de chaque établissement de crédit.

Si les comptes et le résultat sont approuvés par l'Assemblée Générale Ordinaire, celle-ci peut alors procéder à l'affectation du résultat. Celui-ci, découlant des comptes, est soit un bénéfice, soit une perte, ou alors il est nul, chose rare dans la réalité. Dans le cas où le résultat est déficitaire, l'Assemblée Générale Ordinaire n'a pas d'autre choix que de constater la perte et devra prendre la seule décision qui s'impose qui est de reporter cette perte sur l'exercice suivant. Si l'importance de la perte est telle qu'elle compromet l'existence même de la banque, une Assemblée Générale Extraordinaire devra être convoquée pour que l'ensemble des actionnaires statuent sur les modalités de reconstitution de l'actif net ou, à défaut, sur la cession de leurs actions ou la liquidation pure et simple de la banque.

Dans le cas où le résultat est positif, c'est-à-dire que la banque a réalisé un bénéfice, l'Assemblée Générale Ordinaire décidera de l'affectation de ce résultat. Le bénéfice qui fait office de résultat à affecter ou à répartir, s'entend le bénéfice net après impôt.

L'affectation ou la répartition du bénéfice de l'exercice, par l'Assemblée Générale Ordinaire, se fait de la façon suivante :

- à la réserve légale (obligatoire) ;
- à la réserve spéciale (réglementaire et donc obligatoire) ;
- à la réserve facultative (libre) ;
- au report à nouveau (libre, sauf en cas de pertes antérieures à apurer avant distribution de dividendes) ;
- à la distribution de dividendes, après dotation des réserves légales et réglementaires, apurement des pertes antérieures éventuelles et prélèvement, le cas échéant, sur les réserves libres (libre).

Telles sont les attributions essentielles dévolues à l'Assemblée Générale Ordinaire par le statut d'une société, donc d'une banque.

L'Assemblée Générale Ordinaire a aussi son mode de fonctionnement bien précis.

L'organe de décision se réunit sur convocation du Président du Conseil d'Administration.

Lors de la réunion de l'Assemblée Générale Ordinaire, il est mis à sa disposition un secrétariat de séance qui est chargé de rédiger un procès-verbal où sont consignées toutes les décisions prises. L'Assemblée Générale Ordinaire désigne en son sein un Président de séance pour coordonner et diriger les débats. En pratique, il s'agit le plus souvent du Président du Conseil d'Administration.

2.1.1.2 L'Assemblée Générale Extraordinaire

L'Assemblée Générale Extraordinaire est toujours une réunion des actionnaires qui, dans sa composition, est la même que celle dite ordinaire, car il s'agit des mêmes personnes propriétaires du capital de la banque. Une Assemblée Générale est dite Extraordinaire, parce que les personnes concernées se réunissent pour examiner une situation exceptionnelle qui se présente à l'entreprise. La situation est exceptionnelle parce qu'elle survient de façon inattendue ou imprévue et affecte de manière importante la vie de l'entreprise.

En général, les attributions de l'Assemblée Générale Extraordinaire sont les suivantes :

- La modification du statut qui est une situation exceptionnelle. En effet, on ne modifie pas le statut d'une banque à tout bout de champ. Cela peut arriver, si la situation l'exige. Par exemple, on peut décider de changer le nom commercial de la banque. Pour cela, une Assemblée Générale Extraordinaire sera convoquée pour décider de ce changement. Cette décision entraînera, de facto, une modification du statut de l'établissement ;
- L'Assemblée Générale Extraordinaire approuve la désignation des administrateurs, en cas de décès ou de démission d'un administrateur en cours de mandat. Cette désignation, si elle est faite par le Conseil d'Administration, peut être ratifiée par l'Assemblée Générale Ordinaire à sa prochaine réunion, si cela est prévu dans le statut ;
- Une autre prérogative importante de l'Assemblée Générale Extraordinaire est de modifier le capital social en l'augmentant ou en le réduisant. Ce dernier cas peut intervenir par exemple lorsque les pertes accumulées sont trop importantes, au point de rendre les capitaux propres inférieurs à la moitié du capital social. Enfin, l'Assemblée Générale Extraordinaire a le pouvoir de dissoudre la société.

2.1.2 Le Conseil d'Administration

Le Conseil d'Administration est l'organe de décision qui intervient le plus directement dans le processus de gestion d'une société. Il joue ainsi un rôle important dans les prises de décision concernant toute question relative à la gestion de la banque. Le

Conseil d'Administration est un organe statutaire, tout comme l'Assemblée Générale. Il tire sa légitimité du statut

2.1.2.1 Composition du Conseil d'Administration

Emanation du statut, le Conseil d'Administration est, en principe, composé d'un nombre limité de personnes (3 au minimum et 15 au maximum). Peut être membre du Conseil d'Administration tout actionnaire de la banque ou tout non actionnaire, dans la limite du tiers des administrateurs. Ce sont les propriétaires du capital de la banque qui désignent les membres du Conseil d'Administration. Ceux-ci sont des personnes physiques et/ou des personnes morales. Mais les personnes qui participent aux réunions sont toutes des personnes physiques, car les personnes morales (entreprises, institutions, etc..) ne peuvent qu'être représentées par des personnes physiques. Les membres du Conseil d'Administration, appelés Administrateurs, sont choisis en fonction essentiellement de trois (3) critères :

- Il y a d'abord l'importance de la participation au capital de l'entreprise, se mesurant au nombre d'actions détenues. Ainsi, les actionnaires détenant les parts de capital les plus importantes en nombre d'actions et qui sont généralement les initiateurs de la création de la société, sont naturellement ceux qui ont le plus de chance d'être désignés comme administrateurs de ladite société. Cela est tout à fait logique et normal, car on imagine mal qu'un actionnaire qui n'a qu'une (1) action ou même dix (10) actions dans une banque soit désigné administrateur aux dépens d'un actionnaire qui posséderait à lui seul cent (100) ou mille (1000) actions et, qui plus est, serait à l'origine ou à l'initiative de la création de la banque, à moins qu'il n'y ait d'autres formes de contrat ou d'association entre eux ;

- Si le critère relatif à la participation au capital est important, il y a aussi le critère de compétence qui n'est pas à négliger. Un administrateur doit avoir un minimum de connaissance dans le domaine d'activité de l'entreprise dont il souhaiterait être administrateur ou dans des domaines d'intérêt connexes, en relation avec son marché. En effet, on peut disposer de moyens financiers importants et prendre ainsi une participation importante dans le capital d'une banque, mais n'avoir aucune idée du fonctionnement d'une banque. Il est évident que cela constituera un handicap certain, si l'on veut être administrateur.

Le rôle éminemment important de l'administrateur dans la gestion d'une banque, nécessite que ce dernier soit compétent pour participer efficacement à la détermination et à la réalisation des objectifs de la banque. On peut ainsi ne pas être un actionnaire important de par sa participation au capital, mais avoir des connaissances très utiles pour la bonne marche de la banque et de ce fait, prétendre à être administrateur.

- Pour être administrateur d'une banque, il convient aussi de tenir compte du critère relatif à la moralité des personnes prétendantes. En effet, on peut être riche et compétent à la fois, mais ne pas être une personne de bonne moralité. Cela constituera un frein pour être désigné comme administrateur, surtout dans une banque. Ce critère de bonne moralité devrait être, de ce fait, pris en compte.

2.1.2.2 Attributions du Conseil d'Administration

Le Conseil d'Administration a les attributions les plus étendues ou encore les plus larges dans une banque, notamment en matière de gestion. A cet égard, il convient d'indiquer que le Conseil d'Administration joue un rôle clé dans la définition de la stratégie et des cibles de clientèle, dans la mobilisation des moyens, dans la validation des plans d'affaires et dans l'approbation des budgets de la banque.

Au plan administratif, le Conseil d'Administration est l'organe qui a tous les pouvoirs pour procéder à la nomination des dirigeants de la banque, c'est-à-dire ceux qui sont chargés de sa gestion au quotidien.

La désignation des dirigeants de la banque, en l'occurrence le Directeur Général, incombe ainsi au Conseil d'Administration.

Le Conseil d'Administration dispose des pouvoirs les plus larges en matière de gestion des risques dans une banque et notamment en matière d'octroi des crédits. La notion de risques concerne tous les aspects de l'activité bancaire et particulièrement celle de crédit. Cet organe peut exercer directement lui-même ses pouvoirs ou déléguer une partie de ceux-ci, notamment au Directeur Général. Dans la pratique, le Conseil d'Administration fixe le plafond de crédit que la banque est autorisée à accorder à un client et établit la hiérarchie en matière de délégation de pouvoirs concernant tout crédit accordé.

D'une manière générale, c'est au Conseil d'Administration que revient la tâche de déterminer les objectifs globaux fixés pour la banque. A cet effet, il détermine et met en place la politique suivie par la banque en vue d'atteindre ses objectifs.

2.1.2.3 Fonctionnement du Conseil d'Administration

Le Conseil d'Administration se réunit sous la présidence d'un Président élu en son sein par les administrateurs. Le Président du Conseil d'Administration dirige les débats, afin que les travaux de la réunion ou séance ou encore session se déroulent avec un maximum d'efficacité.

Il convoque les réunions et propose aux autres administrateurs un ordre du jour bien précis.

Le Conseil d'Administration est l'organe de décision dont la composition est renouvelée, en pratique, tous les trois (3) ans, période conférant une certaine stabilité et une révision périodique de sa composition. C'est la tendance générale. Mais cette périodicité peut varier d'un établissement à l'autre. Il est important de noter que le mandat d'administrateur confié à une personne morale se traduit par la désignation pour le compte de celle-ci, d'un seul représentant permanent. Ce dernier est révocable « ad nutum », c'est-à-dire sur simple notification écrite.

Le Conseil d'Administration, en cours de mandat, se réunit en session ordinaire ou en session extraordinaire, conformément au statut. Les sessions du Conseil d'Administration se tiennent en séance ordinaire dans un intervalle de trois (3) mois, en général. Le Conseil d'Administration se réunit en session ordinaire, pour prendre des décisions ou pour statuer sur tous les dossiers qui sont soumis à son examen.

Ledit Conseil peut aussi, être convoqué en session extraordinaire pour examiner une situation survenue de façon imprévue et qui nécessite une prise de décision urgente par cet organe.

Entre deux sessions ordinaires, le Conseil d'Administration peut être saisi par voie de consultation à domicile, pour examiner et prendre des décisions concernant des dossiers urgents, notamment ceux relatifs à des octrois de crédits.

La convocation du Conseil d'Administration en séance ordinaire ou extraordinaire est faite par le Président du Conseil ou par la majorité qualifiée de ses membres, comme prévu statutairement. La convocation est généralement faite par voie écrite, dans un délai donné. Elle comporte l'ordre du jour de la réunion portant sur des questions de décision et/ou des questions d'information ou d'avis. Les formalités administratives relatives à la convocation et à la réunion, notamment la rédaction du procès-verbal qui est un document très important devant être conservé sans altération dans un registre coté et paraphé, permettant l'authentification, sont généralement accomplies par les soins de la Direction Générale de la banque.

Compte tenu de l'importance de ses responsabilités, le Président du Conseil d'Administration doit être une personne réellement compétente dans le domaine bancaire.

2.2 L'organe de décision nommé par les actionnaires

2.2.1 La Direction Générale

L'organe de décision nommé par les actionnaires, à travers le Conseil d'Administration, c'est la Direction Générale qui gère au quotidien la banque. Cette structure est prévue par le statut. Elle est mise en place par décision du Conseil d'Administration, notamment par la nomination du Directeur Général (DG) et, éventuellement ses principaux collaborateurs.

La Direction Générale d'une banque est composée de plusieurs personnes, mais la personne la plus importante est, évidemment, le Directeur Général ou le Président-Directeur Général (PDG), qui seul, détient les pouvoirs qui sont soit prévus par le statut, soit délégués par le Conseil d'Administration en sa qualité de mandataire social.

Le Directeur Général d'une banque peut être une personne recrutée par le Conseil d'Administration. Cette personne n'a donc pas nécessairement de participation dans le capital de l'établissement, même si au départ, des formules d'intéressement au résultat peuvent le rendre actionnaire. C'est donc un employé pur et simple de la banque.

Par contre, la banque peut aussi être dirigée par un Président-Directeur Général qui est une personne désignée par le Conseil d'Administration parmi ses membres, pour non seulement jouer le rôle de Président du Conseil, mais également disposer d'un contrat de travail en qualité de Directeur Général de la banque en raison de sa compétence.

Le Président-Directeur Général ou le Directeur Général, est la personne chargée de l'organisation et du fonctionnement de l'ensemble des services de la banque, dans le but d'atteindre les objectifs fixés par le Conseil d'Administration. Le PDG ou le DG ne peut jouer ce rôle tout seul. Le concours de collaborateurs est nécessaire. Il lui faut ainsi procéder à la nomination de ceux-ci, selon les pouvoirs qui lui ont été attribués par le statut ou délégués par le Conseil d'Administration.

Le PDG ou le DG est ainsi la première personne responsable de tous les actes de gestion de la banque, devant le Conseil d'Administration à qui il doit rendre compte. Il lui appartient de choisir ses collaborateurs en toute responsabilité et leur déléguer une partie de ses pouvoirs, comme il l'entend, ou avec l'approbation du Conseil d'Administration.

2.2.1.1 Attributions de la Direction Générale

Dans le cadre de l'organisation de la banque, c'est au Directeur Général qu'incombe la tâche d'élaborer et de mettre en place un organigramme opérationnel et fonctionnel.

L'organigramme d'une banque, comme celui de toute entreprise, peut se définir comme l'organisation schématisée des relations hiérarchiques, qui permet une gestion rationnelle des structures et des personnes qui concourent à la gestion efficace de l'activité. Il situe leur degré de responsabilité à chaque niveau de la hiérarchie de la banque.

L'élaboration de l'organigramme qui fige ainsi les postes et les responsabilités de tous les agents de la banque, relève de la responsabilité de la Direction Générale. Cependant, l'organigramme n'entrera en vigueur et ne deviendra fonctionnel qu'une fois celui-ci approuvé par le Conseil d'Administration.

L'organigramme est un schéma indiquant les relations hiérarchiques et fonctionnelles entre les agents d'une part et entre les différents services d'autre part. Il montre les relations hiérarchiques verticales et celles horizontales. Celles verticales montrent le degré de responsabilité par ordre décroissant, c'est-à-dire de haut en bas. Ainsi on trouvera au haut de l'échelle, le Président-Directeur Général ou le Directeur Général, puis viennent les Directeurs de Services, suivis des Chefs de Services, puis des Chefs de Sections, etc.

Les relations horizontales situent les personnes sur un même niveau hiérarchique et montrent comment la collaboration se fait entre elles. Ainsi, il y a des relations horizontales ou encore transversales entre le Directeur de la Comptabilité, le Directeur de l'Informatique et le Directeur du Crédit, qui sont tous des directeurs placés au même niveau de responsabilité, chacun dans un domaine d'activité bien défini.

L'organigramme traduit ainsi le type d'organisation mis en place par chaque banque, qui peut être différent d'un établissement à un autre. En effet, il n'y a pas une organisation standard qui soit imposée aux banques et donc il n'y a pas un organigramme standard, sauf peut-être pour des établissements appartenant à un même groupe bancaire.

Cependant, dans toute banque, l'organisation doit reposer sur des fonctions de base qui sont sensiblement les mêmes. Dans toute banque, on doit normalement retrouver ces fonctions essentielles qui sont liées à l'administration, à l'activité de crédit ou du risque en général, à la comptabilité, à l'informatique et enfin au contrôle interne. Ces fonctions sont incontournables dans une banque.

Ainsi, la simple lecture de l'organigramme détaillé d'une banque, permet de se rendre compte, a priori, de l'efficacité de son organisation et de présumer, sans grand risque de se tromper, de la cohérence de sa gestion. Bien sûr, l'organigramme en lui-même, aussi détaillé et aussi bien structuré soit-il, ne suffit pas pour conforter une appréciation, car il est aussi important que celui-ci soit mis en œuvre par des personnes compétentes. L'organigramme doit être à la fois fonctionnel, opérationnel et adapté à la taille et aux objectifs de la banque.

Les pouvoirs du Président-Directeur Général ou du Directeur Général touchent tous les domaines d'activité de la banque et en particulier les pouvoirs relatifs à l'octroi des crédits. En général, les pouvoirs d'octroi de concours sont dévolus au Conseil d'Administration, qui fixe ainsi les plafonds globaux et individuels qui sont les limites d'intervention de la banque, facilitant une bonne administration et une maîtrise de ses risques et de ses garanties.

Pour des raisons pratiques de gestion, il s'avère tout à fait évident qu'il serait impossible à un Conseil d'Administration de vouloir gérer au quotidien l'activité de crédit, entre autres. Aussi, ledit Conseil procède-t-il par délégation de pouvoirs au Président-Directeur Général ou au Directeur Général qui, à son tour, peut subdéléguer une partie de ses pouvoirs aux Directeurs et Chefs de Services.

2.2.1.2 Fonctionnement de la Direction Générale

La Direction Générale, en tant qu'organe de décision, fonctionne sous la responsabilité d'un Président-Directeur Général ou d'un Directeur Général qui a tous les pouvoirs nécessaires pour faire fonctionner la banque, sous l'autorité du Conseil d'Administration.

Pour assurer une bonne gestion, en général le PDG ou le DG met en place une structure de gestion appelée Comité de Direction, à travers lequel il reçoit toutes les informations de la base au sommet et donne toutes instructions ou orientations du sommet à la base. Ce Comité de Direction, qui peut prendre une autre dénomination, fonctionne en se réunissant périodiquement, pour examiner tout problème concernant le fonctionnement de chaque structure de gestion, l'exécution des décisions prises et le suivi des directives données par les organes délibérants de la banque, notamment le Conseil d'Administration.

En général, il se compose des représentants de tous les Directions ou Départements de la banque, qui sont en fait les directeurs responsables de ces structures. Il se réunit, en général, au moins une fois par semaine.

Ainsi, dans le cadre de l'organisation de la banque, c'est au PDG ou au DG d'élaborer un organigramme fonctionnel et opérationnel comme indiqué plus haut. Il pourvoit aux différents postes de responsabilité ressortant de l'organigramme, en procédant à la nomination des différents responsables de la banque, notamment ceux placés à la tête des principales structures de gestion suivantes :

- La Direction de l'administration ;
- La Direction de la trésorerie ;
- La Direction des risques ou du crédit ;
- La Direction de la comptabilité ;
- La Direction de l'informatique ;
- La structure du contrôle interne.

La mise en place des structures ci-dessus est d'autant plus nécessaire que leur absence peut entraîner des manquements graves à l'égard de la réglementation bancaire, dont le respect est une exigence, comme par exemple la mise en place du contrôle interne.

Une fois qu'il a défini les structures qui, de façon générale, sont des structures minimales que l'on devrait retrouver au niveau de chaque banque, le PDG ou le DG va procéder à la nomination des personnes qu'il juge aptes à assumer les fonctions de diriger et de faire fonctionner, sous leur responsabilité, lesdites structures.

III. LES STRUCTURES FONCTIONNELLES

L'efficacité de la gestion d'une banque repose sur la bonne organisation et le bon fonctionnement des structures ci-dessous.

3.1 La structure administrative

La structure administrative est chargée, dans une banque, de la gestion de l'ensemble des tâches se rapportant à l'administration générale. Cette structure est dénommée, tantôt Direction de l'administration, tantôt Département de l'administration, etc. Sa dénomination n'a pas une grande importance, car elle peut varier d'une banque à une autre. Ce qui est important c'est le rôle qu'elle joue.

Placée sous la responsabilité d'un Directeur, au siège de l'établissement, cette structure s'occupe de l'ensemble des tâches relevant de sa compétence au siège et dans les agences. Elle est organisée en services et sections, etc. Les deux principaux domaines de gestion incombant à la Direction Administrative sont :

- la gestion des ressources humaines ;
- la gestion du patrimoine.

3.2 La structure de la trésorerie

La structure de la trésorerie peut être érigée en Direction. Elle peut être aussi une structure rattachée. Sous la responsabilité d'un Directeur, la structure chargée de la gestion de la trésorerie est organisée en services et en sections. Elle intervient notamment dans la gestion des moyens de paiement en espèce (billets et pièces de monnaie) ou autres (virements, transferts), la gestion des prêts et emprunts interbancaires et/ou auprès de l'institut d'émission et la gestion des opérations avec l'étranger.

3.3 La structure du crédit

Cette structure est généralement érigée en Direction, avec des sous-directions, selon la taille de la banque. Cette direction peut comporter des sous-Directions de gestion des crédits à la clientèle entreprises, à celle des particuliers, à celle des commerçants, etc. La

Clientèle entreprises peut être scindée en portefeuille clientèle entreprises industrielles, clientèle entreprises commerciales, clientèle entreprises agricoles, clientèle entreprises artisanales, clientèle entreprises de services (communication, loisir, hébergement, etc.). La clientèle des particuliers peut être subdivisée en portefeuille clientèle salariés, clientèle professions libérales, etc.

La Direction du crédit s'occupe, naturellement, de la surveillance des crédits accordés à toutes les catégories de la clientèle. Il peut y avoir aussi une direction des risques en général, notamment si la banque est exposée de manière importante à l'ensemble des risques autres que celui lié au crédit (risques de marché, opérationnels, juridiques, etc.).

3.4 La structure de la comptabilité

C'est une structure chargée de la gestion de la comptabilité, notamment des comptes généraux d'une part et des comptes de la clientèle d'autre part. C'est elle qui confectionne les documents comptables, les états périodiques réglementaires déclarés à la Banque Centrale et à la Commission Bancaire, le bilan et le compte de résultat en fin d'exercice, qui sont également des documents transmis à la Banque Centrale et à la Commission Bancaire.

3.5 La structure informatique

Placée sous la responsabilité d'un Directeur, cette structure est en relation avec l'ensemble des services de la banque et plus particulièrement avec la comptabilité. Elle s'occupe de la mise en œuvre du système d'information de la banque. C'est à la direction de l'informatique qu'incombe la responsabilité de faire fonctionner le ou les logiciels de base et d'élaborer tous les programmes nécessaires au bon fonctionnement de la banque.

3.6 La structure du contrôle interne

Le contrôle interne est une structure qui est placée sous la responsabilité d'un Contrôleur Général ou Auditeur Général. Le contrôleur général, bien que hiérarchiquement dépendant du Directeur Général, ne reçoit, cependant, pas d'instructions ou d'ordres de ce dernier. Il doit rendre compte de ses activités au Directeur Général et au Conseil d'Administration ou, le cas échéant, au Comité d'Audit qui en émane et tenir compte des appréciations de celui-ci ainsi que des orientations à lui données.

L'activité du contrôle interne doit couvrir celles de tous les services de la banque. Ainsi, le contrôle interne doit s'exercer à tous les niveaux d'activité et d'exposition de la banque, particulièrement ceux de l'administration, de la trésorerie, des risques, du crédit, de la comptabilité et de l'informatique.

Les dernières dispositions réglementaires en matière de contrôle interne, édictées à travers la circulaire n°003-2011/CB/C du 4 janvier 2011 de la Commission Bancaire de l'UMOA, exigent l'institution d'un Comité d'Audit dans l'ensemble des banques.

CHAPITRE II :

LES FONCTIONS DE GESTION

La bonne gestion d'une banque repose, comme dit tantôt, en grande partie, sur une bonne organisation. Celle-ci nécessite la mise en place de structures adéquates qui fonctionnent harmonieusement.

Comme rappelé ci-dessus, il n'y a pas d'organisation type imposable aux banques. Chaque banque a son organisation propre, qui est fonction des objectifs recherchés, de la clientèle visée ou sélectionnée, de la taille de la banque, etc. Mais quelle que soit la banque, son organisation ne peut être rationnelle, si elle ne repose pas sur un minimum de structures qui permettent d'en assurer au mieux la gestion.

Mais tout n'est pas d'avoir une organisation parfaite. Il faut, en plus, que les structures mises en place répondent parfaitement aux objectifs recherchés par la banque, aux attentes de la clientèle et à celles des autorités monétaires et de contrôle, à travers le respect de la réglementation bancaire en vigueur.

I. LA GESTION ADMINISTRATIVE

La gestion administrative revient à faire fonctionner au mieux, l'ensemble des moyens humains et matériels dont dispose la banque. En effet, leur gestion rationnelle et efficace, permettra d'atteindre les objectifs fixés par les organes de décision, en l'occurrence le Conseil d'Administration.

1.1 La gestion des ressources humaines

La gestion des ressources humaines concerne tout le personnel de la banque, c'est-à-dire, aussi bien le personnel d'encadrement que le personnel d'exécution. Les tâches relatives à la gestion du personnel concernent la tenue et la mise à jour du dossier individuel de chacun, depuis le jour de l'embauche jusqu'au départ de la personne. Elles ont également trait à la rémunération, au suivi du respect des obligations légales et contractuelles par chacun, aux œuvres sociales, etc.

La Direction de l'administration est chargée du bon accomplissement de ces tâches.

Outre la gestion des ressources humaines, la Direction de l'Administration a également en charge celle du patrimoine, élément indispensable à l'activité du personnel.

1.2 La gestion du patrimoine

Le patrimoine est constitué de l'ensemble des biens immobiliers et mobiliers qui appartiennent à la banque et qui lui permettent de mener à bien son activité. Par extension, il concerne aussi les biens loués, gérés sur la base de contrats de bail avec les propriétaires.

Par biens immeubles, il faut entendre les bâtiments d'exploitation d'une part, et ceux qualifiés de hors exploitation, servant généralement de logement d'autre part. Pour une banque, les bâtiments d'exploitation qui sont de loin les plus importants, sont notamment le siège, les agences et les bureaux. La gestion de ces immeubles d'exploitation va de leur construction éventuelle à leur entretien, afin qu'ils soient le plus fonctionnels possible. Celle des bâtiments hors exploitation, qui sont en fait les bâtiments de logement, devrait obéir à la même règle.

Elle doit être fondée sur une bonne connaissance des procédures à appliquer, afin de minimiser les coûts tout en recherchant le maximum de fonctionnalité.

Le patrimoine ne se limite pas seulement aux bâtiments. Il concerne aussi les autres propriétés de la banque, telles que le parc automobile et autres véhicules de service, le parc informatique, les meubles et fournitures de bureau, le matériel de conservation des valeurs, etc.

Pour gérer efficacement l'ensemble de ce matériel, la gestion du patrimoine devra être faite de manière à éviter tout gaspillage. L'important c'est de bien connaître les procédures. Une bonne gestion implique, comme précédemment indiqué, la maîtrise des coûts et une bonne appréciation de l'utilité de chaque bien acquis.

II. LA GESTION DE LA TRESORERIE

Toute entreprise est confrontée à des enjeux de trésorerie, liés aux inévitables décalages entre ses paiements et ses entrées de fonds et aux délais d'encaissement des valeurs. Ceci est particulièrement vrai pour la banque qui, par nature, enregistre des milliers sinon des millions d'opérations au quotidien. Ainsi, chaque jour, elle effectue des paiements, mais également reçoit des versements. Il faut faire en sorte que la banque puisse faire face à tout moment aux paiements qu'elle doit assurer et offrir le service de recouvrement de valeurs qu'attend d'elle sa clientèle.

La gestion concernera celle des moyens de paiement en espèces d'une part, et celle des autres moyens de paiement d'autre part.

Pour les paiements en espèces, les moyens utilisés, dont il convient d'assurer une gestion efficace, sont les billets de banque et les monnaies divisionnaires sous forme de pièces métalliques.

Les entrées d'argent se présentent sous forme de versements, de virements reçus, de chèques reçus à encaisser, etc. Les sorties d'argent sont les retraits sous forme de chèques à payer, de mises en place de crédits, etc. Les entrées et les sorties d'argent doivent être prévisibles ou du moins faire l'objet d'estimations les plus proches de la réalité. Pour faire face à cette situation, la banque est obligée d'être organisée rigoureusement et pour cela, elle met en place une structure de gestion, appelée caisse.

La gestion reviendra à organiser et à faire fonctionner efficacement cette caisse pour assurer dans la sécurité un service optimum au profit de la clientèle. Si pour les entrées d'argent à la banque, au moyen de versements effectués aux guichets, on n'a pas besoin d'utiliser un moyen particulier, pour les sorties sous forme de retraits, les clients utilisent des chèques et des cartes pour retirer des billets. La banque doit également veiller à une gestion satisfaisante de ces moyens.

2.1 La gestion des moyens de paiement en espèces

La gestion des moyens de paiement en espèces concerne, en fait, la manipulation des billets de banque ainsi que des pièces de monnaie. La banque mettra ainsi en place une organisation stricte de la caisse, car celle-ci est la structure avec laquelle le client est le plus souvent en contact.

À la caisse, on peut observer concrètement les entrées matérielles d'argent qui sont les versements de billets et pièces de monnaie effectués aux guichets par les clients, ainsi que les sorties d'argent qui se manifestent par les paiements, sous forme de remises de billets et pièces de monnaie à la clientèle, toujours aux guichets, au moyen du paiement des chèques ou autres pièces comptables.

Le service de caisse revêt ainsi une grande importance pour une banque et nécessite une bonne organisation ayant pour souci principal la sécurité et la satisfaction optimale de la clientèle. Il comporte généralement trois éléments :

- La caisse courante ;
- La caisse d'approvisionnement ;
- La caisse de réserve.

2.1.1 La caisse courante

La caisse courante comprend les guichets de versement et les guichets de paiement. Les guichets de versement enregistrent les entrées d'argent et les guichets de paiement enregistrent les sorties d'argent.

Pour recevoir les entrées d'argent, la banque, selon sa taille ou tout autre critère, met en place au niveau de la caisse de versement, plusieurs guichets (petits et gros versements, etc.). Le caissier ou la caissière qui reçoit les versements, doit accomplir les tâches selon les procédures prescrites par la banque et veiller notamment à la vérification de la somme reçue du client, particulièrement le montant et la qualité des billets remis par celui-ci. Ensuite, il fera un enregistrement approprié de l'opération, permettant sa traduction comptable sans erreur pour la banque et l'authentification du versement pour le client.

Pour les sorties d'argent, la banque mettra également en place une caisse de paiement comprenant des guichets (petits et gros paiements, etc.). C'est en général la caisse qui accueille le plus de clients. L'agent chargé d'effectuer les opérations reçoit la clientèle munie de chèques. Il doit suivre scrupuleusement les procédures prescrites par la banque pour effectuer toute opération de paiement au guichet, notamment celles relatives à l'encaissement du chèque.

Outre le fait qu'il procède au paiement de la somme au client, s'il y a lieu, le caissier ou la caissière devra procéder, au préalable, à la vérification exigée de toutes les mentions sur le chèque. La caisse courante, comprenant les guichets de versement d'une part et ceux de paiement d'autre part, doit être située dans un endroit accessible facilement à la clientèle. Elle est aménagée de manière à ce que l'ensemble des clients qui voudraient faire des versements ou des retraits, se sentent à l'aise et en sécurité.

Pour que les clients soient à l'aise, les responsables de la caisse devraient instaurer une discipline à observer par ces clients, afin de permettre une fluidité dans l'accès aux guichets. Les caissiers et caissières en contact direct avec la clientèle, doivent être instruits des règles de politesse, de courtoisie et d'amabilité à observer à l'égard de celle-ci. Ceci est fondamental, car c'est l'image de marque de la banque qui est en jeu.

En effet, et ceci est particulièrement vrai pour les pays de la zone UMOA et l'Afrique en général, nombre de clients ne sont pas familiarisés avec le système bancaire et il faut donc les comprendre. Une banque qui négligerait cet aspect de sa gestion risque de faire fuir sa clientèle sans trop comprendre pourquoi.

Si devant les guichets, généralement situés dans le hall, une discipline rigoureuse n'est pas instaurée, cela peut créer une situation de pagaille entraînant une certaine insécurité aussi bien pour les clients que pour la banque. À cet égard, en matière de sécurité, l'aménagement de guichets répondant aux normes de sécurité requise doit être une préoccupation majeure des dirigeants de toute banque.

2.1.2 La caisse d'approvisionnement

La caisse d'approvisionnement n'est pas en contact direct avec la clientèle. Elle est nécessaire au bon fonctionnement de la caisse courante et répond à un souci d'organisation qui permet d'obtenir le maximum d'efficacité dans la gestion des moyens de paiement. Son rôle, comme son nom l'indique, est d'approvisionner la caisse courante dans sa fonction de paiement, en billets et monnaies émis par la Banque Centrale, c'est-à-dire en billets de bonne qualité, pour faire face aux besoins de règlement de la clientèle. Cette caisse récupère parallèlement les billets et pièces de monnaie versés par les clients, toujours au niveau de la caisse courante.

Les billets ainsi réceptionnés sont normalement assemblés dans des formes prédéfinies et reversés à la Banque Centrale pour être triés et reconditionnés par celle-ci avant d'être remis en circulation. Cette diligence ne semble pas toujours respectée, car il n'est pas rare de voir des banques effectuer des paiements avec des billets qu'elles recueillent directement aux guichets de versement sans que ceux-ci ne fassent l'objet de tri par la Banque Centrale. Ceci nuit à la qualité de la circulation fiduciaire et peut entraîner des désagréments, car on prend le risque de payer des clients avec des billets de contrefaçon, c'est-à-dire avec des faux billets.

Les personnes chargées d'effectuer les opérations devront donc toujours veiller à respecter toutes les procédures prescrites.

2.1.3 La Caisse de réserve

La caisse de réserve est une structure qui n'existe, généralement, pas au niveau des banques primaires, les services de caisse à la Banque Centrale en tenant lieu justement.

2.2 La gestion des autres moyens de paiement

La banque effectue des paiements en espèces au niveau de ses caisses en remettant aux clients des billets de banque et des pièces de monnaie, tout en recueillant ceux-ci pour le compte d'autres clients. Elle procède également à des règlements ou paiements entre clients et entre elle et ses correspondants, en effectuant des opérations de virement et de transfert notamment. Ces opérations sont quotidiennes et importantes en volume et en montant.

Pour évaluer convenablement le niveau de sa trésorerie, la banque doit connaître le niveau du besoin de son endettement à l'égard des confrères et s'assurer des moyens d'en disposer, en cas de besoin réel. D'où l'importance qu'il convient d'accorder à la gestion des relations avec la Banque Centrale et les autres banque, notamment les correspondants étrangers, dans le cadre de l'évaluation du niveau adéquat de sa trésorerie.

Sur cette base, elle optimise ses ressources pour faire des placements ou réaliser des emprunts, couvrir ses règlements, respecter les réserves obligatoires exigées par la Banque Centrale et le coefficient de liquidité imposé par la réglementation prudentielle.

En parlant de gestion de la trésorerie, il est indispensable d'évoquer celle des moyens de paiement. Sont considérés comme moyens de paiement, tous les instruments qui ne permettent à toute personne de transférer des fonds, quel que soit le support ou le procédé technique utilisé.

La gestion des moyens de paiement pose, en matière d'organisation, une problématique simple. Il s'agit pour une personne (une personne étant une entité) de transférer à une autre un montant déterminé au moyen d'un support donné. Pour cela, on distingue différents supports qui sont ainsi : les billets et pièces de monnaie, les chèques, les effets, les virements, les transferts.

Les systèmes de règlement sont divisés en trois (3) groupes :

- Les opérations de masse, nombreuses, concernent les petits montants (chèques, cartes, virements, prélèvements ou retraits) ;
- Les opérations portant sur de gros montants concernant la trésorerie interbancaire et les opérations de marché pour compte propre et/ou pour compte de tiers ;
- Les opérations sur titres pour lesquels on évoque la notion de simultanéité des règlements espèces et matière.

2.2.1 Le service des chèques et virements

De nombreux clients choisissent de régler ou payer leurs dettes au moyen d'un virement bancaire ou de remise d'un chèque à leur créancier, ce qui ne nécessite pas la remise d'espèces sous la forme de billets et de pièces. La banque doit assurer la gestion de ces paiements de manière à ce qu'ils se fassent en toute sécurité, avec célérité et dans la transparence.

Pour rendre ce service, celle-ci doit mettre en place une organisation adéquate, en respectant des procédures élaborées et appliquées à cet effet, notamment celles afférentes à la compensation de ces valeurs avec l'ensemble de ses confrères de la même place.

2.2.2 Le service des transferts

Le transfert est également un moyen de paiement beaucoup utilisé par la banque pour effectuer des paiements entre clients, surtout à l'échelle internationale, ou des règlements entre banques. La gestion des opérations y relatives doit donc être aussi assurée avec le maximum de rigueur, en veillant à un échange soigné des instruments échangés et une exécution précise des ordres selon les conventions de règlement en vigueur.

2.2.3 La compensation

Les opérations de virement et de transfert, de volumes et de montants cumulés importants, qu'il faut traiter de manière certaine, entraînent de nombreuses compensations à effectuer entre banques, qu'il faudra également gérer avec exactitude.

Désormais, dans l'UMOA, ces opérations sont autorisées et adossées à l'échange d'images scannées des valeurs, à travers le Système Interbancaire de Compensation Automatisé (SICA-UEMOA) et le Système de Traitement Automatisé des Règlements (STAR-UEMOA).

On peut expliquer simplement la compensation en prenant l'exemple de deux banques. La banque A reçoit des chèques de ses clients tirés sur la banque B que cette banque A doit encaisser pour eux. Donc, en quelque sorte, la banque B doit à la banque A. Il se trouve que dans le même temps, la banque B a reçu de ses clients des chèques tirés sur la banque A qu'elle doit encaisser pour eux. La banque A doit ainsi à la banque B. Au lieu que chaque banque règle la somme due, celle qui doit le plus procédera au règlement de la différence des sommes à celle qui doit le moins.

III. LA GESTION DES RISQUES

Les activités des établissements de crédit sont exposées à des risques de nature variée et d'ampleur diverse. Ces risques sont les risques de contrepartie, les risques de marché (taux d'intérêt, cours de change, etc.), les risques d'illiquidité, les risques opérationnels, les risques de dysfonctionnement du système informatique et les risques juridiques. Cependant, parmi tous ces risques encourus par un établissement de crédit, certains paraissent plus menaçants que d'autres.

3.1 Le risque de crédit

Les risques peuvent varier d'un établissement à un autre, mais généralement, le risque de contrepartie ou risque de crédit demeure le plus préoccupant, car les opérations faites en la matière, que ce soit entre les banques, c'est-à-dire interbancaires, ou avec la clientèle, restent au cœur de l'intermédiation, c'est-à-dire de l'activité des banques, en tout cas pour ce qui est des pays de l'UMOA.

Pour les dirigeants d'une banque, surtout dans la zone UMOA, la surveillance et la maîtrise des risques de contrepartie constituent ainsi la priorité en matière de gestion. Aussi, doit-il exister un processus de sélection, de mise en place et de surveillance des risques de contrepartie, ce dernier élément devant être apprécié par une revue périodique et systématique de l'évaluation de la qualité des engagements et du niveau adéquat des provisions à constituer. Pour autant, les autres catégories de risques ne doivent pas être négligées, s'agissant de leur surveillance.

On ne peut citer de manière exhaustive toutes les techniques de gestion des risques de contrepartie, dont les établissements de crédit peuvent disposer. En effet, elles sont nombreuses et variées.

On peut définir le risque de contrepartie comme étant le fait d'accorder un crédit à toute personne physique ou morale bien identifiée, dont on ne peut cependant, jamais présumer de la solvabilité à cent pour cent (100 %) aux échéances du remboursement. C'est ce risque que le banquier prend en accordant un crédit direct ou par signature, avec ou sans garantie, à cette personne considérée comme une contrepartie dans ses livres.

S'agissant des instruments de gestion des risques, les plus répandus sont les suivants :

- le système de délégation de pouvoirs et d'autorisations ;
- la fixation des limites d'emprunts ou de prêts. Ces limites peuvent être globales (au niveau de l'établissement), opérationnelles (par service, par opérateur), par type de marché (réglementé, gré à gré), par produit autorisé, par devise, par signature, par pays, par période, etc. Les limites peuvent être exprimées en montant, en volume, en nombre de contrats, etc. ;
- la cotation interne des établissements de crédit des entreprises, voire des particuliers, qui constituent les contreparties ;
- la centralisation des risques de contrepartie, qui permet de s'assurer d'une bonne gestion dans le système d'information de l'exhaustivité des engagements de chacun et de tous les clients.

Il apparaît nécessaire d'exercer un contrôle de ces divers modes de détermination des instruments de gestion des risques, en s'assurant qu'ils sont appropriés à la situation de l'établissement, notamment au regard de son volume d'activité et de ses fonds propres.

En outre, ils devront être périodiquement révisés, validés par les dirigeants, correctement diffusés auprès des personnes en charge de leur gestion et leur application doit faire l'objet d'une surveillance permanente.

Lorsque des défaillances ou des anomalies apparaissent, les causes de celles-ci doivent toujours être expliquées et faire l'objet de mesures correctives.

Le risque de crédit, appelé également risque de signature, constitue le risque principal auquel les établissements de crédit doivent faire face et le souci permanent et prioritaire des dirigeants. En effet, il constitue la catégorie des risques à l'origine de la plupart des faillites bancaires. Il se mesure à l'incapacité des contreparties à honorer leurs engagements à leur échéance, entraînant une dégradation des actifs de la banque et une atteinte à sa propre solvabilité. Vu le très grand nombre de contreparties qui sont concernées, la maîtrise de ce risque par la banque repose essentiellement sur la gestion dynamique d'informations les plus exactes et à jour possible, et des flux financiers résultant des transactions avec et pour le compte des clients.

3.1.1 Le montage et l'analyse des dossiers de crédit

Pour assurer une bonne gestion des crédits, il convient, dans un premier temps, de s'assurer que la ou les procédures de montage et aussi d'analyse des dossiers, sont clairement définies, adaptées et scrupuleusement respectées.

Ainsi, pour qu'une banque accorde un crédit à un client, il ne suffit pas d'avoir le client en face et de lui demander ses besoins verbalement. Tout crédit résulte d'un contrat écrit entre le client et le banquier. Pour ce faire, ce dernier, selon la catégorie à laquelle appartient le client, c'est-à-dire s'il s'agit d'un particulier ou d'une entreprise, devra recueillir un maximum d'informations sur la base de documents écrits vérifiables.

Ainsi, pour la clientèle des particuliers, le minimum d'informations à recueillir portera sur l'identité du client, ses revenus, sa situation patrimoniale, ses engagements en cours, les garanties demandées, les garanties effectivement recueillies. Le dossier de crédit monté permet à un fondé de pouvoirs (un agent à qui le Directeur Général ou le Président Directeur Général a donné des pouvoirs déterminés) dans la banque, de se faire une opinion sur la faisabilité ou non du crédit et donner son avis favorable ou défavorable qui sera mentionné en conclusion du dossier. Par le principe des délégations de pouvoirs, la décision finale d'accorder ou pas le crédit sera prise par la ou les personnes qui ont effectivement ces pouvoirs, après que le dossier ait, au besoin, transité par d'autres personnes, pour recueillir leurs observations et avis.

Les informations recueillies concernant l'identité du client porteront essentiellement, pour ce qui est de la clientèle des particuliers, sur :

- son identité (le nom et le ou les prénoms) et son adresse complète ;
- le numéro de compte du client ;
- la date d'entrée en relation avec la banque ;
- la profession du client.

Il convient de se rappeler, que dans le cadre des procédures de lutte contre le blanchiment des capitaux et le financement du terrorisme, il est désormais indispensable pour une banque d'avoir une bonne connaissance du client (« know yourcustomer »), ce qui suppose une mise à jour régulière de son profil sous ces différents axes.

S'agissant de la situation financière de celui-ci, les informations porteront sur :

- le revenu périodique, généralement mensuel, au cours des trois (3) dernières années et/ou la nature et la source des autres revenus du client ;
- la capacité d'endettement sur la même période ;
- la quotité cessible sur la même période, s'il s'agit d'un salarié ;
- la mensualité de remboursement pouvant être retenue. S'agissant des engagements en cours du client, les informations indiqueront la date et le montant autorisé, l'encours du crédit restant à payer, le classement et la cotation de la créance. Ces informations porteront, en outre, sur toutes les catégories de crédits dont le client a bénéficié et qui sont toujours en cours. Il s'agira ainsi des soldes débiteurs résultant d'une facilité de caisse, d'un découvert, d'un accréditif, etc., de tout autre crédit à court, moyen, ou long terme, de crédits impayés ou douteux, des intérêts sur crédits douteux, de crédits sous forme d'aval ou de caution, de crédits documentaires et enfin les provisions déjà constituées sur les créances en souffrance et sur les intérêts.

Pour ce qui est des garanties, le banquier indiquera, en fonction des informations qu'il a déjà sur son client, celles existantes ou qu'il souhaite obtenir de lui. Les types de garanties qui peuvent être prises par le banquier ont été rappelés ci-dessus.

En ce qui concerne les crédits à la clientèle des entreprises, notamment les entreprises commerciales et industrielles, les informations à recueillir sont naturellement plus larges que celles recueillies pour la clientèle des particuliers, à savoir des informations portant sur l'identité du client et indiquant :

- la raison sociale, l'adresse et l'implantation géographique ;
- la forme juridique ;
- le capital et sa répartition ;
- les principaux actionnaires ;
- le compte de l'entreprise ;
- la date d'entrée en relation ;
- l'activité de l'entreprise et sa place sur les différents marchés ;
- son organisation générale et les différents niveaux de responsabilités de ses dirigeants.

Sur la situation financière, les informations à recueillir, sur la base des documents comptables des trois (3) derniers exercices, sont les suivantes :

- la surface nette ;
- le potentiel d'endettement ;
- le fonds de roulement brut (FRB) ;
- le fonds de roulement net (FRN) ;
- le FRN/FRB ;
- le chiffre d'affaires hors taxe ;
- le résultat net.

Les informations sur les engagements, les garanties demandées et celles recueillies, sont les mêmes que dans le cas d'un dossier d'un client particulier. Cependant, elles doivent être beaucoup plus approfondies compte tenu de la complexité de la mise en place de certains concours, ainsi que de la nécessité de recueillir les garanties réelles ou personnelles appropriées.

Enfin, sur la fiche de montage du dossier, il sera indiqué les observations et conclusions de l'agent ayant procédé au montage du dossier. Ce montage du dossier suit une procédure bien définie, car les informations recueillies sont précises et aucun agent ne doit déroger à cette procédure qui a été arrêtée par la banque et qui doit être appliquée jusqu'à sa nouvelle révision.

L'analyse du dossier consiste à apprécier les différentes informations figurant sur la fiche. Si toutes les informations sont utiles pour l'appréciation du dossier, elles sont, cependant, plus importantes les unes que les autres, en fonction de chaque cas particulier du client auquel on a à faire. Il va de soi que le dossier d'un client particulier sera vraisemblablement traité autrement que le dossier d'un client entreprise. Pour les clients de la même catégorie, l'analyse du dossier sera plus ou moins approfondie selon l'importance du montant demandé, sa réputation (appréciée notamment à travers l'historique de ses relations avec la banque), l'analyse de ses mouvements créditeurs et débiteurs avec la banque, etc.

L'analyse d'un dossier de crédit doit faire ressortir la politique générale suivie par la banque en matière de crédit. IL s'agira notamment de la détermination de marchés cibles par rapport à la clientèle et aux secteurs financés d'une part et par rapport aux critères de rentabilité d'autre part. Elle doit, par ailleurs, suivre le dispositif interne de prise de décision, à savoir le respect du mode de fonctionnement des structures intervenant dans la distribution des crédits, le système de délégation des pouvoirs, les modalités de déblocage des fonds. Ainsi les informations recueillies seront analysées en fonction de cette politique générale de prise de risques de la banque et de son dispositif interne de prise de décision mis en place.

Dans l'analyse du dossier de crédit d'une entreprise, il apparaît particulièrement important pour le banquier d'examiner attentivement le fonctionnement du compte. En effet, il peut en tirer de nombreux renseignements portant notamment sur :

- La variation des remises. Celle-ci reflète l'évolution du chiffre d'affaires et indique particulièrement la part que le client confie à la banque (évolution du chiffre d'affaires réglé par chèques ou effets) ;
- Le total des mouvements débiteurs et créditeurs du compte. Celui-ci constitue un bon indicateur de l'activité globale de l'entreprise ;

- L'examen des remises sur le compte. Les chèques tirés et reçus par l'entreprise permettent de se faire une idée de sa clientèle et de ses fournisseurs ainsi que leurs habitudes de règlement. Ceci peut être un indice intéressant pour l'appréciation du besoin en fonds de roulement, de la qualité ou de la médiocrité de l'entreprise et partant, du risque qu'elle présente.

3.1.2 La décision du banquier

La décision prise par le banquier prendra en considération trois variables qui sont les suivantes :

Les caractéristiques du crédit. Si le concours est un crédit assis sur un besoin bien déterminé « crédit dit objectif », le banquier a au moins la certitude que la demande est fondée, au moins en volume. Par contre si le crédit est de type dit « subjectif », alors la seule situation financière de l'entreprise peut constituer un critère d'appréciation.

Par rapport à la garantie, le crédit peut porter en lui-même sa garantie. Par ailleurs, il peut être mobilisable, diminuant ainsi le risque de liquidité encouru par la banque. Cependant la mobilisation est dans la pratique assez théorique et en tout état de cause n'exonère pas, par elle-même, du risque de non-remboursement du débiteur ;

- La situation financière de l'affaire. L'analyse de la situation financière, qui renseigne sur la solvabilité de l'affaire, est le critère clé en matière de prise de décision d'accorder ou non le crédit, notamment au point de vue du volume, du risque et de la garantie ;

- La situation de la banque, selon qu'elle se trouve être déjà engagée dans l'affaire ou au contraire qu'elle n'est pas encore en relation avec cette affaire, ce qui est souvent rare.

3.1.3 La surveillance du crédit

Assurer la surveillance du crédit, c'est analyser la qualité des risques et en déterminer les conséquences financières, notamment par la prise de décision concernant le montant des provisions à constituer, ces dernières étant un élément essentiel dans le calcul des fonds propres effectifs destinés à mesurer la solvabilité d'un établissement de crédit.

Les dispositifs de gestion des risques les plus modernes, conceptualisés dans l'Accord international dit de Bâle 2, procèdent même de l'idée que dès la mise en place du crédit, une allocation de capital économique est effectuée par la banque qui engage ainsi sa solvabilité en fonction de l'exposition du client, de sa probabilité de défaillance et des sûretés recueillies.

Pour procéder à l'analyse du portefeuille, il convient en premier lieu de s'assurer de la réalité des soldes comptables des crédits, de l'exhaustivité des enregistrements et de la classification correcte des risques.

La surveillance des risques doit également prendre en compte les modalités de suivi des engagements adoptées par la banque. Il s'agit notamment, en ce qui concerne l'organisation (les gestionnaires de crédits, la périodicité des revues, les cotations des signatures à effectuer et les décisions de gestion qui doivent en découler), des outils à utiliser pour analyser les risques en question (états des engagements, états des anomalies constatées, système de surveillance des autorisations et d'alerte pour les incidents) d'une part et, des procédures de déclassement et de provisionnement d'autre part.

Les renseignements recueillis sont ainsi rapprochés des informations contenues dans les documents de base, afin de s'assurer que la politique et les procédures suivies sont conformes aux orientations générales de la banque. Ceci permet d'apprécier leur pertinence par rapport aux moyens mis en place, notamment par rapport au réseau de la banque, aux structures internes de celle-ci et à l'environnement économique en général.

La surveillance des crédits a pour but de procéder à un classement permanent des créances de la banque, en créances saines ou engagements sains d'une part et en créances en souffrance d'autre part. Les déclassements ainsi opérés, tenant compte par ailleurs du système de cotation des signatures internes à la banque, doivent se faire en observant scrupuleusement les règles édictées par la Banque Centrale, notamment pour la constitution de provisions.

Une fois qu'on a clairement identifié les crédits dont la récupération est difficile ou pose des problèmes, il convient de veiller à leur provisionnement. La loi bancaire a prévu des règles minimales de provisionnement des créances ou risques en souffrance, à respecter par tous les établissements de crédit.

Ainsi, l'instruction numéro 94-05 de la Banque Centrale, relative à la comptabilisation et au provisionnement des engagements en souffrance, définit ces règles minimales comme suit :

- Pour les risques directs et les risques ou engagements par signature sur l'Etat et ses démembrements, la constitution de provisions est facultative, c'est-à-dire que la banque est libre de constituer des provisions ou de ne pas le faire ;
- Pour les risques garantis par l'Etat, il est recommandé aux banques et aux établissements financiers, sans obligation de leur part, la constitution progressive de provisions à hauteur de la créance garantie (capital et intérêts) sur une durée maximale de cinq (5) ans, lorsqu'aucune inscription correspondant au risque couvert n'est effectuée dans le budget de l'Etat ;
- Pour les risques privés non garantis par l'Etat, les risques répondant à la définition d'impayés ou d'immobilisés, la constitution de provisions (capital et intérêts) est facultative ;
- Pour les risques privés, toujours non garantis par l'Etat et répondant à la définition des créances douteuses ou litigieuses, les dispositions suivantes doivent être suivies, en matière de provisionnement :

Les risques non couverts par des garanties réelles doivent être provisionnés à cent pour cent (100 %) au cours de l'exercice pendant lequel les créances sont déclassées en créances douteuses ou litigieuses ;

Pour les risques assortis de garanties réelles, la constitution de provisions est facultative au cours des deux (2) premiers exercices. La provision doit couvrir au moins cinquante pour cent (50 %) du total des risques au cours du troisième exercice et cent pour cent (100 %) pendant le quatrième exercice ;

Les intérêts non réglés et portés au crédit du compte de résultat doivent être provisionnés à due concurrence, c'est-à-dire à cent pour cent (100 %) ;

Les créances douteuses relatives aux loyers afférents aux opérations de crédit-bail et opérations assimilées doivent être intégralement provisionnées à due concurrence ;

Les intérêts non réglés depuis plus de trois (3) mois et se rapportant aux risques-pays doivent faire l'objet d'un provisionnement intégral ;

Les créances irrécouvrables doivent être passées en pertes pour l'intégralité de leur montant.

Pour bien comprendre la notion de provisionnement d'une créance, qui est très importante dans le processus de gestion d'une banque, il paraît indispensable d'en avoir une bonne compréhension. Provisionner une créance revient à couvrir cette créance par ses résultats futurs espérés ou attendus.

Supposons qu'une banque accorde un crédit de 100 millions à un client, payable en dix (10) mensualités de 10 millions chacune. À la première échéance, le client paie normalement la somme de 10 millions à la banque. L'encours du crédit, c'est-à-dire le montant de la somme qu'il reste devoir à la banque est de 100 – 10 = 90 millions. À la deuxième échéance, le client n'arrive pas à payer les 10 millions à la banque. Les 10 millions sont donc impayés. La banque emploiera tous les moyens légaux pour récupérer les 10 millions, mais elle ne peut jamais être sûre d'y parvenir.

Supposons donc qu'elle n'y parvienne pas et que le client ne paie pas les échéances suivantes. Jusqu'à six (6) impayés de suite, l'encours du crédit est considéré en situation d'impayé. À partir de la septième échéance successive impayée, l'encours du crédit est considéré comme douteux, c'est-à-dire que le banquier doute de pouvoir récupérer les 90 millions restants. Il convient dans ce cas, de couvrir cette perte éventuelle par des provisions à prélever sur son résultat bénéficiaire futur ou alors ces provisions viendront accroître son résultat déficitaire. Ce cas de figure suppose que la banque a accordé le crédit sans prendre de garantie pour couvrir le risque de non-remboursement, et donc elle se trouve obligée de couvrir ce risque en constituant les provisions nécessaires à cet effet. D'où, une fois de plus, l'importance des garanties qu'il convient de prendre.

La constitution des provisions est faite par la banque dans l'espoir qu'elle pourra récupérer l'encours douteux. Si elle y arrive, avant la clôture de l'exercice et au moment de l'arrêté des comptes, elle annulera lesdites provisions en passant tout simplement une écriture comptable de reprise de provisions et ne verra pas son bénéfice diminuer d'autant, ou sa perte augmenter d'autant. C'est pour cela qu'on n'insistera jamais assez sur la nécessité pour une banque d'avoir un portefeuille de la meilleure qualité possible, c'est-à-dire que les crédits consentis soient bordés de garanties suffisantes et réalisables.

La survie de la banque en dépend, tout comme la sécurité des déposants. La banque doit veiller à cela et non pas procéder à des subterfuges visant à masquer un résultat qui ne correspondrait pas à la réalité, car ce jeu sera tôt ou tard découvert

3.2 Les autres risques

Les risques, outre celui du crédit appelé risque de contrepartie, doivent également faire l'objet d'une gestion rigoureuse. Il s'agit des risques opérationnels liés à l'exécution de toute opération, des risques informatiques, des risques juridiques, des risques de marché, etc.

Pour couvrir l'ensemble de ces risques, autres que celui du crédit examiné ci-dessus, les banques sont appelées à constituer ce qu'on appelle des provisions pour risques bancaires généraux.

IV. ANALYSE DE LA STRUCTURE FINANCIERE

L'objectif ultime de l'analyse de la structure financière d'une banque est d'apprécier la sécurité qu'offre cette dernière à ses déposants. En effet, l'étude de la structure financière permet d'évaluer la solidité de la banque, liée :

- à court terme, à l'état de sa trésorerie et à la politique suivie en la matière, influant directement sur la liquidité ;
- à plus long terme, à l'ampleur de la transformation, qui caractérise la prudence observée ou non dans le financement.

L'analyse de la structure financière présente un réel intérêt, puisque ce sont généralement des déséquilibres identifiés ou des imprudences majeures et non des évènements mineurs ou transitoires, qui sont susceptibles de compromettre la solidité financière d'un établissement.

Elle permet, en outre, de dégager les grandes lignes de la politique de la banque en matière :

- de ressources, composées essentiellement de fonds propres, de ressources longues ou à terme, de ressources à vue ou à court terme, du degré de concentration de ces ressources ;
- d'emplois dont elle indique la nature, la division, la rotation ou, en d'autres termes, la durée moyenne des crédits, le mode de gestion de la trésorerie.

V. LA GESTION COMPTABLE

La comptabilité d'une banque, comme pour toute entreprise, c'est le fait de présenter de façon chiffrée son activité en faisant ressortir les ressources au passif et les emplois à l'actif dans le document appelé bilan. Le résultat de cette activité est retracé dans le compte de résultat.

Toute entreprise est donc soumise à la présentation comptable de sa situation qui permet, non seulement à l'entreprise de disposer d'informations traduisant la réalité financière de celle-ci, mais aussi, aux tiers et surtout dans une banque, aux clients, notamment déposants, d'avoir la même information financière nécessaire à les rassurer dans leurs relations avec ladite banque.

Au regard de l'importance qu'il convient d'accorder à l'activité bancaire, les autorités monétaires ont décidé de porter une attention particulière à la présentation de la situation financière des banques, en édictant une réglementation comptable particulière que toutes les banques opérant dans la zone UMOA, sont tenues de respecter impérativement.

Ainsi l'article 50 de la loi bancaire stipule : « Les établissements de crédit doivent tenir à leur siège social, principal établissement ou agence principale en (...), une comptabilité particulière des opérations qu'ils traitent sur le territoire de (...).

Ils sont tenus d'établir leurs comptes sous une forme consolidée et combinée, conformément aux dispositions comptables et autres règles arrêtées par la Banque Centrale ».

À cet effet, les banques et les établissements financiers sont tenus d'organiser leur comptabilité selon les dispositions prévues dans le plan comptable bancaire uniforme, appelé « PCB » de l'UMOA, qui est entré en vigueur depuis le 1er janvier 1996. Celui-ci a été partiellement amandé, notamment pour tenir compte des titres et emprunts subordonnés entrant dans la définition réglementaire des fonds propres complémentaires. Sa révision complète est en cours et devrait permettre, entre autres, une meilleure prise en compte des normes IFRS (International Financial Reporting Standards).

Le plan comptable bancaire vise à assurer une plus grande fiabilité des documents comptables et plus généralement de l'information financière émanant des banques et établissements financiers. Il est caractérisé par :

- l'imposition d'un plan de comptes avec des contenus de comptes clairement définis ;
- la définition de l'organisation comptable relative au manuel de procédures, à l'enregistrement des opérations, à la confection des documents de synthèse et à l'établissement des comptes consolidés ;
- la définition des principes comptables ;
- la définition des méthodes comptables, notamment celles d'évaluation, des règles et des procédures de préparation et de présentation des documents de synthèse.

La mise en place d'une comptabilité respectant l'ensemble des règles ci-dessus rappelées afin qu'elle donne une image fidèle de la réalité, nécessite une bonne organisation, avec un personnel compétent qui a le souci de veiller au respect scrupuleux des procédures.

En matière donc de comptabilité, les comptes dont il s'agit sont les comptes dits « comptes généraux » qui permettent d'évaluer les ressources, les emplois et le résultat de la banque. En d'autres termes, il s'agit des comptes permettant d'établir la situation chiffrée d'une banque à un moment donné. Autrement dit, ces comptes permettent d'établir le bilan et le compte de résultat. Cette précision apparaît nécessaire pour toutes les personnes qui n'ont pas de notions comptables et elles sont nombreuses. En effet, elles peuvent confondre les comptes généraux de la banque avec les comptes de la clientèle que tient par ailleurs cette banque.

5.1 Les conditions d'adoption du plan comptable bancaire (PCB)

Chaque banque est tenue, pour sa comptabilité, d'adopter le plan comptable bancaire qui a été rendu obligatoire par l'instruction n0 94-02 de la Banque Centrale. Conformément à l'article 2 de l'instruction citée ci-dessus, les numéros, les intitulés et les contenus des comptes généraux doivent être en tous points conformes au PCB. Il s'agit tant des comptes de bilan, qui sont les comptes d'actif pour ce qui est des emplois et les comptes de passif pour ce qui est des ressources, que de hors-bilan et de résultat. Cependant, la banque peut créer des subdivisions de comptes pour son usage propre.

L'une des particularités du plan comptable bancaire réside dans la gestion de certaines informations par des attributs. Ainsi les comptes généraux sont ventilés de manière comptable ou extracomptable en différents critères d'identification appelés attributs. Le PCB contient 20 types d'attributs qui ont chacun un mode de gestion bien précis qui est alimenté par le système d'information, faisant nécessairement appel à l'informatique. La gestion des attributs requiert une bonne coordination entre les services de comptabilité et de l'informatique.

Les principales obligations liées à l'application du PCB sont les suivantes :

- dans les pays de la zone UMOA, la réglementation comptable édictée par le plan comptable bancaire fait obligation aux banques et aux établissements financiers de tenir des livres et tous documents comptables, en langue française ;
- les banques doivent également tenir leur comptabilité en devises, c'est-à-dire toute opération effectuée dans une devise (monnaie autre que le franc CFA) doit être enregistrée spécifiquement dans cette devise et les règles de comptabilisation des opérations de ce type sont prévues par l'instruction n° 94-03 ;
- les intérêts courus, à recevoir ou à payer, sont rattachés aux comptes généraux d'emplois et de ressources concernés. Les dispositions relatives à la comptabilisation des intérêts courus, appelés encore dettes et créances rattachées, sont prévues par l'instruction n0 94-07.

5.2 L'organisation comptable

L'organisation comptable peut être fondée sur un système consistant à établir des pièces d'écritures et à les saisir, afin de générer les divers états comptables réglementaires. Ce système implique, avec le PCB, une saisie complémentaire et une programmation particulière pour le service de la situation bilancielle mensuelle DEC 2000 et de ses annexes, compte tenu de l'existence des attributs et de l'obligation d'utiliser un support magnétique pour la transmission des données y relatives.

L'organisation comptable peut également être basée sur un autre système dit transactionnel ou événementiel, qui comprend trois éléments, à savoir un logiciel de gestion, un interpréteur et un logiciel comptable. Toutes les données concernant la transaction, y compris celles relatives aux attributs, peuvent être enregistrées lors de l'initiation de ladite transaction. Le logiciel de gestion qui est en amont, analyse la transaction, codifie les données et élabore un compte rendu d'évènement appelé CRE, l'évènement étant défini comme une transaction à incidence comptable. L'interpréteur traduit les informations du CRE en écritures élémentaires et le logiciel comptable édite les divers documents se rapportant à l'ensemble des transactions.

Quel que soit le système comptable utilisé par la banque, il ne doit pas y avoir de retraitement, surtout manuel, dans le processus d'établissement de la DEC 2000. En effet, les conditions de production de ce document ne doivent pas permettre une éventuelle modification de l'information financière contenue dans la balance des comptes généraux et de leurs subdivisions internes. Il convient de rappeler que la DEC 2000 est tout simplement l'appellation donnée au document qui est la situation bilancielle mensuelle produite par la banque.

La saisie comptable des écritures peut être partiellement ou totalement décentralisée avec des points d'entrée aussi divers que la densité du réseau bancaire. Dans un système, décentralisé ou non, la banque doit veiller à l'exactitude des comptes et des états financiers réglementaires. Ceci nécessite la coordination des opérations entre les différents services, le contrôle du respect des procédures comptables et la surveillance des comptes par un recensement périodique des écritures en suspens, en vue de leur apurement.

5.2.1 Le manuel de procédures

Le manuel de procédures comptables est un document destiné à faciliter la compréhension du système comptable et la réalisation des contrôles. Ce document est un support indispensable, à condition qu'il soit bien conçu, traitant notamment des points suivants :

- la description de l'organisation comptable ;
- la description du système comptable ;
- la description des opérations et leurs schémas comptables ;
- les procédures d'inventaire et les règles d'évaluation ;
- la liste et les caractéristiques des états de sortie ;
- le système de contrôle interne de la comptabilité.

Le manuel de procédures comptables doit, notamment préciser les règles d'arrêté des comptes et, pour chaque compte, il précisera les actions à entreprendre en indiquant un calendrier précis d'exécution des opérations d'arrêté.

5.2.2 Les livres comptables et états périodiques

Le système comptable d'une banque doit être organisé de manière à pouvoir produire, selon les comptes du PCB :

- le livre-journal ;
- le grand livre ;
- la balance ;
- le livre d'inventaire ;
- la DEC 2000 et ses annexes.

La tenue de ces livres et états est obligatoire pour tout établissement de crédit. À partir de ces livres, la banque doit pouvoir générer sa situation mensuelle DEC 2000 et les états annexes. La production de cette situation est également une exigence de la réglementation bancaire.

Le livre-journal

Tout établissement doit tenir un journal centralisateur de ses opérations, qui peut être subdivisé en journaux auxiliaires. Les écritures sont enregistrées dans le livre-journal le jour où elles sont ordonnées. En cas d'impossibilité du respect de cette disposition, la banque peut faire usage de ce qu'on appelle, en jargon comptable, des écritures en journée supplémentaire.

Suivant une périodicité déterminée, qui peut être la journée, la décade (la semaine), ou au plus le mois, les totalisations du journal centralisateur doivent être reportées sans blanc ni rature sur un registre, appelé livre-journal coté et paraphé par le tribunal pour en assurer l'authenticité.

Le grand livre

Le grand livre est celui sur lequel sont reportés les totaux du livre-journal. Les écritures y sont classées par compte et par ordre chronologique, ce qui permet pour chacun d'eux, de suivre les mouvements de l'exercice. Il sert à la confection de la balance.

La balance

La balance récapitule mensuellement, dans l'ordre défini par le PCB, les soldes et les mouvements cumulés des comptes de l'établissement. La balance doit toujours faire ressortir, au débit comme au crédit, une égalité parfaite. Par ailleurs, le total au débit comme au crédit du livre-journal doit être égal au total du grand livre et au total de la balance.

Ces égalités donnent une bonne présomption que les états confectionnés sont tous issus de la même chaîne informatique.

Le livre d'inventaire

Le livre d'inventaire, tout comme le livre journal, est un livre légal coté et paraphé. Il reprend les comptes annuels de l'établissement qui sont le bilan et le compte de résultat.

La DEC 2000 et ses annexes

La balance est centralisée dans la DEC 2000, suivant un tableau de passage. La DEC 2000 sert à l'élaboration des divers états de synthèse à l'aide des attributs. Le passage entre la balance et la DEC 2000 ne doit pas faire l'objet de retraitements extra-comptables, car cela peut remettre en cause la fiabilité de ce dernier.

VI. LA GESTION INFORMATIQUE

Le contrôle de la comptabilité d'une banque, a pour but de s'assurer de la fiabilité des divers états financiers destinés, non seulement à l'autorité de surveillance de son activité, mais également aux actionnaires et dans une certaine mesure, aux tiers. Ce contrôle s'effectue de plus en plus dans un environnement caractérisé par :

- l'automatisation des opérations de saisie et de traitement ;
- la conservation de l'information dans des fichiers ou des bases de données.

Il apparaît ainsi important d'apprécier la qualité et la fiabilité du système d'information basé essentiellement sur la science de l'informatique.

Le système d'information d'une banque reflète la manière dont ses services sont organisés pour produire l'information comptable et financière. Il est tributaire d'un environnement informatique qui doit être capable de fournir des informations fiables grâce à des procédures comprenant diverses mesures de sécurité et un système de contrôle interne opérant.

6.1 L'environnement informatique

L'environnement informatique d'une banque s'apprécie à travers l'organisation de la fonction informatique, du matériel de traitement informatique et des divers logiciels exploités.

6.1.1 Organisation de la fonction informatique

Pour l'organisation du service informatique d'une banque, il est souhaitable que ce service soit autonome, mais hiérarchiquement rattaché à la Direction Générale, afin de permettre aux dirigeants de la banque d'avoir une maîtrise de cette activité primordiale.

Un organigramme détaillé, précisant les attributions de chacun des agents rattachés à cette fonction, doit être établi et il convient de s'assurer qu'il concorde bien avec l'organisation réelle du travail. Il ne doit comporter aucun dysfonctionnement ni aucun cumul de fonctions incompatibles. Il y a incompatibilité de fonctions lorsqu'une opération est autorisée, exécutée et contrôlée par un même agent.

6.1.2 Le matériel informatique

Il n'est pas nécessaire de s'attarder sur la configuration des différentes machines, car cela relève du domaine purement technique de l'informatique. Cependant, il est indispensable que les dirigeants de la banque veillent à ce que le matériel choisi par les responsables de l'informatique soit de très bonne qualité et que ce choix réponde à l'objectif recherché, à savoir, produire une information financière fiable.

Les logiciels exploités

Pour faire fonctionner le système d'information, chaque banque utilise ce qu'on appelle des logiciels. En général, chaque banque exploite les ressources du système à l'aide d'un logiciel de base. La banque doit veiller à s'assurer de l'existence et de la mise à jour permanente d'une documentation exhaustive sur le logiciel de base en question car, la non-maîtrise de celui-ci peut être source de gros ennuis pour la banque.

La documentation en possession de l'établissement doit comprendre un descriptif du système informatique et la liste des applications existantes.

Les principales applications sont, en général, de deux types. Les premiers sont fournis par des logiciels standards achetés sur le marché et adaptés par le concepteur aux besoins de la banque si nécessaire, car l'établissement ne détient généralement pas les programmes sources. Les seconds types d'applications résultent de logiciels qui sont conçus par les propres services informatiques de la banque. Pour l'instant, dans la zone UMOA, ces seconds types d'applications développés par les banques elles-mêmes sont plutôt rares.

Les procédures de traitement des données doivent être consignées dans un document écrit. Elles doivent permettre d'obtenir sur un papier écrit ou tout autre support, des états récapitulant, dans un ordre chronologique, toutes les données qui y sont entrées, sous une forme interdisant toutes insertions, suppressions ou additions ultérieures. En outre, la banque doit disposer également d'un document écrit constitué par l'ensemble des documents relatifs à la conception, à la réalisation et à la mise en œuvre des applications informatiques.

Les fichiers informatiques doivent être sauvegardés et conservés, selon un mode défini par la Direction Générale et, en tout état de cause, répondant à un souci de sécurité maximum.

6.2 Les procédures de sécurité

La sécurité des informations produites grâce au système d'information mis en place est une priorité absolue. Ainsi, la banque doit s'assurer que les procédures mises en place définissent un certain nombre de mesures de sécurité, qui garantissent la confidentialité et la fiabilité de l'information. Celles-ci ont trait principalement à la séparation des fonctions incompatibles et aux règles régissant le fonctionnement du système.

VII. LE CONTROLE INTERNE

Le contrôle interne dans une banque peut se définir comme l'ensemble des sécurités mises en place pour assurer la maîtrise optimale de son fonctionnement. De cette définition, il ressort que la notion de contrôle interne n'est pas nécessairement ou seulement une structure distincte de l'organigramme. Il s'agit d'une activité dont l'exercice est éclaté au sein de toutes les structures internes et qui repose notamment sur :

- l'existence d'un organigramme détaillé indiquant les attributions et les fonctions de chaque structure ;
- des procédures écrites dans chaque domaine ;
- une documentation satisfaisante relative à l'information financière.

Le cadre réglementaire du système de contrôle interne des établissements de crédit, exerçant leur activité dans la zone UMOA, est défini par la circulaire n° 003-2011/CB/C du 4 janvier 2011 de la Commission Bancaire. Cette circulaire précise les objectifs du contrôle interne et énumère les obligations particulières qui incombent aux établissements de crédit, et notamment aux banques.

7.1 Les objectifs du contrôle interne

Ces objectifs se résument en trois points :

- la vérification de la conformité des opérations réalisées, de l'organisation et des procédures internes de l'établissement par rapport aux dispositions législatives et réglementaires en vigueur, aux normes, usages et déontologie de la profession et aux orientations fixées par l'organe délibérant, en l'occurrence le Conseil d'Administration ;
- la vérification du respect des limites fixées par l'organe délibérant en matière de risques bancaires, notamment le risque de signature ou risque de contrepartie, appelé encore risque de crédit ;
- la vérification de la bonne qualité de l'information financière, portant notamment sur les conditions d'enregistrement, de disponibilité et de conservation de celle-ci.

7.2 La notion de piste d'audit

La piste d'audit peut se définir comme étant un cheminement permettant de reconstituer dans un ordre chronologique les différentes opérations effectuées. Elle permet de justifier toute information par une pièce d'origine à partir de laquelle il doit être possible de remonter par un cheminement ininterrompu au document de synthèse (DEC 2000 par exemple) et réciproquement. Enfin, elle permet d'expliquer l'évolution des soldes d'un arrêté à l'autre, par la conservation des mouvements ayant affecté les postes comptables.

7.3 Les obligations spécifiques des établissements en matière de contrôle interne

Ces obligations ont trait à :

- l'organisation de la fonction de contrôle interne, formalisée par l'existence d'un document sur les objectifs et les moyens mis en œuvre ;
- la désignation d'un responsable du contrôle interne ;
- la rédaction d'au moins un rapport annuel sur l'exercice du contrôle interne ;
- la communication de ce rapport au Conseil d'Administration, aux Commissaires aux comptes et à la Commission Bancaire.

Elles sont rappelées de façon précise par les articles 34, 35 et 36 de la circulaire citée ci-dessus. Le système de contrôle interne doit s'exercer de manière permanente et couvrir l'ensemble des activités de l'établissement et se dérouler dans le cadre d'un programme annuel bien précis. Dans tous les cas, toute vérification du contrôle interne doit donner lieu à la rédaction d'un rapport à la Direction Générale.

CHAPITRE III :

LES RISQUES DU METIER DE BANQUIER

Le banquier exerce un métier délicat, car il est en relation avec ses propres clients auxquels il fournit des prestations quotidiennement et qui doivent être de la meilleure qualité possible. Il entretient par ailleurs des relations avec des tiers qui peuvent le solliciter, compte tenu des particularités de son métier.

Ces relations, qui sont des contraintes pour lui, font naître une responsabilité particulièrement grande du banquier qui est tenu à un relatif secret professionnel. Il doit assurer la régularité des opérations effectuées par son intermédiaire, en veillant notamment au respect de la réglementation bancaire et en particulier à ses dispositions relatives à la lutte contre le blanchiment des capitaux et le financement du terrorisme.

I. LE BLANCHIMENT DES CAPITAUX ET LE FINANCEMENT DU TERRORISME

L'application de la loi relative à la répression des infractions en matière de blanchiment de capitaux et de financement du terrorisme tend à l'identification du délit et à la confiscation ou la conservation de l'objet du délit.

1.1 Le délit de blanchiment

Sont passibles de sanctions pénales :

- Ceux qui, par tout moyen frauduleux, auront facilité ou tenté de faciliter la justification mensongère de l'origine des ressources ou des biens de l'auteur de l'une des infractions à la législation sur la drogue, ou ceux qui auront sciemment apporté leur concours à toute opération de placement, de dissimulation ou de conversion du produit d'une telle infraction ;
- Ceux qui par exportation, importation, transfert ou compensation auront procédé ou tenté de procéder à une opération financière, portant sur des fonds qu'ils savaient

provenir, directement ou indirectement, d'une infraction à la législation.

1.2 Les organismes financiers concernés

Ce sont :
- Les établissements de crédit régis par la loi bancaire (banques, établissements financiers) ;
- Le Trésor public, la Banque Centrale, les Services financiers de la poste ;
- Les entreprises d'assurances ;
- Les mutuelles ;
- Les commerçants changeurs manuels.

1.3 Obligations des organismes financiers

1.3.1 Déclaration de certaines sommes ou opérations

Les organismes financiers sont tenus de déclarer les sommes inscrites dans leurs livres et qui leur paraissent provenir de la drogue, ainsi que les opérations dont ces sommes font l'objet.

Sont visées, les sommes qui paraissent provenir de l'une des infractions suivantes : production, transport, importation, exportation, détention, offre, cession, acquisition, emploi, etc. de drogue ou toute opération financière sur des fonds provenant de la drogue.

Depuis un certain temps, les sommes visées sont celles pouvant provenir aussi de trafic d'armes, de détournement, de corruption, etc.

Les déclarations doivent être faites par des agents désignés par la hiérarchie de l'organisme, c'est-à-dire ses dirigeants. Mais tout dirigeant peut prendre l'initiative des déclarations, en cas d'urgence. La déclaration doit être, en principe, faite avant l'exécution de l'opération. La déclaration peut cependant être faite après l'exécution de l'opération, s'il est apparu après celle-ci que les sommes en cause relevaient d'une déclaration.

Les déclarations effectuées par les organismes financiers doivent être adressées à un service spécialisé, placé sous l'autorité du Ministère des Finances. Ni la déclaration, ni les suites qui lui ont été données, ne doivent être portées par les organismes financiers à la connaissance des propriétaires des sommes ou de l'auteur des opérations qui ont donné lieu à déclaration.

1.3.2 Autres obligations des organismes financiers

Les organismes financiers doivent, comme nous l'avons déjà signalé pour les établissements de crédit à propos de l'ouverture de tout compte, s'assurer de l'identité du cocontractant avant d'effectuer toute opération.

Outre les opérations liées à la drogue, les organismes financiers doivent avoir la même attitude à l'égard de celles qui paraissent douteuses, frauduleuses provenant, comme dit tantôt, d'actes concernant des trafics de tout genre, de vol, de détournement, de fabrication de faux billets, de corruption, etc.

Ainsi, d'une manière générale, le métier de banquier, c'est-à-dire de celui qui exerce une quelconque responsabilité dans la banque, comporte des risques nombreux et variés. Aussi, toute personne travaillant dans une banque est-elle tenue à un droit de réserve et de discrétion.

Une telle attitude est de nature à renforcer l'efficacité de l'action et à réduire considérablement, et autant que possible, les fautes professionnelles. Il y va de l'intérêt de la banque, des agents de cette banque et bien entendu, de celui de la clientèle.

II. AUTRES RESPONSABILITES DU BANQUIER

2.1 Généralités

La responsabilité civile des établissements de crédit est régie selon le droit commun. Ainsi, la condamnation d'une banque à des dommages et intérêts suppose qu'il soit réuni les trois éléments fondamentaux suivants :

- La constatation d'un dommage ;
- L'existence d'un fait générateur qui est le plus souvent une faute professionnelle ;
- Le lien de causalité entre le préjudice et l'acte fautif.

Bien que soumise au droit commun, la responsabilité du banquier revêt toutefois une certaine spécificité.

D'une part, le particularisme et la complexité des opérations bancaires, lui ont donné un caractère technique. D'autre part, le caractère professionnel et la mission de service public reconnus à l'activité bancaire ont amené la jurisprudence à renforcer la responsabilité du banquier.

Ainsi, par application des principes généraux, la responsabilité de la banque est contractuelle lorsque le dommage a été causé à l'un de ses clients dans l'exécution de ses obligations, et délictueuse lorsque le dommage est causé à un tiers.

2.2 La responsabilité du banquier vis-à-vis de ses clients (responsabilité contractuelle)

Pour mettre en jeu cette responsabilité, le client doit établir que le banquier a commis une faute dans l'exécution de ses obligations, et a ainsi mal accompli l'une des différentes opérations bancaires qui le lient contractuellement à son client (service de caisse, de crédit, de coffre-fort, etc.).

Lorsque le banquier est tenu à une obligation de moyens, le client doit établir que le préjudice subi est dû à une négligence de ce dernier qui ne s'est pas conformé aux usages de la profession. Il en est ainsi lorsque le banquier exécute une opération de caisse, lorsqu'il gère le portefeuille de son client, lorsqu'il le conseille ou lorsqu'il lui consent un crédit.

Lorsque le banquier est soumis à une obligation de résultat, la victime devra prouver que le résultat promis n'a pas été atteint.

Le plus souvent, le banquier est tenu à une obligation de moyens. Ce n'est qu'exceptionnellement qu'il est tenu à une obligation de résultat.

2.2.1 La responsabilité du banquier vis-à-vis des tiers (responsabilité délictuelle)

Cette responsabilité dite délictuelle peut résulter de l'absence de précautions dans la gestion des comptes ou de l'octroi abusif de crédit.

2.2.2 La responsabilité dans la gestion des comptes

Lors de l'ouverture d'un compte, le banquier doit effectuer des contrôles préalables et obligatoires dans son intérêt, mais aussi dans celui des tiers. Dès lors, quand le dommage dont le client est l'auteur (chèque sans provision par exemple) a pour origine des vérifications incomplètes de la banque, celle-ci sera tenue de le réparer.

De même, la banque peut être tenue pour responsable vis-à-vis de tiers de l'absence de vérification des pouvoirs et de la capacité de ses clients.

2.2.3 La responsabilité en cas d'octroi abusif de crédit

Le banquier peut, en accordant les crédits à une entreprise qu'il sait être en difficulté, causer un dommage aux créanciers de cette entreprise. En effet, il crée une apparence de solvabilité qui va amener ceux-ci à faire confiance à cette entreprise alors que celle-ci n'a aucune chance de survie. Ne pouvant plus recouvrer l'intégralité de leurs créances, ils subiront un préjudice que la banque sera tenue d'indemniser.

La responsabilité de la banque résulte de l'octroi de crédit à une entreprise dont on connaît la situation sans issue, ce qui constitue une faute de la part du banquier.

III. LE SECRET BANCAIRE

Comme la plupart des professions, les banquiers sont tenus au secret professionnel, et ils ne peuvent le lever que dans des conditions très précises, le plus souvent au profit des administrations et autres institutions (Ministère des Finances, Banque Centrale, Commission Bancaire, etc.). Quelquefois aussi, il peut être levé au profit de personnes ordinaires.

3.1 Le principe

La loi bancaire en vigueur dans les pays de l'UMOA a institué que tout membre d'un Conseil d'Administration ou d'un Conseil de surveillance, ainsi que toute personne qui, à un titre quelconque, participe à l'administration, à la direction et à la gestion d'un établissement de crédit ou qui est employé par celui-ci, est tenu au secret professionnel.

La violation de cette disposition est passible de sanctions pénales. En outre, la banque peut se voir condamnée à payer des dommages et intérêts au profit des personnes qui auraient subi un préjudice du fait de cette indiscrétion.

Ainsi, si un employé de banque violait, pour quelque raison que ce soit, ce secret, il pourrait être puni d'une amende et d'un emprisonnement.

3.2 Le délit d'initié

Le délit d'initié est constaté lorsque l'une des personnes ci-dessus tenue au secret professionnel utilise, à son propre profit ou celui d'une personne apparentée, des informations confidentielles provenant de ses activités professionnelles ou communique ces informations à autrui pour lui permettre de réaliser des opérations.

3.3 Les limites du secret bancaire

3.3.1 A l'égard des personnes privées

Beaucoup de personnes peuvent exiger de la banque communication de renseignements concernant la clientèle :

Les ayants droit du client de la banque : La banque ne peut pas opposer le secret aux personnes qui ont des intérêts communs avec son client, mais elle doit limiter les communications de ces informations à ce qui concerne uniquement cette communauté.

Ainsi, s'agissant du compte joint, tous les cotitulaires peuvent demander des relevés du compte et le détail des opérations effectuées, y compris les noms des personnes au profit desquelles ont été émis les chèques tirés sur ledit compte.

S'agissant des époux, les banques doivent opposer le secret professionnel à l'égard du compte que le conjoint a ouvert en son nom personnel. Il est donc interdit à la banque de dévoiler, même au conjoint, les opérations effectuées par l'un des époux sur son ou ses comptes personnels. Bien entendu, il ne peut y avoir de secret si les époux se sont donné mutuellement procuration sur leurs comptes.

Le secret bancaire ne peut être opposé au mandataire que, uniquement, dans la limite des termes du mandat. Ainsi la banque doit observer une grande discrétion à l'égard du salarié d'une société à qui on a donné une procuration sur le compte de l'entreprise.

Normalement la banque ne peut pas opposer le secret professionnel aux héritiers d'un défunt, qui doivent pouvoir connaître la nature des opérations dont ils vont hériter. Il faut cependant distinguer entre les opérations purement patrimoniales et celles qui peuvent relever de la vie privée du défunt. Ces dernières doivent rester secrètes.

Les banques n'ont pas le droit de lever le secret professionnel au profit de personnes qui se sont portées cautions d'autres clients bénéficiaires de crédit. Il y a cependant deux exceptions à ce principe :

- Les banques sont obligées d'informer une fois par an au moins les personnes qui se sont portées cautions à leur profit, du total de l'engagement du débiteur principal. Si cette condition n'est pas remplie, la sanction en est la déchéance des intérêts du débiteur principal au détriment de la banque et au bénéfice de la caution ;
- Les banques doivent aussi indiquer à la caution ce qu'elle doit, à partir du moment où la caution vient à jouer. Dès lors, il n'y a plus de secret.

Les relations commerciales : Les relations commerciales entre des entreprises ou des particuliers amènent très souvent les banques à devoir divulguer certains renseignements sans enfreindre pour autant le secret professionnel, et pourtant ces informations ne sont pas toujours favorables au client de la banque.

Ainsi, il y a le cas des incidents de paiement. La banque ne viole pas le secret professionnel lorsqu'elle rejette un effet de commerce ou un chèque pour manque de provision, bien qu'en réalité elle se trouve avoir ainsi informé le fournisseur que le compte de son client est insuffisamment provisionné.

En ce qui concerne les chèques sans provisions, les banques ont l'obligation d'avertir la Banque Centrale de tous les incidents de paiement sur un chèque et il existe une diffusion interbancaire des interdits de chèques. De plus, tout bénéficiaire d'un chèque peut avoir accès à un fichier lui permettant de savoir si le chèque est émis régulièrement.

La banque ne peut normalement remettre à son client ni le chèque ni la photocopie complète d'un chèque qu'il a lui-même émis. Les formules de chèques, lorsqu'elles ont été utilisées, peuvent comporter, en effet, des mentions confidentielles. Par exemple, les endos qui indiquent le nom de la banque du bénéficiaire et parfois le numéro de compte de ce dernier. Seule la photocopie du recto peut être communiquée au tireur.

En cas de saisie-attribution, c'est-à-dire que lorsqu'un compte bancaire est saisi par un créancier, la banque devra communiquer à l'huissier tous les renseignements concernant la réalité des biens saisis. Elle devra ainsi indiquer tous les avoirs qu'elle détient et qui appartiennent au client saisi, en l'occurrence tous ses comptes. En revanche, les sommes déposées au coffre ne sont pas saisies et la banque n'a même pas à signaler leur existence.

S'agissant de pensions alimentaires et injonctions de payer, les banques sont quelquefois requises pour prélever d'office sur le compte d'un client des sommes non réglées, notamment en cas de divorce. C'est une procédure qui s'appelle « injonction de payer ». Elles doivent alors communiquer à l'autorité intervenante le montant du compte.

Concernant les renseignements d'ordre commercial, les banques, lorsqu'elles sont interrogées sur la situation financière d'un client, ne doivent pas communiquer d'informations sur le fonctionnement du compte, mais une simple appréciation sur le client.

Enfin, les banques peuvent être interrogées dans le cas d'utilisation de cartes bancaires de paiement. Elles peuvent répondre à l'interrogation uniquement si elle porte sur la solvabilité du client acheteur, et notamment sur les incidents de paiement dont il aurait pu faire l'objet.

3.3.2 A l'égard des administrations

Le fisc : L'administration fiscale a un droit général de communication dans la comptabilité des banques.

Le droit de communication permet aux agents des impôts de consulter dans la banque tous les comptes (relevés de comptes, bordereaux de remise de chèques ou d'effets, copies de chèques) d'un contribuable et des membres de sa famille. Toutefois, les agents des impôts n'ont pas accès aux coffres des clients et ne peuvent exiger d'être présents lors de l'ouverture d'un coffre au moment d'une succession.

Les banques sont tenues, envers l'administration, d'effectuer certaines déclarations qui concernent leurs clients. Ainsi, lors de l'ouverture de comptes (compte chèque, compte courant, compte d'épargne, compte à terme, compte de titres, compte de prêts, etc.), les banques doivent déclarer l'identité du titulaire. Elles déclarent également les clôtures et les modifications qui peuvent intervenir sur ces comptes.

Les banques déclarent au fisc tous les revenus qu'elles ont encaissés pour le compte de leurs clients ainsi que l'identité des bénéficiaires (intérêts versés par la banque, revenus de portefeuille titres, achats et ventes de titres).

En cas de succession, les banques n'ont aucune déclaration spéciale à faire. Elles doivent simplement répondre à l'administration si celle-ci l'interroge sur le montant des avoirs du défunt au jour du décès. Une seule exception concerne le compte joint. Le décès d'un cotitulaire doit être déclaré au service de l'enregistrement.

En ce qui concerne l'anonymat, s'agissant des bons de caisse, les banques sont autorisées à émettre des bons dont les porteurs peuvent conserver l'anonymat vis-à-vis du fisc en contrepartie d'une fiscalité très lourde. Les titres au porteur ne sont anonymes que par leur forme. En effet l'identité des bénéficiaires des dividendes versés fait l'objet d'une déclaration annuelle de la part de la banque qui tient le compte des titres de son client.

Les douanes : L'administration des douanes peut pratiquement se faire communiquer tout document. Elle peut même se faire ouvrir les coffres.

La justice : Les banques sont déliées du secret professionnel à l'égard de la justice, tout au moins devant les juridictions pénales. Elles doivent alors remettre tous les documents qui leur sont demandés et, le cas échéant, répondre à toutes les questions qui leur sont posées.

En revanche, le secret peut, de façon générale, être opposé aux juges civils et aux juges de commerce, à l'exception des procédures de divorce et de celles relatives au redressement ou à la liquidation judiciaire.

3.3.3 A l'égard des autorités monétaire et de contrôle, notamment la Banque Centrale et la Commission Bancaire

Les établissements de crédit exerçant leur activité dans les pays de l'UMOA ne peuvent, en aucun cas, opposer le secret professionnel aux institutions ci-dessus, agissant dans le cadre de leurs attributions.

QUATRIEME PARTIE :

LE CONTROLE DE l'ACTIVITE BANCAIRE

Le contrôle dont il s'agit est celui exercé par un organisme extérieur à la banque, dont le rôle est de veiller au bon déroulement de l'activité bancaire. Dans les pays de l'UMOA, ce rôle est quasi exclusivement dévolu à la Commission Bancaire à travers les activités de son Secrétariat Général.

Le contrôle de l'activité bancaire, par la Commission Bancaire, peut se faire de deux manières différentes. Il y a l'approche du contrôle sur pièces et il y a l'approche du contrôle sur place. Mais en fait, l'approche du contrôle sur place sert à compléter et à vérifier les informations communiquées dans le cadre du contrôle sur pièces. Ce sont donc deux méthodes complémentaires et l'une n'exclut pas l'autre.

En effet, les contrôles sur pièces ne donnent, par essence, qu'un aperçu de la situation d'un établissement sur la base de documents confectionnés par celui-ci, lequel peut avoir intérêt à présenter ses comptes sous un aspect favorable. Une vérification sur place de ces documents est donc indispensable pour s'assurer de leur exactitude.

L'approche du contrôle sur place, grâce aux investigations et aux analyses qu'il permet de faire directement au sein même de l'établissement contrôlé, fournit une information approfondie, détaillée, vérifiée et fiable sur les activités, les risques et leur traduction comptable.

C'est donc de l'approche du contrôle sur place, effectué dans une banque, qu'il s'agit. Cette partie du document fait appel à des connaissances beaucoup plus approfondies dans le domaine bancaire et s'adresse donc à des professionnels de haut niveau. Elle reprend l'ensemble des activités bancaires, surtout dans ses parties liées à la gestion, notamment des risques encourus par l'établissement et expose comment faire pour éviter ou, à défaut, minimiser au maximum ces risques.

Mais, qu'il s'agisse du contrôle sur pièces ou du contrôle sur place, il y a lieu de savoir que ces types de contrôle sont ceux effectués par une personne (organisme s'entend) extérieure à la banque comme cela a été indiqué. En effet, la banque exerce elle-même un autocontrôle de toutes les activités menées en son sein. C'est le contrôle interne de la banque, rendu obligatoire par la réglementation bancaire en vigueur. Celui-ci est d'une importance capitale pour toute entreprise, à plus forte raison pour une banque.

CHAPITRE I :

LES OBJECTIFS DU CONTROLE SUR PLACE

Les objectifs du contrôle sur place sont de deux ordres :

- apprécier la réalité et la sincérité des informations comptables et financières communiquées, s'assurer du respect de la réglementation sur la base de ces informations, de la qualité de la gestion de l'établissement et en définitive des perspectives d'avenir de cet établissement qui est la banque contrôlée ;
- fournir à celui qui a demandé ou commandé ce travail de contrôle, en l'occurrence les autorités monétaires (Banque Centrale, Commission Bancaire et Ministère des Finances) ou les dirigeants de la banque elle-même, des informations détaillées et fiables.

Les objectifs d'un contrôle sur place dans un établissement bancaire visent ainsi à s'assurer :

I. LA SINCERITE ET L'EXHAUSTIVITE DE L'INFORMATION COMPTABLE

La sincérité et l'exhaustivité des comptes sont une des missions essentielles dans le cadre du contrôle d'un établissement bancaire, car elles visent l'une et l'autre à confirmer l'exactitude des informations et des documents comptables et financiers produits par la banque.

À cet effet, il convient de :

- procéder à la vérification de leur conformité avec les existants (pièce comptable de caisse par exemple qui indique un montant de 1 000 F CFA que le contrôle sur place va confirmer ou infirmer en comptant l'existant, c'est-à-dire les billets et pièces de monnaie pour voir si cet existant est égal à1 000 F CFA ou non) ;
- vérifier leur conformité avec la balance des comptes ;

- vérifier leur conformité avec les règles d'évaluation et de comptabilisation en vigueur (valorisation, déclassement en créances en souffrance, constitution de provisions, etc.) ;
- vérifier leur conformité avec l'approche prudentielle requise.

II. LE RESPECT DE LA REGLEMENTATION

Une autre mission fondamentale du contrôle sur place est de veiller au respect de la réglementation, car, de nos jours, la profession bancaire est l'une des plus réglementées qui soit au monde.

De ce fait, l'exercice de l'activité bancaire est soumis, non seulement à une réglementation prudentielle, mais également à des dispositions légales (loi bancaire et loi fiscale) contraignantes. Il convient ainsi, dans le cadre d'un contrôle, d'être attentif à toute forme d'irrégularité, toujours porteuse de risques (nullité, opposabilité, poursuite, contentieux, contentieux fiscal) dont la réalisation se traduit le plus souvent par des charges supplémentaires et peut affecter la notoriété de l'établissement bancaire.

C'est dans ce cadre qu'il convient d'apprécier notamment la solvabilité, la liquidité et la division des risques.

III. LA GESTION ET LES PERSPECTIVES D'AVENIR DE LA BANQUE

Le contrôle sur place doit émettre une opinion sur la viabilité et la rentabilité de la banque contrôlée. Ainsi le contrôle doit amener à se prononcer notamment sur la qualité d'ensemble de la gestion, la fiabilité des procédures administratives, l'efficacité du contrôle interne, la rentabilité et le caractère récurrent des profits.

L'opinion émise doit porter sur la solidité financière et la qualité de l'actionnariat, la maîtrise des risques (ce qui suppose une identification claire des instruments de suivi adaptés et performants, ainsi que des règles de gestion définies et effectivement appliquées), l'adéquation des provisions pour dépréciation ou pertes et charges par rapport aux risques encourus.

Tous ces éléments doivent être appréciés au regard de la protection des déposants d'une part, du risque de place ou systémique d'autre part, étant entendu que la banque ne doit pas elle-même constituer une source de risque pour ses confrères.

CHAPITRE II :

FONCTIONS, QUALITES ET DEONTOLOGIE DU CONTROLEUR

Le métier de contrôleur requiert des compétences multiples et variées. En effet, exercer le contrôle d'une banque, à titre externe, suppose d'avoir un minimum de connaissances en matière comptable, financière, juridique, réglementaire et informatique, ainsi qu'une parfaite maîtrise des opérations et des pratiques de la profession bancaire.

I. FONCTIONS DU CONTROLEUR

1.1. La fonction comptable

Le premier souci d'un contrôleur de banque c'est de rechercher l'exactitude des soldes comptables à l'aide de la vérification des existants ou de confirmations diverses, du suivi des procédures, de l'examen de la régularité des comptes, de l'analyse de ces comptes afin de déceler les éventuelles anomalies.

1.2. La fonction d'analyste financier

Le contrôleur procède à l'analyse financière en utilisant les méthodes permettant d'évaluer la qualité des actifs et d'apprécier, à partir des comptes de résultat, l'efficacité de la gestion et la rentabilité de l'exploitation.

1.3. La fonction de juriste

Un minimum de connaissances juridiques est indispensable pour jauger la valeur des contrats et des garanties, ainsi que pour déceler les éventuelles failles ou irrégularités dans la vie sociale de la banque. Ces connaissances doivent lui permettre de comprendre certains montages et d'éclairer la présentation des résultats.

Les différentes missions assignées au contrôleur dont l'accomplissement requiert les connaissances ci-dessus, ont toutes une même justification, à savoir la protection des déposants liée à la préservation d'un actif sain et suffisant.

Or cet actif peut être menacé aussi bien par une organisation déficiente que par des emplois hasardeux, par une exploitation déficitaire, par un manquement aux règles de bonne conduite de la profession, par des contrats mal conçus, par la pratique d'une gestion anormale et par le non-respect des conditions requises pour l'obtention de l'agrément.

II. QUALITES DU CONTROLEUR

Pour remplir convenablement sa mission, le contrôleur doit posséder, outre les connaissances évoquées ci-dessus, certaines qualités, à savoir :

2.1. L'aptitude à analyser.

De bonnes capacités d'analyse sont indispensables pour connaître le mieux possible une banque, surtout lorsque l'on se retrouve devant une comptabilité mal tenue, une hostilité du milieu, c'est-à-dire de la part des dirigeants et des agents de la banque, ou d'un circuit d'information opaque.

2.2. La rigueur dans l'analyse

L'analyse doit être menée rigoureusement, de manière à pouvoir justifier tous les constats et la pertinence des conclusions et des résultats, au regard des nombreuses contestations qu'elle ne manquera pas de susciter de la part des responsables des structures contrôlées.

2.3 Le sens de la synthèse

Le contrôleur doit pouvoir, à partir de ses analyses, retirer l'essentiel, à savoir : se faire une opinion sur la banque, sa structure, ses risques, sa politique et son comportement vis-à-vis de la réglementation.

Il doit aussi essayer de discerner son évolution à court et à moyen termes, à travers ses forces et ses faiblesses.

2.4 L'esprit d'indépendance

L'esprit d'indépendance est le gage de la qualité des contrôles effectués et de l'impartialité du jugement que le contrôleur pourra formuler.

À cet égard, il faut savoir résister à la tentative des responsables de la banque contrôlée d'induire le contrôleur en erreur, de l'amener malgré lui à leurs vues et donc de l'inciter à rédiger un rapport qui leur soit favorable.

2.5 Le sens de l'objectivité et l'impartialité du jugement

Le contrôleur doit demeurer objectif en toutes circonstances et se garder de porter tout jugement de valeur.

En effet, ses constats doivent s'appuyer uniquement sur des considérations d'ordre technique et sur des faits avérés, en s'interdisant toute appréciation personnelle.

2.6 Déontologie du contrôleur

Le tact et la diplomatie

Le contrôleur doit strictement respecter la hiérarchie interne de la banque dans laquelle il effectue ses contrôles.

Pareillement, il ne doit jamais formuler d'ordres, mais des souhaits en faisant comprendre leur utilité pour son travail et au besoin recourir à la persuasion. Ainsi, le contrôleur doit sans cesse combiner le souci d'accomplir le plus efficacement ses investigations et celui de perturber le moins possible le fonctionnement de la banque.

L'humilité

Le contrôleur est censé évoluer dans un milieu qu'il ne connaît pas, est confronté à des méthodes et des hommes qu'il ne connaît pas, ce qui le met en apparence sur un terrain qu'il ignore. De ce fait, il doit adopter une attitude humble.

La discrétion et la prudence

En toutes circonstances, le contrôleur doit :

- parler peu et mesurer ses paroles afin d'éviter toute interprétation erronée de la part de son interlocuteur ;

- proscrire toute immixtion dans la gestion de la banque et dans les conflits de personnes et ne jamais prodiguer de conseils ;
- éviter toute pratique, tout acte ou toute attitude qui porterait atteinte au crédit de l'établissement ;
- toujours assortir ses remarques de références très précises aux faits (nature du document, montant, date, origine et photocopie à l'appui).

La curiosité des faits

Le contrôleur doit garder en permanence son attention et son sens critique en éveil afin de déceler des choses anormales telles que les écritures en suspens, des écritures inhabituelles, des ratures suspectes, des surcharges, des montants insolites ou qui reviennent de manière surprenante, des mouvements d'aller et retour.

La persévérance et la rigueur

Il ne faut jamais abandonner un contrôle, sans avoir fait sa conviction, en ayant le souci de la preuve.

Le contrôleur doit toujours manifester un sens moral rigoureux dans ses investigations.

Le secret professionnel

Le contrôleur doit se garder de divulguer toutes informations qu'il détient de par son travail effectué dans l'établissement bancaire qu'il contrôle.

L'obligation de discrétion est absolument cruciale, notamment pour une banque qui traverse une situation particulièrement difficile.

Enfin, il est proscrit d'effectuer, sur le fondement d'une information confidentielle, des opérations financières sur des valeurs mobilières, des contrats ou des devises et d'acquérir des titres de capital, du fait qu'on a accès aux dossiers.

CHAPITRE III :

ORGANISATION DU CONTROLE

Les objectifs définis plus haut, pour être atteints, supposent des investigations très vastes, mais que le contrôleur doit réaliser dans un temps limité et avec les moyens dont il dispose.

À cet effet, le contrôleur devra donc faire des choix selon la taille de la banque et des difficultés de celle-ci, en essayant de toujours privilégier l'essentiel.

I. PREPARATION DE L'ENQUETE

Avant de se rendre sur le terrain, le contrôleur doit savoir exactement ce qu'il va chercher, donc ce que ses travaux visent à démontrer ou à infirmer.

Pour ce faire, le contrôleur doit définir et élaborer les termes de référence de sa mission.

1.1. Termes de référence

Dans le cadre d'une vérification complète d'une banque, les termes de référence couvrent les points essentiels qui sont :

- l'organisation et le fonctionnement de la banque ;
- le système d'information comptable ;
- le système de contrôles interne et externe ;
- la nature et l'évolution des activités ;
- la rentabilité et la viabilité de l'exploitation ;
- les risques au bilan et au hors-bilan ;
- le respect de la réglementation.

1.2 Les sources d'information

Les documents auxquels le contrôleur peut accéder sont nombreux et de nature variée. Afin de ne pas s'y noyer, il convient de sélectionner et d'exploiter les données avec discernement, méthode et rigueur, en respectant un certain nombre de pratiques simples et commodes qui sont :

- adopter un système de pointage, d'annotations et de visa, uniforme sur les documents vérifiés ;
- classer régulièrement et soigneusement les documents mis à sa disposition (notamment la situation mensuelle DEC 2000, la balance mensuelle, les pièces justificatives, les fiches d'observation, etc.), en ouvrant un dossier pour chaque compte de la DEC 2000 qui sert de trame à toute vérification ;
- garder sous clef, l'ensemble des dossiers de vérification et des documents en cours de pointage ;
- sauvegarder tous les fichiers sur son ordinateur dont on s'assure que nul ne peut y accéder.

1.2.1 Les documents généraux et de gestion

Les documents généraux que tout contrôleur de banque doit consulter, dans le cadre d'une enquête d'ensemble, sont les suivants :

- statuts et règlement intérieur, précisant les pouvoirs et leur éventuelle délégation ;
- organigramme fonctionnel et hiérarchique donnantla définition des postes ;
- stratégie, plan d'affaires (triennal ou quinquennal) et plan de continuité d'activité ;
- politiques et manuels de procédures ;
- rapports d'activité des trois (3) derniers exercices ;
- notices d'information diffusées aux tiers (actionnaires, clients, etc.) ;
- bref historique de l'établissement ;
- registres des procès-verbaux du Conseil d'Administration et de l'Assemblée Générale des trois (3) derniers exercices ;
- rapports de contrôle interne des trois (3) derniers exercices ;
- rapports du ou des commissaires aux comptes des trois (3) derniers exercices et autres rapports externes ;
- noms et nationalités des dirigeants, avec indication des fonctions qu'ils occupent ;
- liste des membres du Conseil d'Administration, assortie des fonctions occupées dans d'autres sociétés ;
- répartition du capital la plus détaillée possible et son évolution au cours des trois (3) derniers exercices ;

- répartition des effectifs et de la masse salariale, entre cadres et employés, nationaux et expatriés, au cours des trois (3) derniers exercices ;
- réseau donnant l'implantation géographique des guichets ;
- programme de restructuration le cas échéant ;
- commentaires sur la stratégie et les objectifs de l'établissement.

L'analyse de ces documents permet d'apprécier la qualité de l'organisation interne et de la gestion de la banque.

1.2.2 Les données relatives à l'activité

Ces données qui sont directement liées à l'activité sont les suivantes :

- le nombre de déposants à la fin des trois (3) derniers exercices ;
- le nombre des emprunteurs aux mêmes dates ;
- le nombre de comptes titres gérés aux mêmes dates, assortis de la valorisation ;
- des commentaires sur la politique suivie en matière de collecte des dépôts ;
- des commentaires sur la politique du crédit.

1.2.3 Les documents comptables

La comptabilité constituant à la fois l'objet, la base et l'outil principal de la vérification, le contrôleur aura besoin des documents suivants :

- bilans et comptes de résultat des trois (3) derniers exercices ;
- situation comptable DEC 2000 et ses annexes arrêtées à la date de vérification ;
- balance générale et balance clientèle, dont il conviendra de reconstituer les soldes à partir des informations les plus détaillées possible (justificatifs, tickets d'opérations, contrats, effets, dossiers de crédit) ;
- grand livre et livres auxiliaires ;
- livres légaux (journal et livre d'inventaire) ;
- états de rapprochement des comptes de banques et de correspondants (lori et nostri) ;
- manuel de procédures administratives et comptables.

1.2.4 Les documents relatifs aux crédits

Le contrôleur demandera les documents ci-après, relatifs aux crédits, qui sont les suivants :

- état nominatif des engagements sur l'ensemble du réseau (au bilan et au hors-bilan) à la date de vérification ;
- état nominatif des créances impayées et immobilisées, dont le total apparaît sur la DEC 2000, avec indication de la durée de l'impayé, des encours non échus et le cas échéant, des provisions constituées ;
- état nominatif des créances douteuses et litigieuses, dont le montant apparaît sur la DEC 2000, avec indication des provisions constituées sur chaque créance ;
- état des garanties ;
- liste des comptes ordinaires débiteurs sans aucun mouvement créditeur depuis plus de trois (3) mois ;
- liste des comptes ordinaires débiteurs sans mouvements créditeurs significatifs depuis plus de six (6) mois ;
- état nominatif des prêts au personnel, aux dirigeants, aux administrateurs, aux actionnaires et aux commissaires aux comptes, ainsi qu'aux sociétés qui leur appartiennent ;
- recueils de procédures, manuels et notes internes destinés aux agents traitant des dossiers de crédit et donc en charge des engagements ;
- pouvoirs et délégations de pouvoirs en matière d'octroi de crédit (autorisations, limites, seuils d'intervention accordés aux divers décideurs selon leurs activités ou leurs responsabilités).

Seul l'examen de ces dossiers individuels, tout comme ceux détenus par les services juridiques ou contentieux de la banque, permet d'apprécier les risques de contrepartie encourus par l'établissement. La façon dont ces dossiers se présentent constitue déjà un premier indicateur sur la tenue de la banque.

II. LES DOMAINES D'EVALUATION

Pour effectuer son contrôle avec efficacité, le contrôleur doit concentrer ses investigations et évaluations dans les cinq (5) domaines suivants :

- appréciation de l'organisation administrative et des contrôles de la banque ;
- appréciation de la stratégie et du plan d'affaires de la banque ;
- appréciation de la stratégie de gestion des risques ;
- évaluation du système d'information et de l'organisation comptable de la banque ;
- appréciation de la politique et des règles de gestion des risques de la banque ;
- appréciation de la structure financière de la banque et du respect de la réglementation par celle-ci.

CHAPITRE IV :

CONTROLE DE L'ORGANISATION ADMINISTRATIVE, DU SYSTEME D'INFORMATION ET DE LA COMPTABILITE

I. ORGANISATION ADMINISTRATIVE ET CONTROLE

1.1 Organisation administrative

Dès le début de ses travaux, il convient que le contrôleur concentre son attention sur l'organisation administrative de la banque vérifiée, afin de s'assurer que celle-ci est non seulement formalisée, mais aussi qu'elle est adaptée à sa taille et à son activité. En effet, le bon fonctionnement de la banque en dépend largement.

1.1.1 L'organigramme

L'idéal pour le contrôleur consiste à se faire commenter par le Directeur Général et les cadres de l'administration, l'organigramme officiel de la banque. De nombreux enseignements peuvent en être tirés, tels que :

- le degré de complexité de l'organisation ;
- le degré de concentration ou de délégation des pouvoirs ;
- les différentes lignes hiérarchiques ;
- le poids de l'encadrement ;
- l'articulation entre les Directions et les Services ;
- l'importance relative des administratifs et des opérationnels.

Pour compléter ces renseignements, il faut également se faire décrire les principales fonctions, le contenu de leurs attributions et les liens qui existent entre elles.

S'il existe un ou des Comités, il convient de se faire communiquer leur composition, leur mode d'organisation, leur fonctionnement et leur rôle, du fait que ce ou ces Comités sont à un niveau élevé dans le fonctionnement de la banque vérifiée.

Cependant, le contrôleur ne fera son jugement qu'après avoir vécu la réalité des faits, c'est-à-dire au terme de ses investigations, car il peut constater de notables écarts entre l'organisation réelle et l'organigramme officiel qui lui a été présenté.

1.1.2 La structure de la banque

La structure de la banque peut être appréhendée comme suit :

- le Siège social : il peut être regroupé ou éclaté en plusieurs sites ;
- la densité du réseau : nombre d'agences, de succursales, de bureaux et leur dispersion géographique ;
- l'appartenance à un groupe : filiales et autres démembrements.

1.1.3 Les ressources humaines

S'agissant des ressources humaines, le contrôleur doit porter son attention sur les points suivants :

- effectif et masse salariale : répartition entre cadres et employés, entre nationaux et non nationaux et éventuellement la pyramide des âges ;
- importance du renouvellement du personnel ;
- existence d'une assistance technique ;
- politique salariale : adéquation aux moyens de la banque ;
- compétences : niveau de qualification du personnel, moyens consacrés à la formation ;
- climat social : existence de conflits, qualité du dialogue entre partenaires sociaux ;
- communication interne.

À partir de ces éléments, le contrôleur doit être en mesure de formuler une appréciation sur l'adéquation et la pertinence de l'organisation administrative de la banque.

1.2 Le gouvernement d'entreprise

1.2.1 Généralités

La notion de gouvernement d'entreprise renvoie à l'ensemble des relations qu'entretient la banque, à travers ses dirigeants, avec les multiples partenaires (actionnaires, clients, salariés et pouvoirs publics).

Elle fait appel à la direction et au contrôle des entreprises au sens large et, de manière incidente, au rôle et à l'implication des actionnaires et des administrateurs dans la gestion et la surveillance des activités de la banque.

En effet, il n'est pas rare de constater que ceux-ci n'ont qu'une connaissance vague, lointaine ou parcellaire des opérations concrètes menées par les banques, dont cependant, ils contribuent à dessiner les orientations et à définir la stratégie.

Cette situation résulte, le plus souvent :

- de la conception restrictive que se font les membres du Conseil d'Administration, a fortiori les simples actionnaires, de leur mission ;
- de leur faible disponibilité ;
- de leurs compétences techniques limitées et/ou inadaptées ;
- d'un manque de pouvoirs ou de moyens.

Ainsi, trop souvent, on peut observer que les membres des organes sociaux n'ont pas une connaissance suffisamment actualisée et précise de la situation financière et des risques encourus par leur banque qu'ils sont pourtant censés administrer et/ou contrôler, ni de son fonctionnement au regard des dispositions légales, réglementaires et statutaires. Or, la diversité et l'accroissement de ces risques devraient les conduire à une information plus riche et de bonne qualité, afin qu'ils puissent s'assurer que la stratégie qu'ils ont décidée est convenablement suivie et que leurs décisions sont effectivement appliquées.

Ce thème est, certes, difficile à appréhender par le contrôleur pour les raisons suivantes :

- il concerne directement des personnes qui ne sont pas toujours aisément accessibles, voire identifiables ;
- il couvre des sujets tels que l'activité et le fonctionnement des organes sociaux, l'aptitude au management, la qualité du reporting ou la valeur du contrôle interne ;
- certains de ces domaines ne font pas encore l'objet d'une réglementation, voire d'une formalisation précise ;
- Il conduit à formuler des appréciations parfois subjectives.

Néanmoins, il est possible de dessiner quelques pistes afin de mener à bien des investigations sur le gouvernement d'entreprise de la banque. Ces pistes sont :

Les statuts

L'OHADA indique, dans l'un de ces actes uniformes, les règles de fond et de forme auxquelles doivent obéir les statuts d'une banque.

Le contrôleur doit donc, d'abord s'assurer de l'existence des statuts selon la forme requise par la loi. Ensuite, il devra s'assurer que les mentions obligatoires y figurent et qu'aucune mention n'est contraire aux dispositions de la loi bancaire. Enfin, il s'assurera que les actes pris par les organes sociaux le sont conformément aux dispositions des statuts.

Le capital

La loi bancaire, en ses articles 34 et 35, a fixé les conditions de constitution du capital social des établissements de crédit.

Le contrôleur, au vu des actes notariés du registre des actionnaires et à la lumière des textes évoqués ci-dessus, devra s'assurer que le capital déclaré est entièrement souscrit et quels sont l'état et les conditions de sa libération d'une part, et que d'autre part, tous les actes pris dans ce cadre par les organes sociaux l'ont été en conformité avec les dispositions légales et réglementaires en vigueur.

L'Assemblée Générale

La réglementation est muette sur l'Assemblée Générale et le contrôleur devra surtout s'attacher à analyser la composition et la stabilité de l'actionnariat et voir s'il est en mesure de soutenir la banque en cas de difficulté.

Généralement, le degré d'implication de l'actionnariat dans le gouvernement d'entreprise est lié à son caractère dispersé ou fluctuant, ou au contraire concentré ou permanent.

Dans tous les cas, il paraît utile d'examiner attentivement le registre des réunions de l'Assemblée Générale qui permettent de se rendre compte :

- de leurs fréquences et de leurs durées ;
- que les ordres du jour traitent de questions importantes ou pas ;
- que l'information communiquée fait appel à des formules lapidaires ou pas.

Le Conseil d'Administration

La loi bancaire se préoccupe davantage de la qualité des membres du Conseil d'Administration tandis que le droit des sociétés réglementées est plus préoccupé des aspects relatifs à la composition, aux pouvoirs et au fonctionnement de cet organe.

Disposant des textes, à savoir les statuts, le règlement intérieur, les registres des procès-verbaux, le contrôleur devrait pouvoir se faire une opinion quant à la composition et au fonctionnement de cet organe dont les manquements peuvent déboucher sur des sanctions civiles et/ou pénales et sur la nullité des actes pris.

Le Conseil d'Administration joue un rôle crucial puisqu'il est l'ultime responsable de la viabilité de la banque et qu'il en détient les pouvoirs les plus étendus.

Ainsi le contrôleur devrait tout faire pour rencontrer un ou plusieurs administrateurs, afin de s'assurer que le Conseil d'Administration conduit bien sa mission qui est d'orienter et de contrôler l'action de la Direction Générale. Pour ce faire, le contrôleur portera son jugement en :

- analysant la composition du Conseil, le curriculum vitæ de chaque membre, les expériences et les fonctions des uns et des autres ;
- recherchant l'existence d'administrateurs salariés, d'administrateurs non actionnaires, d'administrateurs représentants des salariés ;
- recherchant des liens éventuels entre administrateurs et s'assurer que le Conseil d'Administration n'est pas en réalité l'émanation d'un groupe unique ou de groupes liés ;
- relevant la fréquence et la durée des réunions, ainsi que l'assiduité de chaque administrateur ;
- examinant les ordres du jour et les procès-verbaux des réunions, en essayant d'apprécier la nature et la richesse des débats et des interventions ;
- se faisant communiquer les documents et toutes les informations destinées aux administrateurs ;
- étudiant, si elles existent, les procédures mises en place par le système de contrôle interne.

Les dirigeants

Le Conseil d'Administration est investi des pouvoirs les plus étendus pour agir au nom de la société, c'est-à-dire la banque. Ainsi il nomme les organes de direction, autorise les actes les plus graves, définit les grandes orientations de la direction et surveille la conduite des affaires.

Cependant, la réalité de ce pouvoir est concentrée entre les mains du Président du Conseil d'Administration.

Le Président du Conseil d'Administration

Le pouvoir de représenter la société, c'est-à-dire la banque, appartient seul au président. Il est nommé par le Conseil d'Administration, bien entendu.

Les modalités de sa nomination, la durée de son mandat, ses attributions et rémunération, sont rappelées par l'acte uniforme révisé de l'OHADA portant droit uniforme des sociétés commerciales.

Le Directeur Général

Le Directeur Général est la personne chargée d'exécuter les décisions du Conseil d'Administration qui le nomme.

Les modalités de sa nomination, la durée de son mandat, ses attributions et sa rémunération font l'objet des articles 485 et 493 du droit uniforme des sociétés commerciales.

Le Président-Directeur Général

Les administrateurs peuvent choisir un mode d'administration et de direction où l'on retrouve les fonctions de Président du Conseil d'Administration et de Directeur Général exercées par la même personne, appelée Président-Directeur Général.

Les modalités de sa nomination, la durée de son mandat, ses attributions, sa rémunération, les modalités de sa révocation ainsi que les dispositions à prendre en cas d'empêchement, sont traitées par les articles 462 et 469 du droit uniforme des sociétés commerciales.

Le contrôleur devra s'assurer que, pour chacun des dirigeants, les règles énoncées précédemment sont respectées, en s'appuyant sur les documents suivants :

- la liste des membres du Conseil d'Administration ;
- la dérogation exigée pour les dirigeants étrangers (article 25 de la loi bancaire) ;

- le récépissé de dépôt au greffe de la liste des dirigeants ;
- la feuille de présence aux réunions du Conseil d'Administration et de l'Assemblée Générale ;
- les registres des procès-verbaux du Conseil d'Administration et de l'Assemblée Générale ;
- le recueil des pouvoirs ;
- les dossiers administratifs et les contrats d'engagement.

1.2.2 Appréciation du gouvernement d'entreprise

Le contrôleur devra fonder son appréciation en examinant les points suivants :

- l'existence d'une stratégie et comment elle fonctionne ;
- la formation et l'expérience en matière bancaire des membres de la Direction Générale ;
- les modes de relations entre les administrateurs et la Direction Générale ;
- les objectifs fixés (quantitatifs et/ou qualitatifs) aux échelons d'exécution, conformes à la stratégie définie par le Conseil d'Administration ;
- l'organisation mise en place, qui doit déterminer exactement et clairement les attributions et les pouvoirs de chacun, notamment à travers un système de délégations ;
- la séparation des fonctions opérationnelles, administratives, comptables, informatiques et de contrôle ;
- l'instauration d'un système de contrôle interne, apte à protéger les actifs, capable d'identifier, de mesurer ainsi que de limiter les risques, et propre à remédier aux faiblesses constatées ;
- l'existence d'un dispositif de reporting complet, assurant l'exhaustivité, la fiabilité et la pertinence de l'information financière et comptable, et servant de support à un système de pilotage de l'établissement bancaire ;
- enfin, l'existence d'un contrôle de gestion.

C'est un exercice relativement délicat et pas évident, car, d'une part il n'y a pas de règles en la matière et, d'autre part, il s'agit d'un domaine fortement marqué par les comportements humains et donc très sensibles, s'agissant des dirigeants.

Il n'empêche que le gouvernement d'entreprise constitue un critère déterminant pour apprécier la situation de tout établissement de crédit, c'est-à-dire d'une banque.

1.3 Evaluation du contrôle interne

1.3.1 Le contrôle interne

Le contrôle interne est l'ensemble des sécurités mises en place par une banque pour assurer la maîtrise optimale de son fonctionnement. Le contrôle interne n'est donc pas nécessairement ou seulement une structure distincte de l'organigramme d'une banque. Il s'agit plus d'une activité dont l'exercice est éclaté au sein de toutes les structures internes et qui repose notamment sur :

- l'existence d'un organigramme détaillé indiquant les attributions et fonctions de chaque structure ;
- des procédures écrites dans chaque domaine.

Ainsi, le cadre réglementaire du système de contrôle interne d'une banque est essentiellement défini par la circulaire n0-003/2011/CB/C du 04 janvier2011 de la Commission Bancaire. Cette circulaire précise les objectifs du contrôle interne, définit les notions de piste d'audit et énumère les obligations particulières qui incombent aux banques.

Objectifs

Ces objectifs se résument en trois points :

- vérifier la conformité des opérations réalisées, l'organisation et les procédures internes de la banque par rapport aux dispositions législatives et réglementaires en vigueur, aux normes, usages et déontologie de la profession et aux orientations fixées par l'organe délibérant ;
- vérifier le respect des limites fixées par l'organe délibérant en matière de risques bancaires (risques de signature, de taux d'intérêt, de change, etc.) ;
- vérifier la bonne qualité de l'information financière, portant notamment sur les conditions d'enregistrement, de disponibilité et de conservation de celle-ci.

Notion de piste d'audit

La circulaire définit la notion de piste d'audit comme étant un enchevêtrement permettant :

- de reconstituer dans un ordre chronologique les opérations ;
- de justifier toute opération par une pièce d'origine à partir de laquelle il doit être possible de remonter par un cheminement ininterrompu au document de synthèse et réciproquement ;
- d'expliquer l'évolution des soldes d'un arrêté à l'autre par la conservation des mouvements ayant affecté les postes comptables.

Obligations spécifiques des banques en matière de contrôle interne

Ces obligations ont trait à :

- l'organisation de la fonction de contrôle interne, formalisée par l'existence d'un document sur les objectifs et les moyens mis en place ;
- la désignation d'un responsable du contrôle interne ;
- la rédaction d'au moins un rapport annuel sur l'exercice du contrôle interne ;
- la communication de ce rapport au Conseil d'Administration et aux commissaires aux comptes.

Le contrôleur doit s'assurer que le système de contrôle interne :

- s'exerce de manière permanente et couvre l'ensemble des activités de la banque ;
- fait l'objet d'un programme annuel de vérification ;
- donne lieu à la rédaction de rapports à la Direction Générale, et vérifier qu'une suite est donnée à ces rapports et que les défaillances relevées sont corrigées.

1.4 La stratégie de la banque

La définition de la stratégie de la banque appartient au Conseil d'Administration, qui doit en décliner les grands axes dans un document. Toutefois, c'est en consultant les procès-verbaux de ses réunions et en évoquant ce sujet avec les dirigeants que le contrôleur pourra apprécier le contenu de la stratégie et la façon dont elle est effectivement mise en œuvre.

1.4.1 Compatibilité des statuts avec l'agrément

Avant tout, il convient de s'assurer que la stratégie définie et menée par la banque est, d'une part, conforme à ses statuts et, d'autre part, en harmonie avec le programme d'activités qui a motivé son agrément

Par essence, une stratégie a un caractère global, mais elle peut être de nature variée. Ainsi, elle peut consister à placer la banque en position de leader sur un marché, ou à assurer aux actionnaires un rendement suffisant, ou encore à participer au développement d'un secteur économique.

Donc, de la stratégie générale de la banque, découlent habituellement une stratégie commerciale, une stratégie financière, une stratégie sociale ou encore une stratégie de risques.

On peut ainsi citer les exemples de stratégies suivants :

- positionner la banque sur tel ou tel segment du marché comme le financement de l'immobilier, de l'industrie, de l'agriculture, etc. ;
- privilégier des cibles de clientèle comme les petites et moyennes entreprises (PME), les grandes entreprises, les professions libérales, les particuliers, etc. ;
- minimiser le coût des ressources en renforçant la collecte des dépôts à vue et en réduisant les emprunts ;
- accroître la rentabilité en modulant les taux et les tarifs des services bancaires ;
- diversifier les risques.

Cette liste n'est pas limitative et les objectifs stratégiques cités ne sont pas exclusifs les uns des autres.

1.4.2 Appréciation de la stratégie

Le contrôleur doit s'efforcer d'analyser et surtout de comprendre le circuit de décisions au terme duquel la stratégie de la banque est définie.

Certes, tous les établissements bancaires ne disposent pas d'une véritable marge de manœuvre pour élaborer leur stratégie.

Ainsi, une banque en grande difficulté est soumise à une priorité unique, qui est celle d'assainir sa situation financière. A l'inverse, une banque florissante jouit d'une grande latitude pour fixer ses options. Par ailleurs, certaines banques dépendent d'un groupe et, dans ces conditions, leur autonomie de décision est généralement réduite.

Il est important, pour que les dirigeants communiquent au mieux la stratégie de la banque à ceux qui sont chargés de la mettre en œuvre, que les uns et les autres agissent de manière coordonnée et complémentaire.

Si le contrôleur n'a pas à porter de jugement sur la valeur de la stratégie adoptée par les dirigeants de la banque, il peut, cependant, relever les éventuels risques importants attachés, à savoir :

- une stratégie trop ambitieuse ou risquée ;
- une stratégie qui n'est pas à la portée des moyens de la banque ;
- une stratégie pouvant conduire à mettre la banque en péril ;
- une stratégie qui privilégie à l'excès certains bénéficiaires, notamment de crédits, au détriment des intérêts de la banque ;
- une stratégie affichée qui ne correspond pas à celle qui est mise en œuvre en réalité ;
- enfin, une stratégie poursuivant des objectifs contradictoires.

L'un des moyens de s'assurer que les objectifs stratégiques ont été atteints, consiste à examiner l'évolution récente (les trois (3) dernières années) de l'activité, c'est-à-dire les emplois et les ressources ainsi que les résultats.

Le contrôle, notamment de la comptabilité, s'effectue de plus en plus dans un environnement caractérisé par :

- l'automatisation des opérations de saisie et de traitement ;
- la conservation de l'information dans des fichiers ou des bases de données.

Il importe, en conséquence, afin d'apprécier la fiabilité des données comptables, de se prononcer au préalable sur la qualité du système d'information, c'est-à-dire de l'ensemble du système informatique mis en place au niveau de la banque.

1.5 Le système d'information

Le système d'information d'une banque est la manière dont ses services sont organisés pour produire l'information comptable et financière. Il est tributaire d'un environnement informatique qui doit être capable de fournir des informations fiables grâce à des procédures comprenant diverses mesures de sécurité et un système de contrôle opérant.

1.5.1 L'environnement informatique

Il s'apprécie au travers de l'organisation informatique, du matériel de traitement et des divers logiciels exploités par la banque.

Organisation de la fonction informatique

Le contrôleur doit s'assurer que celle-ci est autonome, bien que rattachée à la Direction Générale, afin de permettre aux dirigeants une maîtrise de cette activité primordiale.

Il convient de s'assurer que l'organigramme détaillé, précisant les attributions de chacun des agents rattachés à cette fonction, est bien en concordance avec l'organisation réelle du travail. Cette organisation ne doit comprendre aucun dysfonctionnement ni aucune incompatibilité de fonction. Il y a incompatibilité de fonction lorsqu'une opération est autorisée, exécutée et/ou contrôlée par un même agent.

Le matériel informatique

Concernant le matériel, le contrôleur peut constater la qualité et la quantité en voyant comment il fonctionne et l'étendue des services couverts.

Il doit surtout faire ressortir les dysfonctionnements constatés et leurs conséquences sur le traitement de l'information.

Les logiciels

Il convient de s'assurer que, pour le ou les logiciels d'exploitation (ATLAS par exemple), la banque dispose d'une documentation exhaustive, régulièrement mise à jour. Cette documentation doit comprendre un descriptif du système informatique et la liste des applications existantes.

Pour les principales applications, il convient de s'assurer qu'il existe un cahier des charges pour celles achetées sur le marché ou un dossier d'analyse s'il s'agit d'applications conçues en interne.

Enfin, le contrôleur doit s'assurer que les états qui sont produits à partir des données comptables (DEC 2000 et annexes, balance), le sont automatiquement sans aucun retraitement manuel. En outre, il s'assurera du mode de conservation des fichiers, en particulier l'ensemble des fichiers de confection et de justification des documents de synthèse.

Appréciation de l'environnement informatique

La présentation de l'environnement informatique permet de porter un jugement d'ensemble sur celui-ci. Il s'agit de savoir si la charge de travail est compatible avec l'effectif, la puissance des outils disponibles et si les besoins et leur évolution sont correctement estimés dans le temps.

Si l'environnement informatique présente des faiblesses importantes qui remettent la capacité de traitement de l'information en cause, c'est parce qu'il n'y a pas de schéma directeur informatique qu'il conviendra donc de mettre en place. Ce document est le référentiel de la politique informatique de l'entreprise, sur une période donnée (4 à 6 ans). Il définit une architecture et garantit la cohérence du système d'information de la banque et doit couvrir tous les domaines d'activité de l'établissement.

1.5.2 Les procédures de sécurité

Il est important que le contrôleur s'assure que les procédures en place définissent un certain nombre de mesures de sécurité qui garantissent la confidentialité et la fiabilité de l'information. Ces mesures de sécurité portent essentiellement sur :

La séparation des fonctions incompatibles

Cette séparation vise à prévenir les risques d'erreurs et les risques de malversations.

Au sein de l'informatique, les deux fonctions incompatibles sont celle d'analyste-programmeur d'une part et, celle d'exploitant d'autre part, qui ne doivent pas être assurées par une même personne.

De même, il convient que les attributions et compétences du département informatique soient séparées de celles des services utilisateurs.

Les principes de séparation des tâches évoquées ci-dessus impliquent que :

- les créations et les modifications d'applications ou de programmes soient conjointement autorisées par la Direction Générale ou les responsables du service utilisateur et un agent de l'informatique habilité. Elles doivent être subordonnées à un ordre écrit précis, signé par la Direction et conservé par le responsable de l'informatique dans un ordre chronologique et dans un registre ;
- les analystes et les programmeurs sont seuls habilités à modifier les applications ;
- les tests des programmes nouveaux ou modifiés s'effectuent dans un environnement spécifique complètement indépendant de l'environnement d'exploitation.

Des règles strictes régissant le fonctionnement du système

Ces règles portent sur l'accès aux locaux et aux ressources du système, la sécurité physique et le redémarrage des opérations en cas de sinistre.

Accès à la salle d'ordinateurs et conservation des fichiers

L'accès à la salle d'ordinateurs doit être strictement interdit aux tiers, notamment aux programmeurs en dehors de leurs séances de tests.

De même, les fichiers doivent être conservés dans une salle différente de la salle d'ordinateurs, sous la responsabilité d'un responsable désigné par la Direction.

Accès aux ressources du système

Un système d'habilitation doit être mis en place par la Direction et tenu à jour, intégrant un système de blocage des transactions non autorisées.

Chaque utilisateur doit être muni d'un code confidentiel d'accès qui doit être changé périodiquement.

Sécurité physique

Elle porte sur une bonne évaluation des risques suivants :

- incendie (prévention et matériel de lutte contre l'incendie) ;
- inondation (étanchéité parfaite) ;
- alimentation électrique (onduleur, groupe électrogène, système de batteries) ;
- climatisation (maintenir une température conforme aux normes prévues pour le matériel) ;
- contrôle du taux d'humidité.

Il est impératif d'assurer une bonne couverture de ces risques, notamment par une assurance adéquate.

Sécurité externe et procédures de recours

Elle vise à assurer le redémarrage des activités suite à un sinistre. Cela nécessite :

- la conservation hors site des sauvegardes des données informatiques, lesquelles sauvegardes doivent faire l'objet de procédures formalisées et strictement appliquées ;
- l'existence d'un réseau de secours en interne ou avec un partenaire de service.

1.5.3 Le système de contrôle interne de l'informatique

Il recouvre l'ensemble des dispositifs destinés à assurer une bonne maîtrise du système d'information.

Son bon fonctionnement apparaît comme un élément essentiel de garantie de la fiabilité du système d'information.

Il est appréhendé au niveau des contrôles utilisateurs, des contrôles automatisés et de la cellule de contrôle interne.

Le contrôleur s'assurera que les travaux du contrôle interne couvrent tous les aspects du système d'information.

1.6 Organisation comptable

Les objectifs visés sont les suivants :

-se prononcer sur la fiabilité des documents comptables mis à disposition ;

-s'assurer du respect de la réglementation bancaire ;
-vérifier que les procédures en place sont efficientes, ce qui permet de limiter les risques liés à la comptabilité.

À cette fin, le contrôleur doit s'assurer de l'adoption du PCB (Plan Comptable Bancaire), analyser les conditions dans lesquelles est produite l'information comptable et veiller au respect de certains principes relatifs à la tenue des comptes.

1.6.1 Conditions d'adoption du PCB

Pour effectuer la vérification des conditions d'adoption du PCB, le contrôleur analysera :

-le plan de comptes interne de la banque ;
-les modalités de gestion des attributs ;
-le respect de certains principes généraux, liés au PCB.

Vérification du plan de comptes interne de la banque

L'adoption du Plan Comptable Bancaire est rendue obligatoire par l'Instruction n0 94-02 de la Banque Centrale des Etats de l'Afrique de l'Ouest (BCEAO).

Pour s'assurer du respect de cette disposition, le contrôleur se fera communiquer le plan de comptes interne de la banque. Il doit vérifier que, conformément à l'article 2 de l'Instruction citée ci-dessus, les numéros, intitulés et contenus des comptes généraux sont en tous points conformes au PCB, s'agissant tant des comptes de bilan que de hors-bilan. La banque conserve la faculté de créer au sein de ceux-ci des subdivisions auxquelles elle peut attribuer une signification destinée à son propre usage. Les comptes auxiliaires ne sont pas concernés par l'obligation de conformité.

Gestion des attributs

Les comptes généraux sont ventilés de manière comptable ou extracomptable, en différents critères d'identification appelés attributs. Le PCB retient des attributs répartis en 20 types. Il conviendra de se faire préciser le mode de gestion de chacun d'eux et les éventuels problèmes liés à leurs applications, notamment leur alimentation dans le système d'information.

Principales obligations liées au PCB
Ces obligations sont les suivantes :

-tous les documents comptables doivent être obligatoirement tenus en français ;
-toutes les opérations en devises doivent être tenues dans chaque devise avant d'être converties ;
-les intérêts courus et à recevoir ou à payer sont rattachés aux comptes d'emplois et de ressources concernés. On les appelle les dettes et créances rattachées.

1.6.2 Appréciation du système comptable

Le contrôleur doit analyser l'organisation comptable, s'assurer de la conformité des manuels de procédures aux dispositions réglementaires et vérifier que les modalités d'évaluation et d'enregistrement des opérations, ainsi que les conditions de production des états financiers sont conformes à ces mêmes dispositions.

De nos jours, le système d'organisation comptable mis en place par la quasi-totalité des banques comprend trois éléments qui sont :

-un logiciel de gestion en amont ;
-un interpréteur ;
-un logiciel comptable.

Toutes les données concernant les transactions, y compris celles relatives aux attributs, peuvent être enregistrées lors de l'initiation de celles-ci. Le logiciel en amont analyse les transactions, codifie les données et élabore un compte rendu d'événements. L'événement est défini comme une transaction à incidence comptable.

L'interpréteur traduit les informations du compte rendu d'évènements en écritures comptables élémentaires.

Le logiciel comptable édite les divers documents se rapportant à l'ensemble des transactions.

Les conditions de production de la DEC 2000 ne doivent pas permettre des retraitements manuels, ni la modification éventuelle de l'information financière contenue dans la balance.

Dans un système décentralisé, la comptabilité doit permettre de s'assurer de l'exactitude des comptes et des états financiers réglementaires. Pour mener à bien cette tâche, elle doit assumer les rôles suivants :

-la coordination des opérations entre les services de la banque ;
-le contrôle du respect des procédures comptables ;
-la surveillance des comptes gérés par les services, ce qui implique un recensement périodique des écritures en suspens et la relance des services concernés en vue de leur apurement.

Manuel des procédures

Les banques sont tenues d'élaborer d'une part, un manuel des procédures comptables et, d'autre part, un manuel des procédures de traitement automatisé des données comptables.

Le manuel des procédures comptables

Il s'agit d'un document destiné à faciliter la compréhension du système comptable et la réalisation des contrôles. Ce document est un support très intéressant s'il est bien conçu. Pour juger de sa qualité, il conviendra de s'assurer qu'il traite des points suivants :

-la description de l'organisation comptable ;
-la description du système comptable ;
-la description des opérations et leurs schémas comptables ;
-les procédures d'inventaire et règles d'évaluation ;
-la liste et les caractéristiques des états de sortie ;
-le système de contrôle interne de la comptabilité.

Le manuel des procédures comptables doit, entre autres, préciser les règles d'arrêté des comptes.

Le manuel des procédures de traitement automatisé des données comptables

Ce document doit être élaboré sous l'angle du traitement comptable des opérations et non d'un point de vue informatique.

L'examen de ces documents doit permettre de comprendre les modalités d'enregistrement, de traitement et de restitution des données. Naturellement, ils doivent faire l'objet d'une mise à jour régulière.

Techniques de contrôle des comptes

Ces techniques sont au nombre de cinq (5).

Le contrôle par inventaire

C'est le moyen le plus sûr de vérifier l'existence d'un actif.

Les contrôles de cohérence

Ces types de contrôle sont très nombreux et relèvent essentiellement du bon sens.

La cohérence d'un compte peut s'apprécier par rapport au sens de son solde. Ainsi les comptes de caisse ou d'immobilisation ne doivent jamais ressortir créditeurs. De même, le compte de capital n'est jamais débiteur.

La cohérence peut s'apprécier par rapport à un autre compte. Ainsi, le solde d'un compte d'amortissement est toujours inférieur ou égal à celui du compte d'immobilisation correspondant. De même, certains comptes doivent avoir des soldes égaux, mais de sens différent. D'autres doivent avoir un solde nul en fin de mois (comptes de position de change et de contre-valeur de position de change).

La cohérence d'un compte peut également s'apprécier selon son évolution d'un mois à l'autre. Certains comptes ne peuvent voir leur solde qu'augmenter ou diminuer d'un mois à l'autre.

Les contrôles par justificatifs

Les soldes de certains comptes sont justifiés par un état de décomposition des opérations en suspens. Chaque opération doit être clairement identifiée par les éléments suivants :

-date de comptabilisation ;
-libellé et montant.

Il conviendra, pour cela, de se reporter aux écritures correspondantes du journal et à la pièce d'écriture justificative.

Le contrôleur doit s'intéresser à deux types d'anomalies qui sont, d'une part les suspens anormaux et, d'autre part, les suspens anciens. Un suspens anormal concerne une écriture qui ne doit pas figurer dans le compte analysé, tandis qu'un suspens ancien concerne une écriture non soldée dans les délais normaux.

Les contrôles par rapprochement

Cette technique permet de rapprocher le solde d'un compte de l'établissement bancaire ouvert chez un confrère. Ce dernier fournit un relevé périodique (généralement mensuel) des opérations qu'il a comptabilisées. La banque confectionne l'état de rapprochement en faisant le rapprochement de ce relevé avec les opérations inscrites dans son grand livre. Le rapprochement met ainsi en évidence :

-les opérations comptabilisées par la banque, mais non enregistrées par le confrère ;
-les opérations comptabilisées par le confrère, mais non enregistrées par la banque.

Le contrôleur doit procéder à une analyse individuelle des opérations en suspens, afin de déterminer celles qui présentent un risque de perte pour la banque.

Les contrôles par confirmation

Cette technique consiste à demander à un tiers ayant ouvert un compte dans les livres de la banque, de confirmer le solde qui est inscrit à la date d'arrêté.

1.6.3 Spécificité des diverses classes du PCB

Le principe de non-compensation

Les compensations entre comptes de l'actif et ceux du passif sont, en principe, interdites. Elles ne sont autorisées que dans les conditions prévues par l'article 4 de l'instruction n° 94-06 de la Banque Centrale. Le contrôleur s'assurera particulièrement du respect de ce principe, s'agissant des comptes du passif, car les compensations indues y sont plus fréquentes.

Classe 1 : Opérations de trésorerie et opérations interbancaires

Cette classe enregistre, outre les espèces et valeurs de caisse, les opérations de trésorerie et interbancaires. Une attention particulière sera portée aux différents points ci-après :

Comptes nostri

Il convient de vérifier que ces comptes sont régulièrement rapprochés avec les relevés reçus des confrères et que les suspens sont apurés. Les rapprochements doivent être effectués par un agent autre que celui qui suit ou tient le compte.

Comptes lori

S'assurer que le titulaire du compte est bien un établissement de crédit et de l'absence de risque de non-remboursement.

Classe 2 : Opérations avec la clientèle

Cette classe enregistre les opérations effectuées avec les agents économiques autres que les établissements de crédit.

Classe 3 : Opérations sur titres et opérations diverses

Cette classe regroupe des comptes de nature différente : les uns sont relatifs aux opérations sur titres, les autres aux opérations en suspens ou en cours de régularisation.

Une attention particulière doit être portée aux opérations qui suivent :

Les titres de placement

Le classement comptable des titres de placement est l'objet de l'instruction n° 94-10 de la Banque Centrale. Celle-ci dispose qu'ils sont classés en fonction de l'intention qui conduit à leur acquisition et de la nature des revenus qu'ils génèrent. Il conviendra de s'assurer que cette catégorie comprend essentiellement des titres correspondant à un placement temporaire de trésorerie.

Les opérations d'encaissement

S'assurer que la comptabilisation de ces opérations est conforme à l'instruction n° 94-14 de la Banque Centrale. Il convient de porter une attention particulière sur le circuit de recouvrement des valeurs remises à l'encaissement.

Les opérations consortiales

S'assurer que la comptabilisation des opérations est conforme à l'instruction n° 94-09 de la Banque Centrale.

Classe 4 : Valeurs immobilisées

Cette classe enregistre les biens et valeurs destinés à rester durablement dans l'établissement, sous forme de titres ou d'immobilisations corporelles ou incorporelles, y compris ceux donnés en crédit-bail ou en location avec ou sans option d'achat.

Les opérations sur titres

Cf. instruction n° 94-10. Il convient de s'assurer que les titres détenus sont financés par des ressources de durée équivalente. À défaut, procéder à leur déclassement en classe 3.

Les opérations de crédit-bail, de location avec option d'achat et de location-vente.

S'assurer que le traitement de ces opérations est conforme à l'instruction n° 94-11 de la Banque Centrale. Vérifier en particulier que l'établissement tient, en parallèle, une comptabilité financière.

Classe 5: Provisions, fonds propres et assimilés

Cette classe enregistre les fonds investis dans l'établissement de façon durable : ce sont les fonds propres et dettes subordonnées, les provisions pour risques et charges, les provisions réglementaires et les fonds pour risques bancaires généraux. Les comptes de cette classe constituent la base de détermination des fonds propres bruts de l'établissement.

Classes 6 et7 : Charges et produits

Les comptes des classes 6 (charges) et 7 (produits) regroupent les composantes du résultat de l'établissement.

Classe 9 : hors bilan

Cette classe enregistre les engagements hors bilan en fonction de leur nature. Il s'agit des :

-engagements de financement (90) ;
-engagements de garantie (91) ;
-engagements sur titres (92) ;
-engagements sur opérations en devises (93) ;
-autres engagements (95) ;
-opérations effectuées pour le compte de tiers (96) ;
-engagements douteux (99).

Les engagements hors bilan ne donnent pas lieu à des mouvements de fonds, c'est-à-dire à des décaissements de fonds.

Ainsi la partie des concours non utilisée est à porter au hors-bilan et les commissions produites par ces concours sont à inscrire également en hors-bilan.

CHAPITRE V :

CONTROLE DE LA GESTION DES RISQUES

L'activité d'une banque est exposée à des risques de nature variée et d'ampleurs diverses. Il s'agit essentiellement :

-des risques de contrepartie ;
-des risques de marché (taux, change, prix) ;
-du risque d'illiquidité ;
-du risque opérationnel ;
-du risque juridique.

Ainsi, le contrôleur doit vérifier que la stratégie de la banque est adaptée et que le dispositif mis en place fonctionne convenablement, permettant une maîtrise suffisante des risques.

Pour cette maîtrise des risques ou pour assurer une bonne gestion de ceux-ci, il faut :

L'implication des acteurs

Le contrôleur doit s'assurer que les dirigeants, à travers leurs décisions, ne perdent pas de vue les impératifs de sécurité et que cette préoccupation est largement partagée par les agents d'encadrement et les employés.

L'adéquation des moyens mis en œuvre

Les objectifs d'une bonne gestion des risques consistent à détecter, mesurer, réduire et prévenir ces risques. Ainsi, la banque doit élaborer et mettre en œuvre des procédures adaptées afin d'assurer une gestion efficace de l'ensemble des risques.

Il est évident qu'un tel dispositif comporte un coût.

La définition de priorités

Parmi tous les risques encourus par la banque, certains paraissent plus menaçants que d'autres. Ces derniers peuvent varier d'une banque à une autre, mais généralement, le risque de contrepartie demeure le plus préoccupant.

En effet, les opérations de crédit, les opérations interbancaires et les opérations avec la clientèle en terme de dépôts, restent au cœur de l'intermédiation, en ce qui concerne les établissements de crédit et notamment les banques, au niveau de l'UMOA. Ainsi, le système de mesure, de surveillance et de maîtrise des risques de contrepartie, devrait constituer une priorité pour les dirigeants des banques.

C'est ainsi qu'il doit exister un processus de sélection, de décision et de gestion des risques de contrepartie. En outre, il doit être procédé à une revue périodique de l'évaluation de la qualité des engagements et du niveau adéquat des provisions.

Pour autant, les autres catégories de risques ne doivent pas être négligées. En particulier, des contrôles renforcés doivent être opérés sur les risques de marché et les risques de dysfonctionnement du système d'information, c'est-à-dire les risques informatiques.

Les principaux instruments de gestion des risques

On ne peut citer de manière exhaustive toutes les techniques de gestion des risques qui sont à la disposition des établissements de crédit et notamment des banques, car elles sont nombreuses et variées.

Cependant, les instruments de gestion des risques les plus répandus dans la zone UMOA sont les suivants :

-le système de délégation de pouvoirs et d'autorisations ;
-la fixation de limites d'emprunts ou de prêts, soit globales (au niveau de la banque), soit opérationnelles (par service et par opérateur), soit par type de marché (réglementé ou de gré à gré), soit par produit autorisé, par devise, par signature, par pays, par période. Ces limites peuvent être exprimées en montant, en nombre de contrats, en sensibilité, en perte potentielle maximale ;
-la cotation interne des établissements de crédit et/ou des entreprises contreparties ;
-la centralisation des principaux risques par contrepartie, par secteur, par zone géographique.

Il conviendra, pour le contrôleur, d'analyser les modes de détermination de ces divers outils de contrôle des risques, en s'assurant qu'ils sont appropriés à la situation de l'établissement (notamment au regard de son volume d'activité et de ses fonds propres), qu'ils sont périodiquement révisés, qu'ils sont validés par les dirigeants, qu'ils sont correctement diffusés auprès des personnes intéressées et que leur application fait l'objet d'une surveillance permanente.

Enfin, lorsque des anomalies ou des défaillances apparaissent, les causes doivent toujours être explicitées et faire l'objet de mesures correctrices.

La prise de risques est au cœur de l'activité des établissements de crédit. Son développement exige le respect strict des règles d'orthodoxie financière, ainsi que des dispositions légales et réglementaires en vigueur.

L'analyse des risques constitue, en conséquence, l'un des points centraux des enquêtes sur place. Elle est articulée autour des trois (3) grandes catégories suivantes :

-le risque de crédit ;
-les risques de marché, c'est-à-dire les risques de taux, de change et de prix ;
-les autres risques, c'est-à-dire le risque opérationnel et le risque juridique.

I. LE RISQUE DE CREDIT

Le risque de crédit, également appelé risque de signature, constitue le risque principal auquel les établissements de crédit doivent faire face.

En effet, il constitue le plus souvent la catégorie de risques à l'origine de la plupart des faillites bancaires. Il se mesure à l'incapacité d'une contrepartie à honorer ses engagements à leurs échéances, c'est-à-dire que le client bénéficiaire de crédit ne rembourse pas ce crédit à chaque échéance contractuelle. Ce risque s'applique autant à des opérations figurant au bilan (crédits distribués) qu'à des transactions inscrites au hors-bilan, mais considérées comme des substituts directs de crédit (garanties, acceptations ou certains engagements irrévocables).

Pour mieux évaluer le risque de crédit, il importe d'analyser non seulement la totalité des engagements d'une contrepartie prise individuellement, mais également celle de tout groupe de contreparties associées.

Une attention particulière sera accordée à l'examen du montant et à la qualité des crédits ou des engagements pris sur des personnes concourant à l'administration, la direction, la gérance ou au contrôle et au fonctionnement de l'établissement.

1.1 Objectifs du contrôle

Les vérifications à effectuer répondent aux trois (3) objectifs suivants :

-examiner les modalités de prise de risque, au travers de l'étude des procédures d'instruction, de montage et d'analyse des dossiers (Service ou Comité d'une part et instruments d'analyse d'autre part), ainsi que de celles d'octroi des crédits (système de délégation des pouvoirs) ;
-apprécier la maîtrise et le contrôle des risques en s'assurant, d'une part de la conformité des réalisations avec la stratégie ou la politique affichée (définition et suivi de la politique, analyse des écarts) et, d'autre part, de la mise en place d'instruments efficaces de suivi des risques (organisation du suivi et outils disponibles) ;
-analyser la qualité des risques et en déterminer les conséquences financières, notamment le montant des provisions complémentaires à constituer, ces dernières étant un élément essentiel dans le calcul des fonds propres effectifs destinés à mesurer la solvabilité des établissements de crédit.

1.2 Méthode de contrôle

Le contrôleur doit s'assurer de la réalité des opérations comptables, de l'exhaustivité des enregistrements et de la classification correcte des risques déclarés.

Connaissance générale des méthodes de distribution du crédit et de suivi des risques.

Il conviendra de prendre, à ce sujet, connaissance des informations concernant notamment :

-la politique générale suivie par l'établissement à savoir : le ou les marchés cibles (catégorie de la clientèle, secteurs d'activité), les critères de rentabilité, les objectifs commerciaux, etc. ;

-le dispositif interne de prise de décision : mode de fonctionnement des structures intervenant dans la distribution des crédits, système de délégation des pouvoirs, modalités de déblocage des fonds, etc. ;

-les modalités de suivi des engagements : organisation (gestionnaires, revues périodiques, cotations), outils (état des engagements, état des anomalies, systèmes de surveillance des autorisations et d'alerte pour les incidents), procédures de déclassement et de provisionnement.

Confection de l'échantillon

Pour l'appréciation du risque de crédit, l'idéal serait d'examiner la totalité des concours accordés. Toutefois, les contraintes liées à la durée du contrôle et à la taille de l'établissement conduisent à procéder à un sondage. A cet effet, le contrôleur doit confectionner un échantillon de dossiers à examiner.

Il s'appuie, pour cela, sur les documents de base réclamés, plus particulièrement sur :

- l'état nominatif des engagements ;
- l'état des créances douteuses ou litigieuses ;
- la situation des impayés ;
- l'état des comptes débiteurs sans mouvements créditeurs depuis plus de trois (3) mois ou dont les mouvements créditeurs enregistrés depuis plus de six (6) mois ne sont pas significatifs ;
- l'état des comptes en anomalie ;
- l'état des cinquante (50) plus gros engagements et si possible, les fichiers issus des bases de données de la Banque Centrale, c'est-à-dire de la BCEAO.

La confection de l'échantillon sera guidée, le cas échéant, par les objectifs spécifiques assignés par secteur, zone ou catégories de clientèle.

Globalement, un échantillon couvrant au moins 80 % des engagements permet une appréciation satisfaisante des risques. La priorité devra être accordée aux concours classés douteux par l'établissement, à ceux ayant enregistré des incidents de paiement ainsi qu'aux signatures mal cotées, exclues des accords de classement de la BCEAO ou présentées en anomalies. Ces crédits devront être révisés à 100 % dans toute la mesure du possible.

Révision des risques individuels

La révision des risques individuels est effectuée sur la base des dossiers de crédit confectionnés par l'établissement vérifié. Chaque dossier doit, en principe, contenir les éléments permettant une appréciation de la situation administrative, juridique et financière du client, ainsi que celle de l'évolution des concours consentis.

Pour la conduite de ses travaux, le contrôleur établira, pour chaque client, une fiche individuelle d'analyse selon l'un des deux (2) modèles (entreprises commerciales et industrielles d'une part et, particuliers d'autre part). Outre les renseignements sur le client (nom, raison sociale, statut juridique, capital, secteur d'activité et actionnariat), la fiche devra faire ressortir les éléments caractéristiques de l'évolution de la situation financière du bénéficiaire des concours au cours des trois (3) derniers exercices. À cet effet, les ratios et soldes de gestion retenus sont ceux examinés en priorité par la BCEAO dans le cadre de l'étude des demandes d'accord de classement : surface nette, capitaux propres/capitaux permanents, dettes à moyen et long termes/autofinancement moyen annuel, endettement/potentiel d'endettement, fonds de roulement net/fonds de roulement brut, capacité d'autofinancement/chiffre d'affaires hors taxes et enfin, le résultat. Seront par ailleurs portées sur la fiche, le cas échéant, les évolutions sur la même période, la cotation propre de l'établissement, le classement de la BCEAO et celui des précédentes équipes de vérification.

Les engagements globaux du client (au bilan comme au hors-bilan) sont consignés selon les rubriques comptables correspondantes, avec indication des autorisations, ainsi que des garanties demandées et de celles effectivement recueillies.

En vue d'apprécier la qualité du risque porté sur un client, le contrôleur se fonde sur un ensemble de critères comprenant notamment :

-l'évolution constatée des encours ;

-la situation financière du bénéficiaire des concours. Pour cela, tous outils pertinents d'analyse permettant de porter un jugement sur son affaire ou d'en déceler les faiblesses graves, de nature à compromettre sa rentabilité, pourront être utilisés ;

-les informations éventuellement recueillies auprès de la BCEAO.

Résultat de la révision des risques

La révision des risques individuels permet de se prononcer sur la classification des créances en fonction du jugement que le contrôleur se sera forgé et de déterminer le montant des provisions à constituer pour assurer une couverture satisfaisante des pertes probables. Les informations correspondantes sont consignées sur les fiches d'analyse.

Classement des créances

Au terme de la révision, le contrôleur conclut :

- soit au maintien des concours dans la catégorie des créances saines ou des engagements sains : les concours correspondants ne remplissent alors aucun des critères définis par la BCEAO pour le classement dans les créances en souffrance ou les engagements douteux.

Le contrôleur devra, néanmoins, signaler le cas des clients qui méritent une surveillance particulière en raison des évolutions défavorables relevées à l'examen de leur situation (lourdeur dans le fonctionnement du compte, diminution progressive du chiffre d'affaires et des bénéfices, etc.) :

- soit au déclassement des concours dans la catégorie des créances en souffrance ou des engagements douteux : le classement des concours est, dans ce cas, opéré conformément à l'instruction n° 94-05 de la Banque Centrale (BCEAO) relative à la comptabilisation et au provisionnement des engagements en souffrance et aux dispositions pertinentes du dispositif prudentiel adopté par le Conseil des Ministres de l'UMOA.

Détermination des montants de provisions à constituer

Les montants de provisions à constituer sont également calculés conformément aux dispositions de l'instruction n° 94-05 de la BCEAO et du dispositif prudentiel applicables aux établissements de crédit de l'UMOA.

Le contrôleur déterminera le montant des provisions complémentaires à constituer pour couvrir les pertes probables ou certaines, sur les créances que l'établissement vérifié avait, auparavant, classées sous la rubrique des créances douteuses ou litigieuses.

Il arrête également le montant de provisions nécessaires à la couverture des risques de pertes décelés sur les encours qu'il a déclassés lui-même comme créances douteuses et litigieuses.

Le contrôleur portera alors une attention particulière à la nature et à la réalité des garanties présentées (il sera tenu compte de toutes les sûretés réelles sauf celles relatives au fonds de commerce).

La récapitulation des résultats donne lieu à la confection de deux états qui sont les suivants :

-état des crédits déclassés et provisions complémentaires demandées par le contrôleur ;
-examen des crédits classés douteux ou litigieux par l'établissement et provisions complémentaires demandées par le contrôleur.

Dans un souci de transparence et d'efficacité, le contrôleur devra recueillir les observations et informations complémentaires, après avoir arrêté ses conclusions sur les encours révisés, ceci afin de se forger un jugement définitif.

II. RISQUES DE MARCHE

Les risques de marché sont principalement ceux qui découlent des activités menées dans les domaines des instruments financiers à terme, du change et des titres.

Ces opérations génèrent en effet des risques spécifiques, que l'on peut qualifier respectivement de risque de taux, de risque de change et de risque de prix.

Toutefois, il n'y a pas nécessairement corrélation parfaite entre chacun de ces types de risques.

Ainsi le risque de taux ne concerne pas, loin s'en faut, que les seuls instruments financiers, mais porte sur l'ensemble des activités de l'établissement, en particulier celles de prêts et d'emprunts.

De même, le risque de prix ne s'applique pas exclusivement aux portefeuilles d'actions ou d'obligations, mais aussi, par exemple, aux immeubles et aux créances, dès lors que celles-ci sont négociables.

Toutefois, par souci de simplification et pour des raisons de clarté, les développements suivants associeront successivement :

-le risque de taux et les instruments financiers ;
-le risque de change et les opérations en devises ;
-le risque de prix et les opérations sur titres.

2.1 Le risque de taux

Le risque de taux est le risque de perte consécutif à la variation des taux d'intérêt. Il résulte du non-adossement des emplois et des ressources de l'établissement à des échéances différentes de révision des taux. Deux catégories de risques ressortent de cette définition :

-un risque de revenu, conséquences sur les revenus de la variation des taux ;
-un risque de placement, conséquence de cette variation sur le patrimoine.

De fait, le risque de taux classique de perte comme de gain, existe dès lors que les banques font face à des ressources et emplois, les uns à taux fixe, les autres à taux variable ou révisable.

Il peut se traduire, non plus seulement par une variation de la marge, mais aussi par une variation immédiate en capital, beaucoup plus importante, si l'emploi est, par exemple, en obligations cotées qu'il faut réaliser avant remboursement pour faire face aux tombées de l'emprunt.

Ce genre de risque peut être couvert par un swap de taux, c'est-à-dire un contrat par lequel un taux fixe ou révisable est transformé en taux variable ou révisable.

Il existe toutefois des situations où des pertes de nature semblable peuvent être enregistrées en l'absence apparente de risque de taux : ainsi il arrive que des prêts à long terme à taux fixe élevé, adossés à des emprunts de même nature, soient renégociés avec les débiteurs étranglés par le recul très prononcé de l'inflation ou remboursés par anticipation lorsque cette faculté peut être exercée, ce qui contraint l'établissement à se dégager de ses propres emprunts au prix d'une forte indemnité.

Généralités sur le risque de taux

La mesure du risque de taux

La mesure du risque de taux est complexe, car les différents éléments exposés du bilan et du hors-bilan ne sont pas homogènes, à la différence du risque de change et du risque de prix. En effet, ces éléments sont nombreux, de natures variées et assortis de conditions diverses (taux, échéances).

Au préalable, il convient de déterminer les catégories d'opérations à prendre en compte. Certes, seuls les emplois et les ressources à taux fixes sont générateurs de risque de taux. Il n'est néanmoins pas toujours aisé de déterminer les emplois et les ressources à taux fixe qui doivent être effectivement retenus. La situation la plus simple est celle d'un établissement qui fait adosser systématiquement l'ensemble de ses opérations à taux fixe auprès de la salle de marché. Dès lors, tous les risques sont concentrés au niveau de celle-ci et sont plus faciles à appréhender.

Restent les emplois et les ressources non rémunérés tels que les immobilisations, les comptes ordinaires à vue ou les fonds propres. On peut les considérer comme des éléments à taux fixe, mais il faut poser des hypothèses en ce qui concerne leur échéance.

La mesure du risque de taux consiste à déterminer l'incidence sur le patrimoine et le résultat de l'établissement d'une variation des taux d'intérêt.

Il existe plusieurs méthodes :

-la méthode des impasses : elle consiste à répartir tous les emplois et ressources en fonction, non de leur échéance finale, ce qui sert à mesurer le risque de liquidité, mais en fonction de leur échéance de révision de taux. A chaque échéance, la différence entre emplois et ressources dégage une impasse ;

-la méthode de la duration et de la sensibilité : elle consiste à actualiser les flux financiers générés par l'ensemble des emplois et des ressources, en appliquant le taux du marché, puis à réaliser le même calcul en utilisant deux autres taux d'actualisation, généralement l'un supérieur et l'autre inférieur à 1 %. La variation obtenue permet de mesurer l'exposition au risque de taux.

La gestion du risque de taux

La gestion du risque de taux incombe généralement au trésorier, voire à la Direction Financière ou la Direction Générale, selon la taille de l'établissement.

En effet, le trésorier exerce un rôle capital dans le bon équilibre des activités de marché. C'est lui qui a la charge de gérer la position globale de l'établissement, née des arbitrages divers et des positions résiduelles de toutes sortes, de telle manière que, sauf à spéculer ou plus simplement à chercher à tirer parti d'une tendance anticipée. Elle doit être neutre à la hausse comme à la baisse des taux.

À noter qu'au sein des grandes banques internationales, le suivi spécifique du risque de taux est aujourd'hui du ressort de la gestion actif-passif, dite gestion ALM (Assets and Liabilities Management). Certes, celle-ci n'est pas encore formellement pratiquée par les établissements de crédit de l'UMOA mais elle devrait progressivement se répandre. Concrètement, elle consiste à mesurer les risques de taux et aussi de liquidité d'une banque, à l'aide d'outils d'analyse et de prévision, évaluant les pertes potentielles en fonction de scenarii de variation du loyer de l'argent, et à partir desquels des décisions de couverture sont prises.

En tout état de cause, la gestion et la surveillance efficaces du risque de taux à travers les divers instruments utilisables supposent :

-la connaissance exacte de la position effective de l'établissement, dans le but de connaître les risques encourus et de mieux les contrôler. La position doit être appréhendée sous toutes ses dimensions (au comptant, à terme et optionnelle) ;
-la fixation de limites précises, par la Direction, au trésorier ou aux opérateurs de la salle des marchés (nature des opérations autorisées, nombre de contrats, par séance, en position ouverte, maximum de durée, de perte). De fait, il convient de réduire le plus possible les risques de pertes, qui peuvent résulter à la fois de l'amplitude de la fluctuation des taux et du volume des encours exposés ;
-la séparation stricte entre les conclusions des opérations par le « front-office » et leur exécution administrative (enregistrement, traitement, flux de trésorerie, mouvements de titres) par le « back-office ». Les fonctions opérationnelles et administratives doivent être autonomes et il ne devrait exister entre elles aucun lien hiérarchique.

Le point le plus sensible est assurément la connaissance de la position réelle de l'établissement. Elle débouche sur le calcul de la sensibilité d'ensemble, qui ne fournit jamais qu'un ordre de grandeur, en raison de sa base en partie hypothétique et des réactions imprévisibles des marchés (décote insolite des obligations à taux variable par exemple), mais n'en revêt pas moins une forte utilité pour les décideurs.

2.1.1 Les contrôles liés au risque de taux

Les risques importants générés par les activités de marché, les investissements nécessaires et le coût de fonctionnement induit, rendent indispensable la formulation d'une politique générale par la direction de l'établissement, définissant principalement :

-les objectifs (sécurité, rentabilité, produits traités, volumes engagés) ;
-les moyens (effectifs, organigramme, équipements, système de suivi et de contrôle).

Le contrôleur doit donc s'assurer qu'une telle stratégie a bien été élaborée et qu'elle est conforme aux intérêts de l'établissement, avant même d'examiner la façon dont elle est mise en œuvre.

Ce préalable étant posé, le contrôleur doit veiller à :

-vérifier que les chiffres transmis à la Commission Bancaire correspondent bien à la réalité des opérations ;
-estimer l'ampleur du risque.

Pratiquement, les investigations, qui reposent essentiellement sur des interviews et l'analyse de documents, peuvent être menées selon deux axes :

-l'évaluation des moyens mis en œuvre par l'établissement ;
-l'estimation de son exposition au risque de taux.

L'évaluation des moyens mis en œuvre

En premier lieu, la sécurité et la rentabilité des opérations dépendent de la compétence et de la qualité des agents en charge du « front-office » et du « back-office ».

Une attention particulière doit donc être portée à la formation et à l'expérience professionnelle de ce personnel, comme au personnel à tous les niveaux, ainsi qu'aux règles déontologiques auxquelles il est soumis.

Dans le même ordre d'idée, il importe d'examiner l'organisation générale du Service de la trésorerie, ou de la salle des marchés, s'il en existe, en portant notamment l'attention sur :

-la séparation des tâches de décision, d'exécution et de contrôle du front-office et du back-office ;
-le mode de communication de la stratégie de la direction aux agents en charge de sa mise en œuvre (existence d'un comité des marchés, implication de la direction) ;
-le système d'autorisation (liste des opérateurs et des transactions autorisés) ;
-la définition de limites (formalisation, niveau par rapport aux fonds propres, contreparties) ;
-le suivi des limites (reporting, système d'alerte).

En second lieu, tant les opérateurs que le back-office doivent être équipés de moyens informatiques adaptés.

Les capacités de cet outil sont fondamentales, du fait de la sophistication des transactions et des calculs afférents d'une part, de la complexité de la comptabilisation des opérations d'autre part.

Le contrôleur se fera préciser les systèmes utilisés et toutes leurs fonctionnalités (principe des opérations, suivi des positions, connexions avec la comptabilité, sécurité).

En troisième lieu, il doit exister un manuel de procédures, décrivant de manière précise et complète les différentes opérations, accessible à tous les utilisateurs et régulièrement mis à jour.

En particulier, seront examinées les relations entre le front-office et le back-office, et notamment :

-la gestion des tickets opérateurs, support des transactions ;
-les rapprochements de stocks d'opérations effectuées ;
-la valorisation des positions ;
-le suivi des résultats.

Enfin, le contrôleur doit s'intéresser au contrôle interne des opérations de marché.

Outre l'organisation, le degré d'indépendance et de compétence des agents en charge du contrôle, doivent surtout retenir l'attention en ce qui concerne le mode de fixation et d'analyse du dépassement des limites ainsi que la consistance et l'exploitation du reporting.

L'exposition au risque de taux

Fondamentalement, le contrôleur doit s'assurer que l'établissement surveille avec rigueur et constance ses positions. À cette fin, il faut examiner avec soin, s'il existe des modalités de suivi des diverses positions (par opérateur, par contrepartie, par produit).

En la matière, le contrôleur doit vérifier que l'établissement est bien, au minimum, en possession des informations nécessaires au suivi du risque de taux global, sous forme d'un tableau des emplois et des ressources à taux fixe complété, le cas échéant, par les capitaux de référence des swaps de taux. A cet égard, les dépôts à vue de la clientèle, dont le taux est fixe, mais nul, peuvent être pris en considération dans les ressources à taux fixe en raison de leur stabilité effective.

Si un tel document n'existe pas, il s'agit alors d'une carence grave du système de contrôle et de surveillance. Dans ces conditions, l'établissement doit être en mesure de l'établir à la demande du contrôleur.

Quoi qu'il en soit et à défaut de disposer d'un document plus élaboré, l'examen d'un tel tableau, dont les données devront être recoupées, au moins par épreuve, avec les éléments comptables ou extra-comptables (balance, relevés détaillés des opérations, contrats), peut être décomposé en trois étapes :

-déterminer d'abord, échéance par échéance, l'impasse résiduelle, c'est-à-dire le solde net des positions courtes et longues ;
-obtenir ensuite du trésorier la courbe des taux à la date retenue pour le contrôle (taux de marché de référence) ;
-enfin, actualiser toutes les impasses dont l'addition fournira l'assiette du risque de taux, toutes les échéances confondues, à savoir l'ampleur et le sens de la position de l'établissement.

Si ces situations de l'établissement sont faibles en valeur absolue, le risque est à l'évidence minime.

En revanche, si les positions paraissent élevées, il convient de mesurer le risque, c'est-à-dire déterminer, échéance par échéance, les conséquences financières, sur la situation de l'établissement vérifié, d'une variation de taux de 1 %, choisie par commodité et selon les usages, tout en sachant que cette dernière peut évidemment être supérieure.

III. LE RISQUE DE CHANGE

Tout établissement de crédit effectuant des opérations libellées en devises est exposé au risque de change.

Avec la généralisation des changes flottants dans le monde, ce risque s'est considérablement accru au cours des dernières décennies, notamment du fait des fluctuations relativement fortes de la devise la plus utilisée, qui est le dollar.

Parmi les risques de marché, celui de change est donc devenu l'un des plus sensibles pour le système bancaire et financier.

De ce fait, il est important d'exercer une surveillance stricte en ce domaine et il appartient naturellement au contrôleur d'examiner avec attention ce sujet.

3.1 La mesure du risque de change

Le concept de risque de change

Le risque de change peut être défini comme la perte ou le gain éventuel qu'induit la variation du cours des monnaies.

Il correspond au risque de modification du prix des devises par rapport à la monnaie nationale, en l'occurrence le F CFA, pour un établissement de l'UMOA ayant des créances et des dettes libellées dans ces devises.

Pratiquement, le risque de change peut engendrer, d'une part, une dépréciation ou une appréciation de la valeur du patrimoine de l'établissement, d'autre part, des gains ou des pertes sur ses résultats dus aux variations de taux d'une devise convertible.

La position de change

Le risque de change est mesuré par la position de change de l'établissement qui correspond au solde net entre les avoirs et les dettes dans une devise déterminée, ainsi qu'entre les engagements à terme ou conditionnels à recevoir ou à livrer, libellés dans cette devise. Pour chaque monnaie, elle se calcule ainsi :

-total des actifs,
-moins total des passifs,
-plus les achats au comptant en attente de livraison et les achats à terme,
-moins les ventes au comptant en attente de livraison et les ventes à terme,
-plus, le cas échéant, les options de change, qui interviennent selon des modalités particulières.

Ainsi, toute fluctuation de la devise considérée a une incidence sur le compte de résultat de l'établissement.

Plus précisément, la position de change comporte quatre composantes :

-les positions opérationnelles, issues de l'ensemble des transactions courantes effectuées par le cambiste (achats et ventes principalement), souvent nombreuses et fluctuantes ;
-les positions structurelles, résultant de certaines opérations telles que les dotations en devises des succursales à l'étranger et les immobilisations financières ou corporelles, dans le cas où elles sont refinancées en francs CFA ou dans une devise différente. Ces positions sont clairement identifiées et font l'objet d'un traitement spécifique ;
-le risque de change sur les intérêts, qui provient du décalage dans le temps entre les intérêts reçus et les intérêts payés en devises ;
-le risque de change sur les marges, lié à l'incertitude sur le cours auquel seront cédés les fonds constituant le résultat net des opérations en devises.

La position de change ainsi définie est l'expression du risque de change, puisque seule la variation de ce solde, consécutive à la fluctuation des cours, a une incidence sur les résultats.

Il faut remarquer ici que prêt ou emploi contre emprunt ou ressource dans une même devise n'engendre pas de déséquilibre, et donc pas de position.

En effet, ces positions ne comportent pas de risque de change, du moins quant au principal. En revanche, les intérêts afférents y sont exposés.

De fait, elles n'entraînent pas d'entrée ou de sortie de devises dans le patrimoine de l'établissement. Tel est le cas d'un prêt en dollars accordé à la clientèle et refinancé directement dans la même devise.

Par ailleurs, le concept de position de change peut recouvrir diverses significations, selon les établissements ou les milieux considérés. Sont habituellement distinguées :

-la position de change proprement dite : c'est, comme on l'a vu précédemment, la différence entre les avoirs et les devises à recevoir à terme d'une part, les dettes et les devises à livrer, d'autre part. Elle est dite longue (ou vendeur ou à la hausse) lorsqu'il y a excédent des actifs et des devises à recevoir, ou courte (ou acheteur ou à la baisse) lorsqu'à l'inverse, les dettes dépassent les avoirs ;
-la position cambiste : elle ne prend pas en considération les éléments stables (investissements par exemple), mais seulement ceux qui sont fluctuants, c'est-à-dire dépôts, crédits, prêts ou emprunts interbancaires. On entend également par position cambiste, le cumul des positions, longues ou courtes, que l'opérateur d'un établissement est autorisé à garder en fin de séance jusqu'au lendemain ; il s'agit alors d'une limite de risque de change acceptée par l'établissement.

Dans le même ordre d'idée, les Banques Centrales utilisent également les notions de :

- positions vis-à-vis de l'étranger (solde débiteur ou créditeur des créances et des dettes des non-résidents, en devises et en monnaie locale) ;
- de position en devises vis-à-vis des résidents (solde des créances et des dettes en devises des résidents) ;
- de position au comptant (solde, devise par devise, des achats et des ventes au comptant non dénoués après le délai habituel d'exécution sur le marché, 48 heures au maximum) ;
- de position à terme (solde, devise par devise, des achats et des ventes non retenus pour la position au comptant).

3.2 Le contrôle des opérations en devises

Le contrôle des opérations en devises est habituellement effectué en même temps que celui des opérations similaires libellées en F CFA, les unes et les autres étant fusionnées après conversion dans les mêmes rubriques de la situation comptable.

Préalablement, on rappellera qu'il est fait obligation aux établissements de crédit de conserver, aux fins de justification, les cours au comptant et à terme utilisés pour l'évaluation de leurs opérations en devises.

Les objectifs du contrôle

Le risque essentiel encouru par les établissements de crédit sur leurs activités en devises est le risque de change.

Il convient toutefois de préciser en préambule que, dans la pratique, la détermination des positions de change et le suivi du risque de change opération par opération sont très difficiles.

Les objectifs à poursuivre sont les suivants :

-s'assurer de la réévaluation de toutes les opérations en devises du bilan et du hors bilan, dont l'omission pourrait avoir des incidences sur les engagements réels de l'établissement et sur ses résultats ;
-contrôler l'exactitude de la position de change. Cela passe théoriquement par l'examen de la validité de l'ensemble des comptes en devises, dont elle est la résultante. De fait, un suspens non comptabilisé peut avoir pour conséquence de modifier la position de change ;
-analyser l'importance de la position de change qui, si elle est excessive et si la situation évolue défavorablement, peut avoir un impact négatif sur les résultats ultérieurs de l'établissement. Il convient d'examiner dans quelle mesure les dirigeants sont tenus informés et si des limites ont été fixées, conformément à ce que préconiserait un système de contrôle efficace ;
-vérifier la consistance du résultat de change.

Les vérifications d'ordre comptable

Change manuel

Le change manuel fera l'objet d'un contrôle simultanément à la vérification de la caisse.

Il ne faut pas omettre que, parmi les existants, outre les billets, on trouve souvent des travellers chèques ou chèques de voyage, achetés au guichet après vérification des signatures et des oppositions et qui restent à recouvrer auprès de l'émetteur.

Comptes en devises auprès des établissements de crédit

À l'occasion de l'examen des comptes de banques et de correspondants, l'attention du contrôleur doit être attirée sur plusieurs points :

- en premier lieu, des comptes immobiles peuvent représenter, dans certains cas, des avoirs bloqués, litigieux ou intransférables ; il conviendra de se faire expliquer leur fonctionnement et leur raison d'être ;
- en deuxième lieu, s'agissant des opérations de change au comptant, il convient d'effectuer les contrôles suivants :

.justification des comptes concernés ;
.vérification, à partir d'une sélection de contrats de change, des confirmations reçues des contreparties quant au montant, au cours, à la date de l'opération et à celle de la livraison ;
.examen des cours pratiqués sur les marchés pour s'assurer de la vraisemblance des cours contractuels, afin de détecter d'éventuelles erreurs ou manipulations.

Pour les opérations de change à terme, les contrôles à effectuer sont de la même nature que ceux décrits pour les opérations de change au comptant.

De fait, les mouvements de fonds n'interviennent qu'à l'échéance. Il est donc difficile de repérer les opérations non enregistrées.

Au total, quelles que soient les opérations, le contrôleur doit se faire communiquer le détail des contrats au comptant et à terme non dénoués, soit du fait du délai d'usance observé sur le marché entre la conclusion de l'accord et son exécution, soit en raison du terme fixé et contrôler leur enregistrement comptable.

Toutes ces transactions participent à la position de change et seront rapprochées des contrats eux-mêmes, confirmés par les contreparties (échéance, taux, cours appliqué, nom de la contrepartie).

Enfin, en ce qui concerne plus spécifiquement les prêts et emprunts en devises, que ces opérations soient effectuées avec ou sans intermédiaires, elles doivent nécessairement être confirmées par la contrepartie à l'aide, habituellement, d'une formule normalisée, exprimée en plusieurs langues.

Sauf cession sans couverture à terme du produit d'un emprunt, elles sont toujours équilibrées et sans effet sur la position de change de l'établissement.

Il faut par conséquent en faire dresser et pointer la liste par devise, à l'aide des confirmations des contrats en cours non échus, noter les dates de ces contrats et leur échéance, ainsi que le taux.

Un taux anormalement faible ou élevé doit attirer l'attention comme s'il s'agissait d'une opération en F CFA.

Bien entendu, le contrôleur adaptera la nature et l'étendue de ses contrôles en fonction des circonstances, de l'importance des activités en devises de l'établissement vérifié, du montant, de la fréquence et de la complexité des opérations ainsi que de la qualité de la gestion du Service et de l'efficacité du système de contrôle interne.

Opérations d'achats et de ventes de devises avec la clientèle

Ces opérations sont normalement engagées pour répondre aux demandes de la clientèle, ne serait-ce que d'une façon globale.

En principe, elles sont toujours équilibrées par une opération de sens contraire au comptant ou à terme.

Ainsi, une vente de devises à un client entraîne un achat équivalent à un autre établissement, voire à un autre client, vendeur celui-là. S'il n'en était pas ainsi, cela signifierait que la banque prend une position de change et spécule pour son propre compte, ce qui doit être considéré avec méfiance. La cote de change permet en outre de s'assurer de la conformité du cours appliqué.

Portefeuille effets et comptes de la clientèle en devises

Les encours d'escompte et les éventuels découverts sont à ajouter aux crédits à la clientèle, car ils constituent bien évidemment un risque au même titre que tous les autres concours.

Comptes d'encaissement et de recouvrement en devises

Il faut analyser tout particulièrement les soldes en devises qui se perpétuent : cette situation peut résulter de l'intransférabilité du produit du recouvrement alors que le client a pu être imprudemment crédité.

Comptes de position de change

On a vu que les comptes de position de change sont des comptes d'équilibre et de liaison pour les opérations de change devise contre devise ou contre F CFA et qu'ils sont utilisés lorsque les deux comptes généraux ou particuliers, débités et crédités, sont exprimés dans des monnaies différentes. Un tel compte pivot existe dans chaque devise et en F CFA.

Dans chaque monnaie, il enregistre la contrepartie de l'écriture passée au débit ou au crédit d'un compte libellé dans la même monnaie.

Naturellement, ces comptes n'ont pas à être servis lorsque les deux comptes jouant ensemble sont exprimés dans la même monnaie.

Le solde de ces comptes correspond au déséquilibre actif et passif dans chacune des devises considérées et donne la position de cette devise, à condition de prendre également en compte les opérations à terme et conditionnelles non dénouées.

La contre-valeur de ces déséquilibres se trouve dans le compte en monnaie nationale, intitulé contre-valeur devises.

Si les positions de l'établissement vérifié s'avéraient importantes, il faudrait en évaluer l'incidence sur l'exercice suivant, en tenant compte de l'évolution prévisible des cours de change. Dans certains cas, la constitution d'une provision pour risques peut même être envisagée.

Comptes d'ajustement devises

Ce poste correspond à un poste général en monnaie nationale qui résulte de la fusion, après conversion, des soldes des comptes position de change. Le solde qui apparaît après cette fusion est hétérogène. Il provient en effet :

-de décalages issus de la réévaluation des positions en devises au comptant ;
-de bénéfices (marges et commissions) sur des opérations liquidées, du moins jusqu'à la cession des devises ;
-de différences de change sur la position de change réelle ; ces pertes ou profits latents résultent de l'écart entre le cours d'origine et le cours de réévaluation.

Si le solde du compte apparaît constamment important, il conviendrait de s'en inquiéter. Il est alors possible, en effet, que l'établissement omette de céder des devises gagnées et qu'il laisse ainsi, peut-être involontairement, croître une position de change tout en dissimulant des profits.

Les contrôles extracomptables

Au-delà des investigations purement comptables évoquées ci-dessus, le contrôleur doit pouvoir appréhender de manière plus globale l'activité en devises de l'établissement, afin de pouvoir remplir les divers objectifs qui lui sont assignés en ce domaine. Ainsi deux aspects essentiels doivent retenir son attention.

L'appréciation du risque de change

Afin de pouvoir apprécier le degré d'exposition au risque de change de l'établissement, il faut se référer à sa position de change devise par devise.

Outre les investigations menées à partir des comptes concernés, il est indispensable, dans les établissements les plus actifs, de se faire communiquer la position tenue par le cambiste, qui peut se présenter de diverses façons, parfois sous la forme d'une simple feuille de papier sans caractère comptable.

Ce document, ou tout autre en tenant lieu, devrait être communiqué aux dirigeants de la banque pour information, sinon chaque jour, du moins régulièrement, afin de surveiller l'activité du Service et de s'assurer que les limites éventuellement fixées sont bien respectées.

En effet, non seulement l'établissement doit être en mesure d'évaluer son risque de change, mais il doit aussi se doter des instruments de suivi et de contrôle nécessaires, en vue de contenir son risque de change dans des proportions raisonnables.

Compte tenu des risques qu'elle comporte, l'activité en devises entre en effet en priorité dans le champ d'application du système de contrôle interne et doit donc faire l'objet d'une surveillance efficace et attentive.

L'examen de la feuille de position peut aussi donner d'utiles indications sur les méthodes du cambiste, en particulier sur les positions résiduelles qu'il conserve en fin de journée, devise par devise. En effet, le risque de position pris à l'insu des dirigeants ne doit jamais être négligé et n'apparaît qu'à l'occasion de l'examen des opérations quotidiennes.

Cet exercice peut certes être rendu malaisé, sinon impossible, en l'absence d'horodatage des transactions. Pour ce faire, il convient d'analyser les documents sur une période suffisamment longue. Le cas échéant, les anomalies de cours, d'ailleurs peu faciles à déceler, exigeront des investigations plus approfondies afin d'en connaître l'origine, fortuite ou volontaire, et dans cette dernière hypothèse, l'objet.

Il n'est pas inintéressant, enfin, d'examiner globalement la nature des contreparties avec lesquelles l'établissement effectue ses principales transactions de change.

À cet effet, on pourra utilement se reporter à l'état périodique DEC 2032, qui indique la ventilation des opérations à terme selon la qualité des contreparties : Banques Centrales, Trésor, banques et correspondants, établissements financiers et institutions financières internationales, CCP, Etat et organismes assimilés, autres agents économiques.

Le résultat de change

Le résultat de change provient de la réévaluation des opérations en devises ou de leur conversion en F CFA. C'est donc la différence entre la contre-valeur en F CFA des comptes en devises à la date d'arrêté, par rapport à la contre-valeur en F CFA à la date d'origine, ou à celle de la dernière réévaluation.

La détermination du résultat de change déroge au principe comptable de prudence, puisqu'il prend en considération des résultats potentiels ou latents.

L'analyse du résultat doit permettre de s'assurer d'abord de sa vraisemblance. Dans ce but, le contrôleur doit examiner avec soin les procédures de détermination de ce résultat.

Mais il convient d'aller au-delà et de porter un jugement sur l'activité en devises de l'établissement et sa rentabilité.

Pour cela, il convient de prendre connaissance des événements significatifs de la période examinée et d'étudier l'évolution des résultats, par exemple mensuels, en se faisant expliquer les variations les plus importantes.

IV. LE RISQUE DE PRIX

Parmi les actifs de diverses natures que les établissements de crédit détiennent pour leur compte propre, il en est qui sont soumis à un risque élevé : ce sont les titres.

En effet, la valeur des portefeuilles de valeurs mobilières est très fluctuante. Outre l'impact des variations des cours des devises qui affectent directement les titres libellés en monnaies étrangères, la cote de cette catégorie d'actifs dépend étroitement de l'évolution, parfois erratique, des marchés. S'agissant spécifiquement des titres, il y a manifestement un risque de prix, que doit appréhender le contrôleur lors de ses contrôles.

Avant d'aborder les modalités pratiques de ces investigations, il importe de définir plus précisément la nature du risque lié à la détention d'un portefeuille. Les principales opérations sur titres appartiennent aux établissements de crédit, ou sont gérées pour le compte de tiers.

4.1 Le risque de prix lié à la détention du portefeuille titres

Avec le développement de la désintermédiation financière et la multiplication des opérations de titrisation, les dettes et les créances tendent de plus en plus à être représentées par des titres négociables.

En effet, pour couvrir leurs besoins de financement, les emprunteurs peuvent émettre des titres plutôt que de recourir au crédit bancaire, tandis que les prêteurs les achètent afin de placer leurs excédents de trésorerie ou à des fins d'investissement. C'est ainsi qu'au cours des dernières années, l'activité titres des établissements de crédit s'est sensiblement étoffée.

Certes, les opérations sur titres, qui désignent une large gamme de transactions variées (achats, ventes, échanges, attributions, émissions, remboursements anticipés) n'ont pas encore atteint, au sein de l'UMOA, l'ampleur qu'elles connaissent dans d'autres pays, notamment parce que les marchés financiers sont moins développés dans cette zone.

Toutefois, cette activité encore assez marginale aujourd'hui dans l'UMOA, est appelée à se développer avec la montée en puissance de la Bourse Régionale des Valeurs Mobilières (BRVM) et la création de nouveaux instruments financiers.

Les opérations sur titres recèlent de nombreux risques généraux dont les principaux sont :

-le risque de variation de cours pour les actions ;
-le risque de taux sur les titres à revenu fixe ;
-le risque de contrepartie sur les émetteurs de titres ;
-les risques liés aux manquements à la déontologie ;
-le risque administratif.

Il apparaît clairement que le risque majeur demeure le risque de prix, puisque toute baisse des cours entraîne ipso facto une dépréciation de l'actif ou une diminution du rendement. Néanmoins, ce risque est atténué s'agissant des titres portefeuille qui sont adossés à des ressources disponibles.

De surcroît, s'ajoutent, en ce domaine des titres, des risques supplémentaires, tenant à l'établissement des comptes et à la complexité des opérations, des dispositions comptables et fiscales et des méthodes d'évaluation. Concrètement, il s'agit, là aussi, d'un risque d'évaluation incorrecte du portefeuille titres, avec ses incidences directes sur les résultats et le patrimoine de l'établissement vérifié.

Le contrôle du classement et de la valorisation des titres

Les titres de placement

Ce sont des titres à revenu fixe ou variable détenus en contrepartie d'un placement temporaire de trésorerie. Leur durée de détention ne doit pas normalement dépasser six (6) mois. Figurent également dans cette catégorie, les titres à revenu fixe acquis en vue d'une détention jusqu'à leur échéance, mais qui, faute de financement adéquat, ne peuvent être classés parmi les titres d'investissement.

Les titres de placement sont comptabilisés à la date de leur acquisition au prix d'achat, frais et coupons courus exclus. Ils sont évalués à chaque arrêté comptable au dernier cours connu. Les moins-values font l'objet d'une provision, mais il n'est pas tenu compte des plus-values.

En l'absence de marché liquide, les titres à revenu fixe sont estimés sur la base de l'actualisation des flux futurs d'intérêts et de remboursement du nominal, au taux le plus long offert sur le marché monétaire de l'UMOA. Quant aux titres à revenu variable non cotés, leur évaluation est assise sur leur valeur mathématique.

Le contrôleur s'assurera essentiellement :

-que la détention des titres de placement conserve bien un caractère temporaire, c'est-à-dire qu'elle n'excède pas six (6) mois ;
-que les valeurs retenues à la date d'acquisition et aux dates d'arrêté sont correctement établies, particulièrement pour les titres non cotés ;
-que les éventuelles moins-values ont bien été provisionnées ;
-que le système de contrôle interne de ces titres est à la fois pertinent et efficace.

Les parts dans les entreprises liées, les titres de Participation et les titres immobilisés destinés à une activité de portefeuille

Parts dans les entreprises liées

Ce sont des titres à revenu variable émis par des sociétés contrôlées de manière exclusive par l'établissement vérifié, c'est-à-dire lorsque ce dernier, considéré comme l'entreprise mère, y détient directement ou non une participation en capital lui conférant, soit la majorité des droits de vote, soit le pouvoir de nommer la majorité des membres des organes d'administration, de direction ou de surveillance.

C'est également le cas quand il n'existe pas d'actionnaires ou d'associés détenant ensemble une participation supérieure à celle de l'entreprise mère et possédant chacun plus de 5 % du capital, ou quand celle-ci exerce une influence dominante.

Les parts dans les entreprises liées sont celles incluses, ou susceptibles de l'être, par intégration globale dans un ensemble consolidé.

Les parts dans les entreprises liées sont comptabilisées à la date de leur acquisition au prix d'achat, frais exclus.

Elles sont évaluées à chaque arrêté comptable à la valeur la plus basse entre leur coût d'acquisition et leur valeur d'usage.

La valeur d'usage peut être définie comme le prix qu'accepterait de payer un chef d'entreprise sage et avisé pour acquérir ces titres. Des éléments tels que la valeur intrinsèque, la valeur boursière, la rentabilité ou encore les perspectives de développement peuvent servir de critères d'appréciation.

Si la valeur d'usage est inférieure au prix d'acquisition, une provision pour dépréciation doit être constituée. À l'inverse, les plus-values ne sont pas prises en compte.

Titres de participation

Ce sont des titres à revenu variable dont la possession durable est estimée utile à l'activité de l'établissement. Sont présumés répondre à cette définition :

-les titres représentant 10 % ou plus du capital d'une entreprise ;
-les titres qui, tout en n'atteignant pas ce seuil, relèvent d'une entreprise détenant une partie des actions émises par l'établissement assujetti, appartenant à un même groupe contrôlé par des personnes physiques ou morales exerçant un contrôle sur l'ensemble et faisant prévaloir une unité de décision, ayant des administrateurs ou des dirigeants communs avec l'établissement.

Les titres de participation sont comptabilisés à la date de leur acquisition au prix d'achat, frais exclus.

Ils sont évalués à la valeur la plus basse entre leur coût d'acquisition et leur valeur d'usage. Si celle-ci est inférieure, une provision pour dépréciation est constituée.

Titres immobilisés destinés à une activité de portefeuille

Les titres immobilisés destinés à une activité de portefeuille (TIAP) sont des titres à revenu variable acquis en vue d'obtenir, sur une longue période, une rentabilité satisfaisante. Cette activité s'exerce sans intervention dans la gestion des entreprises dont les titres sont détenus. Ils se distinguent ainsi doublement des titres de participation dont l'objectif est l'utilité et généralement l'immixtion dans la gestion.

Les TIAP sont comptabilisés à la date de leur acquisition au prix d'achat, frais exclus.

Ils sont évalués à chaque arrêté comptable à la valeur la plus basse entre leur coût d'acquisition et leur valeur d'usage. Si celle-ci est inférieure, une provision pour dépréciation est constituée. Les plus-values ne sont pas prises en considération.

Contrôles communs à opérer sur les parts dans les Entreprises liées, les titres de participation et les TIAP

Le principal risque de ces titres inscrits en immobilisations est également celui d'une mauvaise évaluation. De fait, des erreurs de valorisation peuvent avoir ici des incidences fortes sur les résultats et le patrimoine de l'établissement.

Le contrôleur vérifiera à la fois les existants et le mode d'évaluation.

Pour la vérification des existants, s'agissant des titres cotés, il sera procédé de la même façon que pour les autres catégories de titres, en s'appuyant sur l'inventaire du portefeuille et le relevé de l'organe dépositaire.

Pour les titres non cotés, il conviendra de demander à l'établissement les preuves de leur existence. En général, il existe un dossier, même succinct, contenant un relevé de compte des titres, un certificat de souscription, voire le titre matériel lui-même. Un tel dossier est en tout cas indispensable dans les principaux établissements de crédit qui mènent une politique de participation.

Les titres devraient être regroupés sur un tableau récapitulatif, indiquant leur nombre, leur montant à la date d'acquisition, leur valeur à la date d'arrêté comptable et les éventuelles provisions.

Si un tel tableau n'était pas disponible, il s'agirait d'une lacune grave, ne serait-ce que parce que les établissements sont tenus de valoriser périodiquement leur portefeuille.

Pour la valorisation, si les titres cotés ne posent guère de difficultés, il en va autrement pour les valeurs non cotées. La méthode la plus satisfaisante consiste à calculer l'actif net des sociétés à partir du bilan le plus récent.

Le contrôleur s'assurera du respect du principe de la comptabilisation des seules moins-values, non compensables avec des plus-values latentes sur d'autres titres (l'évaluation se fait valeur par valeur), ces dernières ne devant être prises en compte que pour diminuer ou annuler une provision existante.

Lorsqu'il examine des participations dans des affaires bénéficiant par ailleurs de crédits, le contrôleur doit étudier le dossier dans sa globalité. En effet, les risques peuvent comprendre non seulement les titres eux-mêmes, mais aussi les crédits et les garanties dont peuvent bénéficier ces sociétés, voire l'obligation de combler leur passif en cas de difficultés.

Par ailleurs, ces contrôles seront mis à profit pour s'assurer que l'établissement vérifié respecte la réglementation afférente à la limitation du total des immobilisations et des participations à 100 % de ses fonds propres effectifs.

Les titres d'investissement

Ce sont des titres à revenu fixe acquis avec l'intention de les détenir de façon durable, en principe jusqu'à l'échéance.

À ce critère d'intention s'ajoute une seconde condition. En effet, l'établissement doit disposer des moyens adéquats pour conserver ces titres durablement grâce à des ressources adossées en durée et en taux à leur financement.

À défaut, ils doivent être financés sur fonds propres.

Les titres d'investissement sont enregistrés à leur prix d'achat, frais et coupons exclus.

La différence entre la valeur comptable du titre et sa valeur de remboursement est échelonnée sur la période restant à courir, ce lissage étant effectué de manière linéaire :

-quand la valeur comptable est supérieure à la valeur de remboursement (cas d'une prime), la différence inscrite dans un compte de régularisation actif doit être amortie prorata temporis, de façon linéaire, sur la durée de vie résiduelle du titre ;

-dans le cas contraire (décote), la différence enregistrée dans un compte de régularisation passif est prise en compte dans les produits, prorata temporis, de façon linéaire, sur la durée restant à courir du titre.

Lors de chaque arrêté, les moins-values latentes résultant de l'évolution des taux d'intérêt ne font l'objet d'aucune provision.

En revanche, s'il existe une forte probabilité de revente des titres ou un risque de défaillance de l'émetteur, des provisions doivent être constituées. Les plus-values latentes ne sont pas comptabilisées en produits.

Pour les titres d'investissement, le contrôleur s'attachera tout particulièrement à s'assurer :

-qu'il existe bien des ressources globalement adossées ;
-qu'ils ne recèlent pas des titres dépréciés pour éviter de constater une perte ;
-que les primes et les décotes sont correctement amorties de manière linéaire ;
-que la qualité des émetteurs est bien prise en compte, au regard de l'appréciation portée par le marché.

4.2 Le contrôle global du portefeuille titres

L'approche de l'activité titres

Les contrôles essentiels des opérations sur titres restent celui de la classification des titres, indispensable, car celle-ci conditionne leur mode d'évaluation et celui, précisément, de leur évaluation. Toutefois, la vérification de cette activité ne doit pas se limiter à celle de leur classement et de leur valorisation, mais doit également faire l'objet d'approche globale.

Au sein de l'UMOA, seules les principales banques ont une activité significative en la matière. De surcroît, celle-ci consiste le plus souvent en la gestion, basée sur des opérations classiques, d'un portefeuille limité de titres et peu diversifié.

Il conviendra de se référer à l'état périodique DEC 2027, qui indique la ventilation du portefeuille titres selon la qualité et le pays de résidence de l'émetteur.

Pour effectuer le contrôle, les points suivants doivent être examinés :

-importance de l'activité : volume, nature et complexité des opérations pratiquées ;
-organisation générale : organigramme, moyens humains, matériels et logiciels utilisés, procédures administratives et comptables ;
-respect des dispositions réglementaires et contrôle interne.

Comme pour le contrôle de tout Service, le contrôleur se fera communiquer les documents suivants :

-le listing d'inventaire des titres en portefeuille ;
-le listing d'inventaire des opérations sur titres non dénouées ;
-les relevés de titres établis par les organismes dépositaires ;
-l'état de valorisation du portefeuille ;
-le mode d'affectation des attributs d'identification des titres.

Les contrôles communs à toutes les catégories de titres

Quelle que soit la catégorie de titres examinée, certains types de contrôles doivent être effectués.

Contrôle des existants

Le contrôle quantitatif vise à s'assurer que l'établissement est bien propriétaire des titres figurant dans ses actifs. Pour ce faire, il convient de rapprocher, à la date d'arrêté retenue pour la vérification, le contenu de l'inventaire du portefeuille, qui doit correspondre aux encours comptables et les relevés de l'établissement dépositaire, en vérifiant les quantités et les dénominations exactes des titres.

Selon la taille du portefeuille ou la récurrence des écarts constatés à l'issue des premiers contrôles, il sera procédé de manière exhaustive ou par sondage. Les opérations en suspens seront également prises en compte.

Contrôle des acquisitions de titres

Le contrôleur vérifiera que les acquisitions ont été préalablement autorisées par une personne habilitée, qu'elles ont été correctement comptabilisées à la valeur d'achat des titres et que le prix payé est vraisemblable et raisonnable.

Contrôle des cessions

Le contrôleur s'assurera de même que l'opération a été valablement autorisée, que la plus ou moins-value effective a été comptabilisée et que la provision éventuellement constituée a été reprise.

Contrôle des titres à recevoir et à livrer

Ceux-ci peuvent en effet avoir une incidence sur le résultat en cas de variation des cours.

V. AUTRES RISQUES

Sont abordés dans cette catégorie, des risques, qui, à l'inverse de ceux sus-indiqués, ne transparaissent pas des états financiers des établissements de crédit et, par ailleurs, ne font pas pour le moment l'objet d'une réglementation prudentielle en matière de fonds propres effectifs. Assez divers et moins souvent évoqués, ils sont à l'origine de dommages importants, lorsqu'ils se réalisent. Les deux principaux types suivants sont examinés :

5.1 Les risques opérationnels

Les principaux risques opérationnels relèvent, d'une part, des dysfonctionnements dans les structures telles que l'Informatique ou l'Administration, ainsi que dans les règles et procédures, et d'autre part, des erreurs humaines. De fait, certains départements, à défaut d'être des centres de profits, peuvent se révéler être des centres de pertes. Ainsi, l'essentiel des risques opérationnels découle des défaillances dans les systèmes de contrôle interne et du gouvernement d'entreprise.

De tels manquements peuvent entraîner des pertes financières consécutives à des erreurs de manipulation, à des fraudes ou à une absence de sérieux dans l'exécution de certaines opérations.

Les trois (3) principales catégories de risques opérationnels suivantes méritent de retenir l'attention du contrôleur.

Le risque administratif

Le risque administratif est lié à la qualité des prestations fournies par les différents Services, essentiellement pour le traitement et le suivi de certains ordres, la confirmation et l'enregistrement à bonne date des opérations et la mise à disposition diligente des fonds, notamment en ce qui concerne les placements.

Toute défaillance enregistrée dans ce cadre, peut entraîner des manques à gagner ou des pénalités importantes.

Objectif du contrôle

Les contrôles à effectuer visent à s'assurer que l'établissement vérifié dispose d'un processus global de gestion et de surveillance de ses risques, auquel cas, la Direction Générale met en place des procédures efficaces de contrôle interne et d'audit, et se dote également d'une politique préventive de couverture des pertes éventuelles (système d'assurance par exemple).

Documents de base

Pour mener ses investigations, le contrôleur s'appuie sur les documents suivants :

-manuel de procédures ou guide du contrôle interne ou de l'audit ;
-rapports de contrôle interne ou d'audit ;
-définition des tâches des différents Services ou guides opérationnels.

Méthode de contrôle

Le contrôleur devra principalement s'assurer de l'effectivité et de l'efficacité du contrôle ou de l'audit interne. À cet effet, il se rapportera au chapitre consacré au contrôle interne.

L'examen du compte « provisions pour risques et charges », du dossier des affaires contentieuses autres que sur les crédits, permet également de se forger un jugement sur l'importance et la récurrence de ces risques.

Le contrôleur devra, également, faire appel à son intuition, à la curiosité, à la vigilance et à la perspicacité pour conforter son opinion.

En effet, la perception de tels risques découle bien souvent des discussions anodines avec les agents, des recoupements d'informations recueillies de diverses sources, du constat de l'organisation de réunions fréquentes et suspectes dans l'établissement.

Le risque informatique

Le risque informatique découle d'éventuelles interruptions dans les traitements, d'erreurs ou d'anomalies dans les applicatifs ou de sinistres.

Objectifs du contrôle

Les contrôles effectués visent à s'assurer que l'établissement dispose d'un système d'information efficace et fiable, incluant un processus de contrôle ainsi qu'un plan adéquat de reprise ou de poursuite de l'activité, notamment en cas de sinistres ou des changements des systèmes de référence.

Documents de base

Les investigations du contrôleur vont s'appuyer sur :

-les manuels de procédures et de contrôle informatiques ;
-le guide des applicatifs ;
-le descriptif du système d'information.

Méthode de contrôle

L'essentiel des contrôles à effectuer est décrit au chapitre consacré au contrôle du système d'information, ainsi qu'à celui du contrôle interne.

Toutefois, le contrôleur devra, par des entretiens et des visites de locaux, s'assurer de l'existence et de la fonctionnalité des processus de contrôle, des sites secondaires et de systèmes de protection efficaces en cas d'événements imprévus.

Lorsque les pannes ou anomalies importantes ou répétitives surviennent, conduisant le contrôleur à douter de l'efficacité de la gestion de cette catégorie de risques, il pourra recommander à l'établissement un audit de son système d'information, lui-même ne disposant généralement pas des connaissances spécifiques requises pour l'évaluation exacte des causes de ces dysfonctionnements.

Le risque de manquement aux règles déontologiques

Le risque de manquement aux règles déontologiques découle des pratiques malveillantes et des inobservations de l'éthique du métier qui, bien souvent, nuisent à la réputation et à l'image de l'établissement, dont le développement des affaires requiert la confiance des autres intervenants (clientèle, confrères). Ces effets sur l'activité ne sont généralement pas quantifiables.

Objectifs du contrôle

Les contrôles à effectuer consistent à s'assurer que le gouvernement d'entreprise prévoit des procédures de gestion, de suivi et de limitation de tels risques, notamment par la mise en place de processus rigoureux de sélection et de contrôle dans le recrutement et la promotion des agents, ainsi que par la mise en œuvre de sanctions appropriées à toute inobservation des règles déontologiques.

Documents et sources d'information de base

Outre le manuel ou le guide du contrôle interne, le contrôleur pourra recourir à l'examen des dossiers administratifs des principaux responsables.

Méthode de contrôle

Plus qu'une appréciation quantitative, il s'agira d'émettre un jugement de valeur sur la pertinence et l'applicabilité des critères retenus par l'établissement. En effet, de tels risques sont difficiles à déceler, encore plus à évaluer. Les rumeurs dans le milieu de la profession et les éventuelles réclamations ou dénonciations perçues par le contrôleur, pourront orienter ses investigations.

5.2. Le risque juridique et fiscal

Les établissements de crédit sont exposés en permanence à des risques juridiques découlant de l'évaluation de leur patrimoine, des transactions qu'ils effectuent, et plus généralement de l'ordre juridique sous lequel ils évoluent. Toute négligence de leur part dans l'observation stricte des lois en vigueur peut entraîner des conséquences néfastes, notamment des coûts importants à supporter.

Objectifs du contrôle

Les contrôles à effectuer consistent à s'assurer que, d'une part, l'établissement dispose et met en œuvre pour l'ensemble de ses activités des procédures adéquates garantissant le respect des dispositions légales, notamment fiscales, en vigueur et, d'autre part, qu'il est doté d'un outil de suivi et de contrôle des risques juridiques. De telles dispositions devront ressortir dans le choix de ses systèmes d'évaluation, l'appréciation de la situation juridique des différentes contreparties, ainsi que dans son aptitude à prendre en compte les modifications et les insuffisances de l'ordre juridictionnel.

Par ailleurs, au cas où l'établissement ferait l'objet d'un redressement fiscal, le contrôleur ne devrait pas manquer de s'interroger sur l'impact sur la situation financière de l'établissement et, éventuellement, de proposer la constitution d'une provision adéquate.

Documents de base

- définition des tâches et textes régissant toute structure interne chargée des questions juridiques ;
- manuels de procédures (administratives et comptables) ;
- guide du contrôle interne.

Méthode de contrôle

Outre l'examen de l'activité de la structure chargée des questions juridiques, le contrôleur profitera de l'analyse des différentes opérations pour s'assurer que l'établissement vérifie la capacité juridique des contreparties et s'entoure du maximum de précautions pour tirer au mieux profit de l'environnement juridique ou en limiter les effets néfastes.

CHAPITRE VI :

CONTROLE DE LA STRUCTURE FINANCIÈRE, DES NORMES DE GESTION ET DE LA RENTABILITÉ

L'objectif ultime de l'analyse de la structure financière de l'établissement est d'apprécier la sécurité qu'offre ce dernier à ses déposants.

Cette étude permet en effet d'évaluer la solvabilité de l'établissement, liée :

-à court terme, à l'état de sa trésorerie et à la politique suivie en la matière, influant directement sur la liquidité ;
-à plus long terme, à l'ampleur de la transformation, qui caractérise la prudence dans le financement, et au niveau des fonds propres, notamment au regard des pertes probables et des non-valeurs.

Cette analyse présente un réel intérêt puisque ce sont généralement des déséquilibres identifiés ou des imprudences majeures, et non des événements mineurs ou transitoires, qui sont susceptibles de compromettre la solidité financière d'un établissement.

Elle permet en outre de dégager les grandes lignes de la politique de l'établissement en matière :

-de ressources : part des fonds propres, recours aux ressources longues et constitution de filets de sécurité, collecte de dépôts à vue ou à terme, divisés ou concentrés ;
-d'emplois : nature, division, rotation des crédits, mode de gestion de la trésorerie.

On constate d'ailleurs souvent que la politique suivie est très contingente et qu'elle est davantage la résultante des circonstances et des occasions que l'établissement aura pu saisir que le fruit d'un choix délibéré. Tant les emplois que les ressources sont donc plutôt le reflet des possibilités qu'offrent l'action commerciale et les opportunités du marché que celui de règles rigides fixées a priori et imposées. De fait, la stratégie de l'établissement doit être adaptée à son environnement et flexible.

Cette reconstruction intellectuelle de la politique financière de l'établissement doit naturellement être analysée à l'aune des déclarations et des commentaires des dirigeants, qui sont les mieux placés pour expliciter leurs intentions en la matière et justifier les évolutions constatées.

Mais l'appréciation de la santé financière d'un établissement repose d'abord sur l'analyse de sa situation au regard de plusieurs éléments, qui sont sa liquidité, la transformation qu'il opère et sa solvabilité.

I. LES CONCEPTS FONDAMENTAUX

1.1 La liquidité

La liquidité d'un établissement peut être définie comme sa capacité à rembourser ses dettes à vue et à court terme, ainsi qu'à faire face dans l'immédiat aux retraits sur les dépôts à vue de sa clientèle.

Elle doit être appréhendée toutes monnaies confondues.

Pour mesurer la liquidité, il faut mettre en rapport les actifs disponibles et réalisables à court terme d'une part, avec les exigibilités immédiates et à court terme, d'autre part.

Ainsi on aura :

-(actifs disponibles + actifs réalisables à court terme) – (exigibilités immédiates + exigibilités à court terme) = 0 : situation d'équilibre ;
-(actifs disponibles + actifs réalisables à court terme)-(exigibilités immédiates + exigibilités à court terme) > 0 : situation de liquidité ;
-(actifs disponibles + actifs réalisables à court terme) – (exigibilités immédiates + exigibilités à court terme) < 0 : situation d'illiquidité.

Toutefois, l'appréciation de ces éléments n'est pas toujours aisée. Le degré de stabilité ou d'instabilité d'une créance ou d'une dette n'est parfois pas évident à mesurer, compte tenu de l'imprécision des échéances de nombreux éléments du bilan. En témoignent d'ailleurs la complexité et l'approximation du coefficient réglementaire de liquidité, qui contraint les établissements de crédit à disposer en permanence d'un volume suffisant d'actifs liquides ou rapidement et aisément mobilisables.

Interprétation de la liquidité

Le crédit d'un établissement est aussi fragile que l'opinion qu'en ont les tiers.

Une rumeur peut s'amplifier toute seule, même à partir d'un événement secondaire ou a priori sans influence directe (hold-up, détournement, défaillance d'un débiteur, problème politique), et engendrer du jour au lendemain une crise de confiance incontrôlable.

Dans le meilleur des cas, celle-ci entraînera un relèvement des conditions et un raccourcissement de la durée des prêts faits à la banque, mais elle pourra également se traduire par la fermeture complète du marché (refus de toute nouvelle opération) et par la fuite des dépôts de la clientèle.

En tout état de cause, lorsqu'il s'agit de commenter la situation de liquidité d'un établissement, il est préférable de s'en tenir à quelques idées générales telles que les suivantes :

-les dépôts des clients, y compris à vue, et surtout s'ils sont divisés, sont souvent plus sûrs que les dépôts des banques, compagnies d'assurances ou autres organismes financiers, même à terme ;
-les dépôts des particuliers fluctuent moins que les avoirs des entreprises ;
-les créances courtes sur la clientèle sont habituellement, pour une large part, renouvelées à l'échéance.

Au total, seuls les disponibilités en caisse et en banque, ainsi que les crédits et les valeurs mobilisables doivent être considérés comme réellement utilisables sans délai, de même que les éventuelles lignes de sécurité confirmées obtenues auprès des autres confrères.

On parle à cet égard de liquidité immédiate, qui est un concept plus restreint.

Pour la liquidité à court terme, force est de s'en tenir à l'idée assez vague que le décalage entre actifs liquides et dettes exigibles ne doit pas être trop important ou, dans le cas contraire, que cet écart est suffisamment couvert par des lignes de sécurité, faute de quoi l'établissement se trouverait en péril immédiat, à la merci d'une crise de trésorerie risquant de le priver d'accès à tout refinancement et, in fine, de l'obliger à déposer son bilan.

C'est pourquoi la réglementation, bien qu'elle cherche à cerner la liquidité de la manière la plus précise possible, ne peut non plus, en la matière, échapper totalement à la fixation empirique d'agrégats ou de seuils, toujours discutables et quelque peu arbitraires (notion de durée initiale au lieu de durée résiduelle, prise en compte des seuls actifs et passifs à moins de trois (3) mois, quotités retenues pour chaque agrégat, etc.).

Aussi la validité du coefficient de liquidité est-elle, à n'en pas douter, perfectible et celui-ci ne joue-t-il qu'imparfaitement son rôle de signal d'alarme.

Cependant, il n'est pas sans utilité, ne serait-ce qu'en sa qualité de « garde-fou ».

1.2. La transformation

La transformation se mesure également au décalage entre l'échéance des ressources, d'ordinaire plus courtes, et celle des emplois ainsi financés. C'est en quelque sorte le prolongement de la liquidité, au-delà du terme que celle-ci prend en compte.

S'il est dans la nature du métier de banquier d'assurer, à ses risques et périls, l'ajustage entre les offres et les demandes d'argent pour son meilleur profit, il n'est pas sain que des ressources courtes financent dans une trop grande proportion des emplois sensiblement plus longs ou, pour présenter les choses d'une autre façon, que la couverture des ressources courtes repose trop largement sur le remboursement d'emplois à plus long terme.

L'établissement de crédit est alors, qu'il le veuille ou non, totalement dépendant de ces ressources puisqu'il ne peut poursuivre son activité que si les bailleurs, c'est-à-dire les autres banques et sa clientèle, renouvellent leurs dépôts.

C'est en vue d'éviter une transformation excessive des ressources à vue ou à court terme en emplois à moyen ou à long termes que la réglementation impose le respect permanent d'un coefficient minimal de couverture des emplois à moyen et long termes par des ressources stables. La norme a été fixée à50%, au lieu de 75 % précédemment, admettant implicitement un niveau de transformation des ressources à court terme à hauteur de 50 % maximum des emplois plus longs.

Plus précisément, le risque de transformation revêt un double aspect :

-risque de crise de trésorerie ;
-risque de taux.

La faillite des établissements solvables peut découler du premier risque. En effet, une crise de trésorerie, imprudemment sous-estimée, est fatale en l'absence de tout palliatif tel qu'un filet de sécurité ou le soutien solide d'un groupe, d'une maison-mère, ou d'un actionnaire de référence, qui permette de franchir les moments difficiles. Mais cela renvoie directement au concept de liquidité examiné précédemment.

Interprétation de la transformation

Il faut donc appréhender l'ampleur de la transformation et le risque de taux éventuellement associé.

Une approche grossière, mais utile, consiste à ventiler selon la durée effective restant à courir, les dettes et les créances de toutes natures.

S'agissant des durées résiduelles, le laps de temps considéré sera d'autant plus grand que la période sera plus lointaine, car le danger se fait alors moins pressant. Ainsi, jusqu'à trois (3) mois, les éléments, en particulier ceux sans échéance et considérés comme étant à vue, correspondront à la couverture par le coefficient de liquidité. Au-delà, on peut découper le temps en tranches délimitées de façon plus large (par exemple un (1) an, deux (2) ans, cinq (5) ans, dix (10) ans).

Une telle segmentation permet de déterminer, pour chacune de ces échéances, un excédent ou un déficit (impasse) des actifs, qui sont autant de moyens de financement, sur les dettes à rembourser. Théoriquement, le cumul de ces soldes partiels doit sensiblement équilibrer les fonds propres de l'établissement.

Pour apprécier si la transformation pratiquée est excessive ou non, il n'existe pas davantage de règles précises et figées que pour la liquidité, mais de simples considérations de bon sens :

-la transformation présente d'autant moins d'inconvénients qu'elle relève d'une période plus lointaine, laissant à l'établissement le temps d'aménager son bilan si cela est

nécessaire ; c'est donc la structure des éléments échéant au cours de la première année qui ont le plus d'importance au moment du contrôle ;
-elle paraît plus risquée si elle s'applique à des dépôts de banques ou d'organismes financiers, plus volatiles, et qu'il est opportun d'isoler ;
-il faut prendre en considération les filets de sécurité utilisables sans délai auprès des confrères, car ils constituent une source de liquidités additionnelles ;
-il convient enfin de tenir compte des éventuels excédents constatés et non encore reportés.

En tout état de cause, il semblerait préférable que, filets de sécurité inclus, il n'y ait pas ou très peu de transformation à partir d'emprunts bancaires.

1.3. La solvabilité

La solvabilité est en quelque sorte la synthèse de la liquidité et de la transformation, en faisant abstraction de la dimension temporelle.

Elle correspond à l'aptitude de l'établissement de crédit à faire face, quoi qu'il arrive et en toutes circonstances, à ses engagements.

Schématiquement, il faut pour cela que la valeur actuelle des actifs sains couvre au moins celle du passif envers les tiers, ce qui, en pratique, est vérifié lorsque les fonds propres sont égaux ou supérieurs aux non-valeurs et aux pertes. De fait, la notion d'échéance n'entre pas ici en ligne de compte puisque l'on se place dans l'hypothèse de la liquidation de la banque.

Situation de solvabilité : actifs réels = dettes envers les tiers + excédent d'actifs.

Situation d'insolvabilité : dettes envers les tiers = actifs réels + excédent de passif.

Interprétation de la solvabilité

Remarques :
-un établissement de crédit, comme toute entreprise, peut être solvable, mais non liquide à court ou à moyen terme. Il court alors le risque d'une rupture de trésorerie et donc d'une

fermeture de ses guichets, mais l'intégrité des dépôts du public n'est pas, en théorie, menacée ;

-à l'inverse, l'établissement peut être liquide, au moins provisoirement, mais n'être pas solvable. Alors que la structure de ses emplois et de ses ressources permet de continuer, tant qu'il garde la confiance de ses prêteurs, déposants et surtout confrères, à assurer la trésorerie immédiate, les non-valeurs sont supérieures aux fonds propres. La situation des déposants est, cette fois, inquiétante, puisqu'il est exclu qu'ils puissent être intégralement remboursés si l'établissement vient à fermer ses portes.

Pour maintenir en permanence sa solvabilité, l'établissement doit disposer d'actifs tangibles qui excèdent ses passifs externes d'un seuil déterminé par la réglementation : c'est la représentation du capital minimum. En effet, ces deux notions sont intimement liées et contribuent à garantir la sécurité des déposants.

Pour vérifier la représentation du capital minimum, il convient en pratique de rapprocher le montant du capital minimum fixé dans la décision d'agrément de l'établissement à celui de ses fonds propres effectifs.

À tout moment, le capital minimum doit être justifié par un excédent de l'actif par rapport au passif dont l'établissement est tenu envers les tiers.

En réalité, l'insolvabilité d'un établissement découle le plus souvent de la défaillance de ses clients. Elle est généralement la conséquence d'un risque de contrepartie mal maîtrisé.

Aussi, en matière de solvabilité, est-il logique que les fonds propres de l'établissement soient étroitement proportionnés à l'importance et au volume de l'activité de l'établissement, et donc aux risques qu'il affronte.

C'est pourquoi, au-delà du capital minimum, a été instaurée une réglementation afférente à la couverture des risques, qui établit un rapport entre les fonds propres effectifs et les risques nets portés par l'établissement.

Dans la lignée du ratio Cooke, le rapport de couverture des risques, qui doit atteindre 8 % dans la réglementation actuelle, contraint les établissements à conserver en fonds propres l'équivalent d'une fraction de leurs risques de contrepartie, qu'il s'agisse de crédits à l'économie, d'avances bancaires ou d'engagements par signature.

Il découle de tout ce qui précède qu'un établissement en situation de passif net, c'est-à-dire insolvable, et qui éprouve de manière plus ou moins chronique des tensions de liquidité, ne peut survivre qu'à la condition d'être suffisamment recapitalisé, directement sous la forme d'apports nouveaux, ou à travers une consolidation ou de remises de ses dettes. Naturellement, cette survie ne sera durable que si, de surcroît, l'activité est ou redevient rentable.

II. ANALYSE DE LA STRUCTURE FINANCIERE

Pour mener à bien cette analyse, il convient au préalable d'élaborer un tableau emplois/ressources à partir duquel seront fondés les principaux commentaires mettant en exergue les forces et les faiblesses de la structure financière de l'établissement. Ce tableau, élaboré à partir des chiffres rectifiés après vérification, doit être ordonné en fonction des durées respectives des éléments d'actif et de passif considérés.

2.1 Commentaires du tableau emplois/ressources

Le tableau emplois/ressources constitue en quelque sorte une synthèse de la situation financière de l'établissement.

Plus précisément, il met en relief les équilibres ou les déséquilibres qui apparaissent à plusieurs niveaux :

-le solde du financement des actifs immobilisés par les fonds propres ;
-le solde du financement des emplois à moyen et à long termes par les ressources de même nature ;
-le solde du financement des emplois stables par des ressources stables, qui correspond à la somme algébrique des deux précédents ;
-le solde du financement des emplois à court terme par les ressources à court terme ;
-le solde cumulé de tous ces excédents et déficits qui, par contraction, doit être égal au solde de trésorerie.

Les commentaires afférents aux modalités de financement des emplois stables par des ressources de même nature font implicitement référence à la solvabilité de l'établissement et doivent mettre en exergue le niveau de ses fonds propres.

En effet, lorsque l'on rapproche le montant des fonds propres à celui de l'actif immobilisé, après imputation des provisions complémentaires préconisées et des non-valeurs, c'est principalement en vue d'appréhender s'ils sont suffisants ou non pour assurer un financement sain du bas du bilan.

À cet égard, la situation la plus périlleuse pour un établissement est celle où apparaît un déficit des fonds propres par rapport à l'actif immobilisé.

Dans ces conditions, fréquemment dues à un stock élevé de créances douteuses, il y a une forte probabilité pour que ni la représentation du capital minimum, ni le ratio de couverture des risques, ne soient respectés.

En revanche, un déficit global des ressources stables sur les emplois longs n'est pas nécessairement inquiétant tant que le taux maximum de transformation n'est pas dépassé.

Cependant, le cas de figure le plus sain pour l'établissement reste celui où sa situation financière à long terme est, sinon excédentaire, du moins à peu près équilibrée.

L'équilibre global

Plutôt que d'appréhender de façon isolée le solde des emplois à court terme sur les ressources de même nature, il est souvent plus édifiant de l'examiner dans le cadre d'une approche globale de la structure financière.

En effet, il est préférable d'analyser ce solde, en premier lieu, à l'aune du déficit ou de l'excédent de financement stable et voir ainsi de quelle manière l'un s'articule par rapport à l'autre. Soit le premier vient éponger ou compenser partiellement le second, de sens contraire, soit il en accentue la tendance, si les deux agrégats sont de même signe.

Quoi qu'il en soit, le solde final cumulé aura un impact direct sur la liquidité de l'établissement, puisque c'est elle qui joue, in fine, le rôle de variable d'ajustement.

Aussi convient-il, en second lieu, d'examiner la composition du solde de trésorerie.

C'est en effet à ce niveau que l'on peut constater dans quelle mesure l'établissement a besoin de recourir au refinancement auprès de la BCEAO, au marché monétaire et à l'endettement bancaire (cas d'un déficit ou d'un besoin de trésorerie), ou si, à l'inverse, sa position de liquidité est longue ou prêteuse (cas d'un excédent ou d'une ressource en trésorerie).

Ainsi, il est permis :

-d'évaluer le degré de dépendance de l'établissement vis-à-vis de sources de financement externes ;
-et d'apprécier la diversité ou l'uniformité, la stabilité ou la fugacité de ses ressources.

Cette analyse de la structure financière de l'établissement, complétée par l'étude de la rentabilité, conduit logiquement à celle de sa situation au regard de la réglementation prudentielle, ces deux aspects étant intimement liés.

2.2 Respect de la réglementation

La loi bancaire soumet les établissements de crédit à diverses obligations portant notamment sur :

-l'agrément ;
-la qualité des dirigeants et du personnel ;
-le transfert de siège social ;
-la fusion ou la dissolution ;
-la prise ou la cession de participations ;
-les opérations de banque ;
-l'information de l'Autorité de contrôle et de la Banque Centrale ;
-les normes de gestion.

Le contrôleur doit donc, pour assurer sa mission, consulter la loi bancaire, le dispositif prudentiel, la convention portant création de la Commission Bancaire et les circulaires de ladite Commission.

En outre, il ne devra pas perdre de vue le fait que les établissements de crédit sont également soumis à la législation sur les sociétés. Aussi devra-t-il s'assurer que les obligations qui en découlent, notamment celles contenues dans les actes uniformes de l'Organisation pour l'Harmonisation en Afrique du Droit des Affaires (OHADA), sont aussi respectées.

2.2.1 Le contrôle des fonds propres

Le montant des fonds propres est l'un des éléments déterminants en ce qui concerne le contrôle de l'application de la réglementation, car leur niveau commande le respect des principales règles prudentielles.

Le concept de capital minimum

À l'origine, la réglementation impose aux établissements de crédit un capital minimum de :

- un milliard (1 000 000 000) pour les banques ;
- trois cents millions (300 000 000) pour les établissements financiers.

Aujourd'hui, le montant est fixé à dix (10) milliards de F CFA pour les banques et à trois (3) milliards de F CFA pour les établissements financiers à caractère bancaire, avec une première étape échue où les seuils à atteindre étaient de cinq (5) milliards de F CFA et un (1) milliard de F CFA respectivement. Toutefois, le montant à retenir est celui fixé dans la décision d'agrément de l'établissement, qui ne peut être inférieur au montant fixé par la loi bancaire.

Ce qu'il est important de retenir n'est pas tellement les montants, en tant que tels, qui peuvent varier, généralement à la hausse, selon le contexte dans lequel on se trouve, mais justement l'évolution de la situation économique générale analysée par l'autorité compétente pour fixer ces montants.

Ainsi, on peut s'apercevoir que cette situation économique d'ensemble, sur la base de laquelle les montants de un (1) milliard et de trois cent (300) millions ont été fixés, n'est plus la même aujourd'hui.

Demain, si les conditions l'exigent, les montants respectifs de dix (10) et trois (3) milliards feront encore l'objet de modification, toujours dans le but de sécuriser la situation des établissements de crédit, et partant, celle des déposants.

Les fonds propres effectifs

Concrètement, les fonds propres effectifs correspondent aux éléments du passif du bilan des établissements de crédit qui appartiennent aux actionnaires. Ils représentent la plus solide des garanties de solvabilité de l'établissement.

Plus spécifiquement, ils constituent la référence des principales règles prudentielles, relatives notamment :

-aux participations ;
-aux prêts aux actionnaires, aux administrateurs, aux dirigeants, au personnel et aux commissaires aux comptes ;
-aux immobilisations ;
-à la couverture des risques ;
-à la division des risques.

Les fonds propres effectifs sont constitués par la somme des fonds propres de base et des fonds propres complémentaires.

Les fonds propres de base comprennent :
-le capital social ;
-les dotations
-les réserves (légales, réglementées et autres) ;
-les primes liées au capital (primes d'émission, d'apport, de fusion, de scission ou de conversion) ;
-le report à nouveau créditeur ;
-les provisions réglementées ;
-les fonds affectés ;
-les fonds pour risques bancaires généraux ;
-le résultat bénéficiaire de l'exercice, non approuvé ou non affecté, à hauteur de 15 % ;
-le résultat intermédiaire au 30 juin, à hauteur de 15 %, à condition qu'il soit calculé, net d'impôt prévisible, après comptabilisation de toutes les charges afférentes à la période. Ce résultat doit avoir été vérifié par les commissaires aux comptes.

Déduction faite **:**
-du capital non versé ;
-des frais et valeurs immobilisées incorporelles ;
-des pertes en instance d'approbation ou d'affectation ;
-du report à nouveau débiteur ;
-des excédents des charges sur les produits ;
-du résultat intermédiaire déficitaire au 30 juin ;

-de toute provision exigée par la Commission Bancaire et non encore constituée ;
-de toutes participations, dotations des succursales et tous emplois constituant des fonds propres ou assimilés chez d'autres banques et établissements financiers.

Les fonds propres complémentaires sont constitués :
-des subventions d'investissement ;
-des écarts de réévaluation ;
-des réserves latentes positives de crédit-bail ou de location avec option d'achat (nettes des impôts différés), après vérification par les commissaires aux comptes ;
-des comptes bloqués d'actionnaires, des titres et emprunts subordonnés à durée déterminée ou tous autres fonds répondant aux conditions suivantes :

. disponibles immédiatement ;
. être subordonnés en capital et en intérêts ;
.n'être remboursables qu'à l'initiative de l'emprunteur ;
. être assortis d'une clause de différé de paiement des intérêts ;
. être disponibles pour apurer les pertes ;

-des titres et des emprunts subordonnés à durée déterminée qui remplissent les conditions suivantes :

. avoir une durée initiale supérieure ou égale à cinq (5) ans ;
. n'être remboursables par anticipation qu'à l'initiative de l'emprunteur ;
. en cas de liquidation, ces titres ou emprunts ne peuvent être remboursés qu'après règlement de toutes les autres dettes existant à la date de mise en liquidation.

En tout état de cause, les fonds propres complémentaires, pris globalement, ne peuvent être inclus dans les fonds propres effectifs que dans la limite de 100 % du montant des fonds propres de base. De même, dans la détermination des fonds propres effectifs, les titres et emprunts subordonnés à durée déterminée sont plafonnés, quel que soit leur montant, à 50 % du montant des fonds propres de base.

Dans le montant des fonds propres effectifs de la banque, on s'aperçoit que l'élément le plus important est sans doute, d'abord le capital et ensuite les éléments relatifs à sa rentabilité (réserves, report à nouveau bénéficiaire).

2.3 Les normes de gestion

2.3.1 Le coefficient de couverture des risques

On cherche ici, à proportionner le capital à risque et les engagements de l'établissement sur les tiers.

L'idée est de susciter la constitution et le maintien de fonds propres suffisants pour éponger les pertes éventuelles et, par conséquent, pour préserver les dépôts du public.

Le coefficient de couverture des risques, autrement appelé ratio de solvabilité, doit atteindre un minimum de 8 %. Autrement dit, le ratio de solvabilité = fonds propres effectifs/risques nets = 8 % minimum.

La division des risques

Il s'agit d'éviter qu'un client ou un groupe « encombrant » qui, par l'importance des risques réunis sur sa tête, paralyse l'établissement en arrivant à le mettre en état de dépendance et, si le pire se produit, l'entraîne dans sa chute.

Ainsi la réglementation impose que soient en permanence respectées deux normes :

-l'ensemble des risques sur une même signature ne peut excéder 75 % des fonds propres effectifs ;

-le total des risques sur les bénéficiaires qui dépassent individuellement 25 % des fonds propres effectifs, est limité à 8 fois le montant de ces fonds propres effectifs.

2.3.2 Le coefficient de liquidité

Le coefficient de liquidité ou ratio de liquidité a pour objectif de rendre les établissements de crédit aptes à faire face aux demandes de remboursement des déposants.

Théoriquement, les liquidités devraient en permanence être au moins égales aux exigibilités. Cependant, la réglementation n'impose qu'un ratio minimum de 75 %.

2.3.3 Le coefficient de couverture des emplois à moyen et long termes par des ressources stables

Cette norme de gestion a pour objet de limiter la transformation des ressources à vue ou à court terme en emplois à moyen et long termes.

Ce ratio est complémentaire du rapport de liquidité qui, lui, poursuit le même objectif, mais à court terme. Il est de 50 % maximum.

2.3.4 La position extérieure des établissements de crédit

Aux termes des règles d'intervention de la Banque Centrale, les banques ne sont pas autorisées à entretenir des disponibilités à l'extérieur de l'Union, sauf celles correspondant aux besoins de leurs opérations courantes.

Pour ce faire, il conviendra d'apprécier le montant des dépôts de garantie constitués en couverture de crédits documentaires ou autres auprès de correspondants.

III. LES CONDITIONS DE BANQUE

Dans le cadre de la libéralisation des instruments de gestion monétaire, les conditions de banque ont été considérablement simplifiées et assouplies.

Toutefois, s'agissant des conditions débitrices, un seul taux plafond est fixé et imposé aux établissements de crédit, qui est le taux de l'usure.

Quant à la condition créditrice, seule la rémunération de la petite épargne fait l'objet d'une réglementation.

Enfin, il est fait obligation aux établissements de crédit de donner une large publicité à leurs conditions, notamment en les affichant à leurs guichets.

3.1 Evaluation des performances financières

L'objet de l'étude de la rentabilité de l'établissement de crédit vérifié est double. Il s'agit d'apprécier dans quelle mesure l'activité est suffisamment prospère, c'est-à-dire si elle dégage réellement assez de profits pour :

-faire face à ses risques ;
-accompagner son développement, en tenant compte de sa politique de distribution de dividendes.

L'étude de la rentabilité est donc indispensable, car elle conditionne le maintien et le renforcement de la solvabilité de l'établissement.

L'un des points essentiels réside dans l'appréciation de la réalité et la consistance des profits comptabilisés, notamment au regard de la qualité du portefeuille de crédits.

L'analyse complète de la rentabilité devrait faire l'objet d'une étude économique ordonnée selon quatre axes :

-les métiers exercés par l'établissement ;
-les marchés et segments de clientèle servis ou visés ;
-les produits et les services proposés ;
-les régions géographiques, les pays ou les secteurs d'intervention.

Cependant une telle étude nécessiterait beaucoup plus de temps, dont le contrôleur ne dispose pas. Il convient donc de dresser un tableau comparatif retraçant l'évolution des résultats les plus récents.

IV. CONSIDERATIONS GENERALES SUR L'ETUDE DE LA RENTABILITE

La rentabilité se caractérise par les produits des emplois qui excèdent les charges afférentes aux ressources ainsi que les frais de fonctionnement et permettent de doter convenablement les comptes d'amortissements et de provisions.

La rentabilité n'est réelle que pour autant que les produits comptabilisés sont effectifs, c'est-à-dire qu'ils sont ou seront normalement payés.

Ainsi on aura la rentabilité = produits des emplois – (charges des ressources + frais de fonctionnement + dotations diverses).

La rentabilité doit être analysée en combinaison avec la solvabilité. C'est en effet la capacité de l'établissement à dégager des excédents qui conditionne sa viabilité.

4.1 Les investigations à faire

4.1.1 L'analyse comptable des résultats

Préalablement à l'étude de la rentabilité, il faut une analyse comptable qui permet de mieux comprendre l'origine et la formation des résultats.

Il sera alors plus facile de cerner les moyens qui peuvent être utilisés par l'établissement pour faire varier le montant du solde final, que ce soit pour le réduire, par exemple pour des motifs fiscaux, ou pour l'améliorer, au profit des actionnaires.

Aussi une précaution minimale consiste-t-elle à examiner avec attention tous les mouvements significatifs qui affectent ou sont susceptibles d'affecter les charges et les produits en fin d'exercice, parce que l'établissement peut maquiller de manière artificielle ou injustifiée la présentation de ses performances réelles.

De la même façon, il importe de connaître les éventuels changements de méthodes comptables qui ont pu modifier le contenu des postes d'un exercice donné et qui risquent de fausser les comparaisons.

4.1.2 Les autres éléments d'appréciation de la rentabilité

Afin d'affiner son jugement sur la rentabilité, le contrôleur pourra utilement faire quelques recherches complémentaires comme par exemple :

-comparer la structure des recettes et des charges avec les moyennes de la profession, si celles-ci sont connues ;
-rapporter les résultats à un seul agent ;
-déterminer le taux moyen des ressources et des emplois ;
-évaluer les incidences des variations des taux d'intérêts, ceux-ci étant un facteur déterminant de la formation du résultat ;
-effectuer l'examen des procédures budgétaires mises en place.

4.2 L'élaboration du tableau d'évolution des résultats

L'examen de la rentabilité s'appuie principalement sur l'évolution, au cours des derniers exercices écoulés, des comptes d'exploitation, présentés sous la forme d'un tableau comparatif.

4.2.1 Les soldes intermédiaires de gestion

Le regroupement des différentes rubriques du compte d'exploitation, permet de faire apparaître des agrégats homogènes, appelés soldes intermédiaires de gestion, qui sont.

Le produit net bancaire

Le produit net bancaire ou financier, selon la qualité de l'établissement, c'est-à-dire une banque ou un établissement financier, est le premier agrégat qu'il convient d'étudier. C'est le solde entre les recettes bancaires et les frais de même nature, qu'ils proviennent des opérations de trésorerie, des opérations avec la clientèle (dépôts et crédits notamment) ou autres. Il peut être considéré comme le chiffre d'affaires réalisé par l'établissement.

N'est prise en compte que l'activité strictement bancaire ou financière, c'est-à-dire celle qui correspond à sa vocation première.

À ce niveau on trouve essentiellement les fonctions de collecte des dépôts, d'octroi de crédits, de gestion des moyens de paiement et des opérations sur titres.

Les charges et les produits bancaires que l'on retrouve sous cette rubrique sont principalement les intérêts liés à une activité d'intermédiation et correspondant à la rémunération prorata temporis des capitaux effectivement empruntés ou prêtés, ainsi que les commissions associées à une activité de service (encaissement de valeurs, virement, etc.).

Il est clair que le produit net bancaire (PNB) ou financier (PNF) devrait toujours être positif et traduire un excédent de recettes par rapport aux charges.

C'est le PNB qui détermine largement le résultat final puisqu'il doit permettre de financer la totalité des frais et des coûts de toutes natures, les autres sources de produits étant généralement moins importantes.

En bref, le PNB est l'agrégat qui, permettant de rémunérer la clientèle, assure la viabilité de l'activité et donc celle de l'établissement.

Le produit global d'exploitation

Le produit global d'exploitation est un concept plus large que le PNB, dans la mesure où il intègre des éléments tels que :

- les dividendes et charges sur les parts dans les entreprises liées, sur les titres de participation, sur les titres immobilisés de l'activité de portefeuille et sur les titres d'investissement ;
-les gains et les pertes sur les opérations de change ;
-les commissions et les frais sur les engagements de financement.

Cependant, il reste cantonné à l'exploitation bancaire proprement dite et, à l'image du PNB. Il reflète également de façon très fidèle les résultats de l'activité de l'établissement

Logiquement, le produit global d'exploitation doit renforcer le PNB.

Dans le cas contraire, cela signifie que les opérations complémentaires qu'il prend en compte sont déficitaires, alors que la raison d'être de ces activités accessoires est de contribuer à accroître la rentabilité de l'établissement.

Le résultat brut d'exploitation

Le résultat brut d'exploitation (RBE) est le deuxième agrégat le plus important après le PNB.

Prenant en considération les frais généraux et les coûts opératoires de l'établissement, dont les frais de personnel constituent souvent une large part, le RBE permet de constater dans quelle mesure l'exploitation courante suffit à couvrir les charges de structure.

En effet, le montant du RBE s'obtient après dotation aux amortissements et rémunération du personnel, des fournisseurs et de l'Etat en sa qualité de collecteur d'impôts de diverses natures, tel que la TVA (hors impôts sur le bénéfice).

À ce stade de l'analyse, le contrôleur peut porter une appréciation sur la maîtrise des frais généraux. De fait, un niveau excessif ou une dérive de ces coûts ont une incidence directe sur la rentabilité.

Les frais de personnel doivent particulièrement retenir l'attention. Ils enregistrent les rémunérations de toutes natures versées aux salariés, aux dirigeants et aux membres du Conseil d'Administration, les charges sociales, les impôts et taxes.

Il convient également d'apprécier l'importance de l'assistance technique dont bénéficie éventuellement l'établissement, à travers le montant qu'il verse à ce titre à la maison-mère ou à tout autre organisme.

Outre un jugement sur l'évolution des frais généraux, il est utile de préciser s'ils font ou non l'objet d'un contrôle budgétaire de la part de l'établissement.

En tout état de cause, ce sera ici l'occasion de juger de la rigueur ou, à l'inverse, du laxisme de la gestion de l'établissement.

Le résultat d'exploitation

Le résultat d'exploitation, au-delà de la satisfaction des rémunérations de la clientèle, des créanciers financiers, du personnel et des fournisseurs, intègre la couverture de l'ensemble des risques engendrés par l'exploitation.

En effet, du résultat brut d'exploitation sont déduites les dotations aux provisions, notamment celles pour créances en souffrance.

À cet égard, il faut se méfier ici des manipulations qui peuvent affecter les dotations et les reprises de provisions et qui sont susceptibles de faire varier sensiblement les résultats de manière tout à fait artificielle.

Par ailleurs, le volume des pertes sur créances irrécouvrables retiendra l'attention, car il peut témoigner d'un relâchement dans la sélection des clients.

Au total, le résultat d'exploitation, s'il est positif, est donc celui qui indique le caractère bénéficiaire de l'activité ou, s'il est négatif, son caractère déficitaire.

Le résultat net

Le résultat net, qui est le solde final, intègre les éléments exceptionnels qui ne ressortent pas directement de l'exploitation courante de l'établissement ainsi que le montant de l'impôt sur les bénéfices.

Les charges et les produits exceptionnels doivent être examinés avec attention, compte tenu de leur incidence, parfois sensible, sur le résultat final. Il s'agira de constater dans quelle mesure ils ont un caractère extraordinaire et unique ou si, au contraire, ils sont susceptibles d'apparaître encore ultérieurement.

Au plan strictement comptable et financier, le résultat net a une valeur très concrète, puisque, lorsqu'il est positif, il conditionne le montant des dividendes versés aux actionnaires et, in fine, il permet de déterminer la rentabilité des fonds propres de l'établissement.

4.3 La capacité d'autofinancement

La capacité d'autofinancement ou cash-flow de l'établissement a pour vocation essentielle de couvrir ses besoins à partir des seuls résultats de son activité globale. Elle correspond à un flux net potentiel de trésorerie, généré par les opérations de gestion, qui n'inclut pas l'incidence des opérations purement comptables ou de capital. Elle peut se définir comme la somme du résultat net, des dotations aux amortissements et aux provisions de l'exercice.

La capacité d'autofinancement conduit au calcul de celui-ci, par simple déduction des dividendes mis en distribution à partir du résultat net positif bien évidemment. D'où une fois de plus, il importe que la banque réalise des bénéfices substantiels et ait une politique de distribution de dividendes raisonnable. L'apport à la formation de cet autofinancement, en termes de gestion, est très important, car le résultat positif d'une banque ne dépend pas uniquement de la rentabilité intrinsèque des opérations, mais aussi de la bonne gestion de la banque à tous les niveaux.

L'autofinancement est une notion essentielle, car il représente en fin de compte la richesse retenue par l'établissement pour lui-même et traduit son aptitude à dégager des ressources internes, afin de financer ses emplois. En effet, il contribue directement à renforcer ses fonds propres et, partant, à consolider sa solvabilité et à assurer sa viabilité.

TABLE DES MATIÈRES

L'HARMATTAN ITALIA
Via Degli Artisti 15; 10124 Torino
harmattan.italia@gmail.com

L'HARMATTAN HONGRIE
Könyvesbolt ; Kossuth L. u. 14-16
1053 Budapest

L'HARMATTAN KINSHASA
185, avenue Nyangwe
Commune de Lingwala
Kinshasa, R.D. Congo
(00243) 998697603 ou (00243) 999229662

L'HARMATTAN CONGO
67, av. E. P. Lumumba
Bât. – Congo Pharmacie (Bib. Nat.)
BP2874 Brazzaville
harmattan.congo@yahoo.fr

L'HARMATTAN GUINÉE
Almamya Rue KA 028, en face
du restaurant Le Cèdre
OKB agency BP 3470 Conakry
(00224) 657 20 85 08 / 664 28 91 96
harmattanguinee@yahoo.fr

L'HARMATTAN MALI
Rue 73, Porte 536, Niamakoro,
Cité Unicef, Bamako
Tél. 00 (223) 20205724 / +(223) 76378082
poudiougopaul@yahoo.fr
pp.harmattan@gmail.com

L'HARMATTAN CAMEROUN
TSINGA/FECAFOOT
BP 11486 Yaoundé
699198028/675441949
harmattancam@yahoo.com

L'HARMATTAN CÔTE D'IVOIRE
Résidence Karl / cité des arts
Abidjan-Cocody 03 BP 1588 Abidjan 03
(00225) 05 77 87 31
etien_nda@yahoo.fr

L'HARMATTAN BURKINA
Penou Achille Some
Ouagadougou
(+226) 70 26 88 27

L'HARMATTAN SÉNÉGAL
10 VDN en face Mermoz, après le pont de Fann
BP 45034 Dakar Fann
33 825 98 58 / 33 860 9858
senharmattan@gmail.com / senlibraire@gmail.com
www.harmattansenegal.com

www.ingramcontent.com/pod-product-compliance
Lightning Source LLC
LaVergne TN
LVHW011435061026
849535LV00004BA/815
* 9 7 8 2 3 4 3 1 2 4 3 4 6 *